ESPAÇO TERCIÁRIO

**O LUGAR, A ARQUITETURA E
A IMAGEM DO COMÉRCIO**

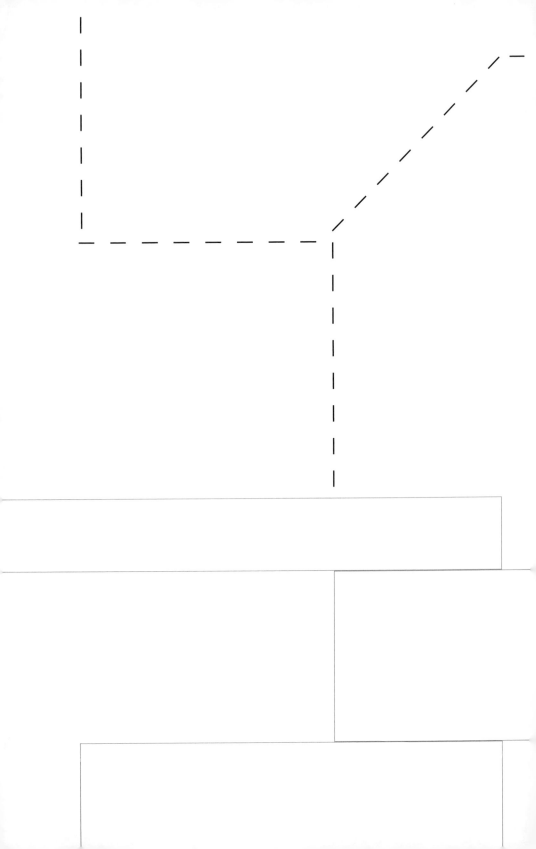

ESPAÇO TERCIÁRIO

O LUGAR, A ARQUITETURA E
A IMAGEM DO COMÉRCIO

2ª
EDIÇÃO
REVISADA E
ATUALIZADA

Heliana Comin Vargas

Manole

Copyright © 2018 Editora Manole Ltda., conforme contrato com a autora.

Editora gestora: Sônia Midori Fujiyoshi
Editora responsável: Ana Maria da Silva Hosaka
Produção editorial: Marília Courbassier Paris e Jacob Paes
Diagramação: Vivian Oliveira
Capa: Rubens Lima
Foto da capa: Galleria Vittorio Emanuele, Milão

Dados Internacionais de Catalogação na Publicação (CIP)
(Câmara Brasileira do Livro, SP, Brasil)

Vargas, Heliana Comin
  Espaço terciário : o lugar, a arquitetura e a imagem do comércio / Heliana Comin Vargas. -- 2. ed. -- Barueri, SP : Editora Manole, 2018.

  Bibliografia.
  ISBN 978-85-204-5363-6

  1. Brasil - Comércio 2. Setor terciário - Brasil 3. Arquitetura - Brasil I. Título.

18-13921   CDD-380.10981

Índices para catálogo sistemático:
1. Brasil : Espaço terciário : Comércio 380.10981

Todos os direitos reservados.
Nenhuma parte deste livro poderá ser reproduzida,
por qualquer processo,
sem a permissão expressa dos editores. É proibida
a reprodução por xerox.

A Editora Manole é filiada à ABDR – Associação Brasileira de Direitos Reprográficos.

1ª edição – 2001
2ª edição – 2018

Editora Manole Ltda.
Avenida Ceci, 672 – Tamboré
06460-120 – Barueri – SP – Brasil
Fone: (11) 4196-6000
www.manole.com.br

Impresso no Brasil
Printed in Brazil

Durante o processo de edição desta obra, foram tomados todos os cuidados para assegurar a publicação de informações precisas e de práticas geralmente aceitas. Do mesmo modo, foram empregados todos os esforços para garantir a autorização das imagens aqui reproduzidas. Caso algum autor sinta-se prejudicado, favor entrar em contato com a editora.

A autora e os editores eximem-se da responsabilidade por quaisquer erros ou omissões ou por quaisquer consequências decorrentes da aplicação das informações presentes nesta obra. É responsabilidade do profissional, com base em sua experiência e conhecimento, determinar a aplicabilidade das informações em cada situação.

Editora Manole

SOBRE A AUTORA

Heliana Comin Vargas é arquiteta e urbanista pela FAU-USP (1974); economista pela PUC-SP (1982); mestre (1986) e doutora (1993) em Arquitetura e Urbanismo pela FAU-USP; pós-doutora em Formação de Lideranças para o Planejamento Ambiental, em Genebra, na Academia Internacional de Meio Ambiente (1996). Professora Titular da FAU-USP, Departamento de Projeto, no grupo de disciplinas de planejamento urbano e regional. É coordenadora do LabCom – Laboratório de Comércio e Cidade. Especialista em estudos de dinâmica e economia urbanas, com foco no setor terciário e ênfase nas atividades de comércio e serviços varejistas, adentrando o campo das atividades de recreação e lazer, cultura e turismo. Entre outras publicações, é autora dos livros: *Novos instrumentos de gestão ambiental urbana*, *Intervenções em centros urbanos: objetivos, estratégias e resultados*, *Arquitetura e mercado imobiliário*, *Fundamentos de projeto: arquitetura e urbanismo* e *Turismo, arquitetura e cidade*. Atua principalmente nos seguintes temas: comércio varejista, desenvolvimento urbano, planos diretores, meio ambiente urbano, requalificação de áreas centrais, espaços comerciais, ruas comerciais, *shopping centers*, turismo urbano e turismo de compras.

SUMÁRIO

Prefácio IX

Introdução XV

Capítulo 1. Ideias sobre o comércio 1
Capítulo 2. Localização do terciário num contexto
               de mudança 27
Capítulo 3. Arquitetura de negócios 69
Capítulo 4. A imagem do comércio 249

Considerações finais 267
Referências 275
Índice remissivo 289

PREFÁCIO

> "As vitrines são vitrines
> Sonhos guardados perdidos
> Em claros cofres de vidro"
>
> Gilberto Gil

Este livro dedica-se ao estudo do espaço terciário, portanto intervém e se insere em uma área de complexidades acadêmicas e vivenciais envolvidas na manifestação espacial das atividades de comércio e serviços em nossas cidades.

Ele pode ser interpretado a partir do verso inicial da música "Vitrines", composta por Gilberto Gil e lançada em 1969. Vitrinas são os locais nos quais as atrações para consumo são apresentadas ao mercado; podem estar em vários ambientes: praças, ruas, galerias, lojas, *shoppings* ou telas de computadores, lugares em que os desejos são estimulados ou as necessidades, saciadas.

Função desempenhada pelo exercício do comércio e prestação de serviços, quase sempre vinculada às práticas nas cidades, as operações de compra e venda construíram e estabeleceram a dinâmica da urbanidade: entre mercadorias e pessoas, instituições e estabelecimentos, lugares e indivíduos, culturas e regiões e entre sonhos e realizações.

Contudo, em uma segunda observação além da exposição desses desejos, o verso relata que os sonhos se encontram em "claros cofres de vidro", ou melhor, as vitrinas não são apenas o que pode parecer necessário, incentivando desejos de consumo do sistema em que se vive. As vitrinas passam a ser cofres no quais a admissão só se realiza, invariavelmente, por aqueles que dispõem de um segredo pecuniário que permite a obtenção dos sonhos, segregando aqueles que não possuem da mesma chave.

Nesta chave interpretativa é que as complexidades e as contradições do estudo do espaço terciário em nossas cidades encontram-se reflexionadas por meio deste livro de Heliana Comin Vargas. Observando com atenção como as práticas do setor terciário relacionam-se com os ambientes urbanos, o livro oferece uma incursão que interessará a todos, sobretudo arquitetos, urbanistas, geógrafos e estudiosos das vidas de todos, em um mundo cada vez mais global e urbano.

Em um percurso abrangente desta segunda edição revisada e atualizada, o texto discorre sobre os porquês da visão do estudo do setor terciário como atividade pouco nobre, quase sempre especulativa somente e pouco ou nada social e produtiva. Investiga as raízes da noção de como os setores ligados à comercialização de produtos e serviços acabaram por ser pouco valorados e vistos com desconfiança nos estudos acadêmicos e, de certa forma, nas agências de fomento.

O entendimento que perpassa sua função apenas destinada ao estímulo do consumo encontra-se aos poucos superado. Atualmente, a ele incorporou-se a visão de que o espaço terciário registra uma função essencial na distribuição de produtos e serviços, sustentando as necessidades de abastecimento material, humano e cultural das populações. Essas necessidades ainda devem ser entendidas e ampliadas pelas trocas entre atores sociais que os próprios atos implícitos em suas práticas sociais exigem ao serem instaurados.

O livro, além de apresentar as visões sobre o comércio por meio de uma breve interpretação do pensamento econômico sobre as atividades terciárias, requalifica-as como atividade social e realiza conjecturas sobre as formas como desqualifica ou requalifica, integra ou segrega atores sociais nos espaços urbanos.

No livro, várias questões sobre a forma urbana e as localizações de edifícios destinados ao comércio são abordadas. As trocas implicadas na atividade terciária caracterizaram os ambientes e os espaços para a sua realização, sejam portos, entrepostos, mercados, lojas, feiras ou praças, formatos nos quais se configura a vida nas cidades. Seus novos formatos suscitam a necessidade de interpretações sobre o *e-commerce*, distribuição de franquias, lojas especializadas, *showrooms*, redes de serviço, etc., recolocando os problemas da vida social, que devem ser reposicionados. Novas formas em que o espaço terciário vai se transformando também são insinuadas como caminhos para estudos futuros.

O entendimento dos lugares e dos edifícios no âmbito da urbe e da arquitetura é apresentado no capítulo Arquitetura de Negócios, que oferece um amplo panorama do conceito de mercado que não restringe o seu significado ao ambiente físico ou local para a troca de mercadorias, mas incorpora a sua visão como espaço econômico, de caráter mais abstrato.

Nesta mesma chave são identificados, através do tempo, os vários espaços em que as trocas e distribuição de mercadorias e serviços ocorreram, e ainda ocorrem, como ruas, praças, bazares, basílicas, mercados, feiras, galerias, etc., que diante de uma bem documentada informação são passíveis de constatação e entendimento.

Em repertórios mais contemporâneos são apresentadas e discutidas as tipologias edilícias de super e hipermercados, *shoppings centers*, *outlets* e *downtown shoppings*.

A grande maioria dos edifícios destinados aos *shoppings*, embora de certo modo eficazes, acabou por revelar uma arquitetura monótona e semelhante em suas formas, conteúdos e interações.

No texto, a arquitetura do terciário no século XX acaba por ser reconhecida pelo empobrecimento das suas proposições por causa, em grande parte, do sucesso decorrente das técnicas e estratégias de vendas, que deixam de lado a importância dos lugares nos quais se instalam devido, também, à presença das mesmas e reconhecidas marcas e correspondentes lojas de rede. Nesses edifícios, as vitrinas nem mais se anunciam para as ruas e os sonhos nelas contidos só são descobertos quando se penetra o interior dos edifícios.

A análise do espaço terciário também alcança o caso brasileiro, destacando-se desde mercados públicos, lojas de departamentos, galerias e edifícios de uso misto. O fenômeno dos *shoppings*, por sua vez, é tratado com certa atenção e quadros referenciais situam as suas quantidades em operação no Brasil em 2017.

As questões estão postas para a vida social. Frequentam-se inúmeros locais de troca e deles se usufrui: ruas de comércio, ambulantes, centros de distribuição, mercados, centrais de abastecimento, *outlets*, *shoppings*, *showrooms*, lojas, postos de serviço, grandes magazines, galerias, *e-commerce*, etc. Velhos e novos expositores: prateleiras, balcões, tendas, estandes, vitrinas, telas de computadores, centrais de televendas.

Adquirido por meios virtuais, produtos de consumo e artefatos culturais podem não mais exigir transporte nem troca pessoal. Este tipo de atividade, inicialmente reconhecida pelas compras por catálogos, telefone, correio e outras modalidades, mais recentemente disponíveis, foi intensificado pelo uso da internet, do assim conhecido *e-commerce*. Este, por sua vez, reconhece a maior movimentação da mercadoria, e não a do consumidor.

As consequências deste novo formato, em crescimento, que ampliam as possibilidades de troca, estimulando novos negócios e dinamizando a economia, conduzem à necessidade de novos questionamentos aos gestores urbanos.

Outras reflexões se apresentam em torno da temática da imagem do comércio na cidade como sinal de sua vitalidade. A arquitetura das lojas, bem como a apropriação dos espaços públicos por eventos de diversas naturezas, exigem regulamentações para estabelecer critérios para orientar as manifestações visuais.

Como arte da sedução, as arquiteturas do comércio e dos edifícios de prestação de serviços manifestam os caracteres socioculturais das diversas cidades, locais e regiões. Nos estudos para qualificações e requalificações dos espaços urbanos, arquitetos e urbanistas devem compreender as dinâmicas que ocorrem entre morar, abastecer-se e cultivar-se.

Sem reconhecer as dualidades presentes nas trocas existentes no mercado de consumo, nos serviços prestados, nos espaços públicos ou privados, será difícil compreender como a vida social respira, se recria e se anima e, consequentemente, difícil será a proposição de diretrizes para a melhoria da qualidade arquitetônica dos espaços para a vida urbana.

Pelas compreensões do livro podem-se imaginar alguns progressos para atingir um estado no qual, segundo Henri Lefebvre, os núcleos urbanos, lugares de encontro e movimentação de fluxos alcancem um duplo papel: tenham as qualidades de lugar de consumo ao mesmo tempo que as de consumo do lugar. Cidades nas quais as realizações dos sonhos de todos sejam vitrinas sem cofres de vidro, disponíveis para todos.

Rafael Antonio Cunha Perrone

Arquiteto e Urbanista. Professor Livre-docente da Faculdade de Arquitetura e Urbanismo da Universidade de São Paulo e da Universidade Presbiteriana Mackenzie. Prêmio de projetos do IAB/SP. Prêmio Carlos Barjas Milan (1999); Prêmio Votorantim da V Bienal Internacional de Arquitetura (2003); Prêmio do Júri da XXX Bienal Latino-americana de Arquitetura (2006). Autor de artigos, livros e projetos publicados em revistas nacionais e internacionais, dos quais se destaca "Fundamentos de Projeto. Arquitetura e Urbanismo", pela EDUSP, 2015.

Introdução

> "[...] é quase uma regra geral que onde quer que os costumes sejam polidos (*moeurs douces*) existe o comércio: e onde quer que exista o comércio, os costumes são polidos."
> **(Montesquieu, *L'esprit des Lois*, apud Hirschman, 1979, p. 59)**

XVII

O pouco prestígio das atividades terciárias e o preconceito que ainda paira sobre elas respondem, em parte, pela grande resistência encontrada entre estudiosos e pesquisadores de adentrarem essa compulsiva área do conhecimento, principalmente se ela não fizer parte das prioridades de pesquisa estabelecidas pelas instituições de fomento.

Porém, o terciário está aí, cada vez mais presente, dominando as nossas cidades, criando e resolvendo problemas.

Quando o envolvimento do terciário se direciona para a categoria de comércio e serviços varejistas, o fascínio se instaura.

Imaginem que para a troca se realizar é necessário o encontro. E a troca não será apenas de mercadorias. Ideias, palavras, experiências e sensações fazem parte do encanto. Essa troca, que nos perdoe o comércio virtual (*e-commerce*), não pode prescindir do espaço físico para se materializar.

Ironicamente, é justamente nessa sua relação com a cidade, uma relação de origem, uma relação umbilical, que as carências de estudos sistemáticos sobre o comércio são maiores.

Pode-se afirmar que o estudo do comércio e dos serviços varejistas foi, inicialmente, uma área desenvolvida por geógrafos que, mais tarde, focaram seus estudos sobre geografia econômica direcionada para os outros dois setores da economia. Abandonaram, então, esse campo para os estudiosos de administração e marketing, que responderam pelo desenvolvimento da ciência do varejo. Estes, por sua vez, abriram caminho para a atuação, cada vez mais presente, dos profissionais de comunicação e da ciência do comportamento (Vargas, 2013).

Entretanto, planejadores e administradores urbanos, assim como economistas e arquitetos, nunca deram muita atenção e nem muitos créditos ao tema, principalmente no Brasil, limitando-se a utilizá-lo como um índice de mensuração e classificação hierárquica das cidades nas redes urbanas.

Neil Wrigley e Michelle Lowe (1996), na introdução de seu livro, apontam e questionam esse distanciamento dos geógrafos do estudo do terciário, que de certa forma já vem sendo recuperado,

Bazaar Kahn El Khalili, Cairo, 2000. Foto: Heliana Comin Vargas.

tendo em vista as pesquisas mais recentes sobre o comércio e o consumo. Nessa mesma direção, historiadores e antropólogos também têm marcado presença nessa temática nos últimos anos, conforme apontam alguns autores (Duarte, 2010).

A dificuldade de se encontrar literatura sobre essa temática que envolva a atividade de comércio e serviços no que se refere à atividade econômica e social e seu rebatimento espacial – criando o lugar, definindo a arquitetura que constrói e comunicando a sua imagem – exige percursos longos e diversificados.

Nessa busca, alguns caminhos tortuosos têm de ser trilhados. Inicialmente, a pesquisa bibliográfica deve incorporar várias áreas do conhecimento que, direta ou indiretamente, trabalham com comércio e serviços. Tais áreas, sem recusar as mais variadas ideologias, passando pela evolução das teorias econômicas, da teoria das mudanças, do desenvolvimento varejista, das teorias locacionais, dos estudos de administração, marketing, comportamento, comunicação e cultura material, estudos de sintaxe espacial, do desenho urbano e da arquitetura dos estabelecimentos, entre outras, ao cruzarem-se e se entrelaçarem, permitem delinear uma lógica do espaço terciário.

A grande inventividade do setor, a dinâmica da sua atuação e a velocidade na absorção das mudanças sugerem, sempre, o procedimento da observação. Olhar, observar, perceber, descobrir o comércio acontecendo.

Sempre que possível, experiências, agora já lastreadas em teorias timidamente formatadas, tornaram possíveis confirmações e novas descobertas. Permitiram por à prova muitas teorias estudadas, das ideias desenvolvidas e dos conceitos estabelecidos. Sempre em busca da tal lógica do espaço terciário.

Observar, fotografar e documentar as atividades terciárias em funcionamento, em todas as oportunidades criadas, continua a ser uma prática constante e necessária que ensina a ler e a interpretar essa sua relação com a cidade.

Se não de forma explícita, toda essa investigação realizada culminou na elaboração de uma tese de livre-docência defendida em

2000 que, de alguma maneira, está apresentada neste livro, agora atualizado nesta segunda edição. Aos mais perspicazes, será possível redescobri-la nas entrelinhas.

Esse assunto, polêmico na sua essência e pouco prestigiado na sua história, exige, portanto, uma explicação da sua origem nada nobre e da sua desprezada importância para o desenvolvimento econômico e social que acontece, então, no Capítulo 1, que apresenta as "Ideias sobre o comércio".

A velocidade de mudança na economia e a necessidade do varejo de se adaptar levam ao Capítulo 2, que trata da relação da "Localização do terciário num contexto de mudança". A evolução das teorias locacionais é introduzida buscando diretrizes para se delinear tendências fundamentais para o desenvolvimento varejista.

O Capítulo 3, o mais longo de todos, vai em busca dos espaços terciários, mais propriamente da arquitetura desses espaços e do contexto sociocultural que lhes deu origem. Do *bazaar* árabe aos *shopping centers*, do comércio ambulante ao virtual, todos têm seus espaços reservados nessa grande discussão. História, economia, sociedade e cultura, desenvolvimento urbano e arquitetura são somente alguns aspectos considerados nesse capítulo, que realiza um processo de análise da "Arquitetura de negócios", seus agentes de produção e seus consumidores.

Ensaiando o fechamento dessa busca da lógica do espaço terciário, o Capítulo 4 invade o campo da "imagem do comércio" na cidade e da "imagem da cidade" desenhada pelo comércio. Assumindo um caráter exploratório, tem como intenção mostrar novos horizontes para o estudo das marcas que o comércio imprime na cidade.

As conclusões possíveis, permitidas e extraídas durante todo o percurso, conduzem à confirmação de uma lógica do espaço terciário que o leitor será convidado a redescobrir. Seja comprando ou vendendo, administrando, divulgando ou projetando espaços comerciais, espaços verdadeiramente de negócios, fique certo de que após esta leitura, seu comportamento diante de um ato de consumo jamais será o mesmo.

É o comércio exercendo o seu fascínio.

1
Ideias sobre o comércio

> [...] o aparecimento de certas ideias não é fortuito, mas dependente de causas que podem ser descobertas e isoladas. [...] a estrutura econômica de uma época qualquer, bem como as transformações que a mesma eventualmente sofra, são determinantes finais do pensamento econômico."
> **(Erich Roll, 1950, vol.1, p. 18-19)**

O estudo do setor terciário e, portanto, do comércio não pode ser iniciado sem adentrarmos o campo das ideias que sobre ele se formaram. Três foram realmente determinantes e dizem respeito às dificuldades encontradas na sua aceitação como atividade econômica com importante significado para o desenvolvimento econômico e social.

A primeira delas refere-se a uma discussão quanto ao seu caráter como atividade social ou econômica; a segunda reveste-se do enorme "preconceito" adquirido pela atividade de troca como atividade indigna, pouco nobre e especulativa; e a terceira dificuldade é encontrada na negação da atividade como sendo economicamente produtiva.

Todas essas ideias, cuja origem pode ser explicada pela importância que a atividade adquiriu ao longo do tempo, com relação à sociedade e em comparação com as demais atividades econômicas, tiveram reflexo significativo na atenção que foi atribuída ao espaço terciário pelos intelectuais de maneira geral, principalmente no Brasil.

A troca como atividade social

A troca é responsável, desde a sua origem, pela aproximação entre povos, por meio de oferendas em retribuição a favores e dádivas recebidas, implicando a criação de vínculos entre indivíduos, comunidades e populações. Vínculos muitas vezes responsáveis pela manutenção de relações pacíficas (Mauss, 1974; Cassady Jr., 1974).

Nesse sentido, o caráter social da atividade de troca está nela implícito, pois para a troca se realizar existe a necessidade do encontro: encontro de pessoas com bens e serviços para serem trocados. No entanto, o encontro só se realiza porque existe a necessidade ou o desejo pelo bem, levando, assim, à busca de uma real satisfação quando a troca se conclui. Aliás, uma boa negociação é aquela em que ambos os atores saem satisfeitos. Essa situação, por si só, é suficiente para imprimir à atividade de troca um caráter social.

A atividade de troca também foi uma consequência, num segundo momento, da necessidade de abastecimento das populações não autossuficientes, principalmente as urbanas. As mais remotas

Grand Place, Bruxelas, 1995. Foto: Heliana Comin Vargas.

civilizações se preocuparam com esse aspecto da vida social, e a transformação da troca em comércio acarretou o surgimento de mercados e praças de mercados durante toda a história da humanidade, como é apresentado no Capítulo 3.

A necessidade de encontro para a realização da troca levou a atividade comercial a procurar os lugares mais propícios a esse encontro, os quais coincidiam com o cruzamento de fluxos de pessoas ou com os locais das demais atividades sociais. Estes se apresentaram como sendo os espaços onde aconteciam, pelos mais diversos motivos, atividades religiosas, políticas, culturais e de lazer.

O que ficou claro é que a procura por bens que não se referem às necessidades básicas ficou sendo, cada vez mais, dependente das oportunidades criadas pelos encontros. Quanto menos necessários esses bens forem, mais estratégias deverão ser implementadas para garantir as compras por impulso.

Existe, portanto, uma relação umbilical entre comércio e as demais atividades sociais, que raras vezes foi rompida. Além disso, como é exposto mais adiante, quando o rompimento dessa relação aconteceu, imediatamente essa ligação teve de ser recuperada.

Uma olhada no *Longman Dictionary of Contemporary English* (1987) mostrará o significado da palavra comércio, em uso arcaico, como sendo a troca de ideias, opiniões ou sentimentos.

Quanto ao comércio internacional, realizado desde o Antigo Egito e a Mesopotâmia, este, sim, adotou desde o princípio um caráter mais próximo de uma atividade econômica propriamente dita, mais direcionada ao lucro e ao ganho monetário e voltada a estabelecer o "domínio pacífico dos povos". O comércio internacional também foi determinante para a aceitação da atividade terciária como atividade produtiva, nos tempos modernos, e de grande importância para o desenvolvimento das nações (Vargas, 1992).

No entanto, apesar de toda essa importância social e econômica implícita, a atividade de troca – não apenas de produtos, mas também de serviços – carregou, por milênios, o estigma de atividade indigna, desprezível e de pouco significado para o desenvolvimento econômico e social.

Comércio como atividade nada nobre, muito doce...

Segundo Gordon Childe (1966), desde o período Paleolítico Superior há indícios de troca de produtos (normalmente artigos de luxo, como conchas), o que representa, em certa medida, uma forma de comércio. A existência desse intercâmbio de objetos demonstra que os grupos então existentes não se encontravam tão isolados e que a troca de ideias também acontecia. Mauss (1974), ao pesquisar as sociedades arcaicas, em seus estudos de caso, reafirma a existência da troca desde sempre, a qual se dava por meio das prestações totais e da dádiva.

Outro elemento a destacar é que numa sociedade tribal, na qual a propriedade, principalmente a que se destina a fins produtivos, é desfrutada em comum, a troca privada dos produtos não teria lugar. Porém, surge um momento na história da civilização em que novas estruturações sociais se impõem a fim de dar às forças produtivas possibilidades de expansão plena.

A divisão do trabalho desenvolve-se conduzindo ao aparecimento da troca privada dos produtos excedentes, e a propriedade privada dos produtos de consumo expande-se ao campo dos bens de produção. A produção passa a ter como finalidade não a sobrevivência, mas a troca, e esta se torna privada. A ampliação do âmbito da propriedade privada conduz à inclusão da propriedade do solo, levando à desintegração da comunidade primitiva.

É interessante observar que a inexistência da propriedade privada leva a não se considerar como roubo (atitude recriminada posteriormente) a apropriação das coisas alheias, como acontecia com os beduínos (árabes), antes de Deus ter-se revelado à Maomé, no começo do século VII a.C. (Weiss e Westermann, 1998).

Com o desenvolvimento da propriedade privada veio o comércio, tanto interno como externo, e, com ele, a possibilidade de acumulação de riquezas.

Essa possibilidade vai conduzir ao aparecimento de uma divisão de classes sociais entre ricos e pobres, do luxo e da escravidão, e do consequente empobrecimento das populações, da alienação das terras e do desenvolvimento de uma classe proletária.[1]

Essa situação vai ecoar na reação dos profetas, que passarão a denunciar a cobiça e a ambição da nova sociedade, apelando para princípios divinos de justiça e caridade como preceitos de conduta social. Recriminavam, entre outros, o excesso das novas classes mercantis, tentando colocar limites ao direito da propriedade privada.[2]

A explicação dessa situação de desequilíbrio de riqueza era imputada à mudança no coração dos homens, e não às consequências da nova estrutura econômica.

Cobiça e corrupção eram consideradas as verdadeiras causas da miséria, e o remédio era a aceitação plena da lei de Deus e o regresso a uma vida vivida de acordo com os princípios divinos. Esse movimento atingiu o auge com a chegada do cristianismo.

É interessante observar, ainda, que o Código de Hamurabi, na Mesopotâmia, nada mais era do que um código comercial que, segundo Childe (1966), tentava organizar a atividade comercial mais do que os deveres e direitos do cidadão. Para Várzea (1937), esse código regulou minuciosamente a vida dos mesopotâmicos, resolvendo também a questão dos aluguéis e unificando, em todo o Oásis, o sistema de pesos e medidas.[3] Ainda segundo Burns (1966), nesse mesmo código, o princípio "o comprador que se acautele" era a tônica.

Os hititas, que transformaram o vale do Halys num verdadeiro empório comercial, em razão do valor assumido pela siderurgia,

---

1. A palavra proletário vem do latim, *prolem dare*, que significa "os que nada têm a dar à coletividade senão a prole" (Roll, 1950, p. 30).
2. A proibição de tirar do devedor o vestuário ou os instrumentos de trabalho tornou-se um dos princípios da religião judaica, e influencia até hoje algumas das nossas legislações (Roll, 1950).
3. É interessante observar que, na maioria dos códigos estabelecidos para regular o comportamento nos centros urbanos – chamados inicialmente, aqui no Brasil, de códigos de posturas municipais –, a questão da relação entre comprador e vendedor estava sempre presente. No caso do Código de Posturas da Província de São Paulo, em 1886, e mesmo nos posteriores, as questões sobre o controle de pesos e medidas e da qualidade dos produtos vendidos eram também regulamentadas (Vargas, 1993; 2001).

também possuíam minucioso e vasto código mercantil (Várzea, 1937, p. 116). Mas foi na Grécia, segundo Glotz (1920), que, por causa das relações constantes de comércio entre cidades com costumes diferentes, a exigência de uma uniformidade de tratamento e garantia de cumprimento de compromissos fez surgir o embrião do direito internacional privado.

Essa importância do comércio internacional para a Grécia, de um lado, e o interesse da aristocracia mais ligada às questões agrárias, do outro, aparecem fortemente nas ideias de Aristóteles e Platão com relação à atividade comercial.

Platão opunha-se ao poder econômico da classe comercial ascendente, inspirado na democracia ateniense. Segundo Roll (1950), essa discordância tinha sua origem espiritual e romântica nos excessos do comercialismo. No entanto, o autor chama atenção para a origem de Platão, que pertencia à aristocracia grega.

Ao analisar a troca, Aristósteles considera que ela deveria acontecer até o limite das necessidades humanas, e não como a arte de obter moeda. E vai além quando afirma que a moeda tem de ser o meio para a troca e não um fim em si mesmo. A moeda como fim conduz à acumulação de riqueza, e a responsabilidade disso é do comércio (Roll, 1950).

Para Aristóteles, o comércio deveria ter seu âmbito limitado, estabelecido numa base ética. Mas é no mínimo irônico que Aristóteles não tenha se ocupado a fundo das questões da escravatura, fundamental na sociedade em que viveu e que pressupunha a exploração do indivíduo para acumulação de riqueza.

Tanto para Platão como para Aristóteles, algumas profissões eram consideradas indignas,[4] visto que eles trabalhavam com a divisão da sociedade em duas classes sociais: governantes e governados.

---

4. Não apenas na Grécia o comércio era visto como profissão menos nobre. Os mercadores chineses, nas capitais do Império Han (202 a.C.-220 d.C.), que respondiam por todo o comércio possível e providenciavam esse vital serviço para a população das cidades e do campo, eram vistos com grande desdém e vergonha, porque eram considerados aqueles que tiravam proveito de outras pessoas. Sua profissão não era tida como nobre, pois sua riqueza não se originava do solo. Proibidos de ocupar postos oficiais, eles sequer podiam vestir roupas de seda (Silverman, 1992).

Para Platão, a classe dos governantes refere-se à elite, e o fato de essa classe estar liberta da ambição degradante da riqueza, por já a possuir desde o nascimento, tornava-a apta para governar mais justamente, de acordo com o princípio da razão. Os governados seriam aqueles menos afortunados, que deveriam trabalhar pela sua sobrevivência, não tendo tempo para atividades mais nobres.

Para Platão, Aristóteles e também Epicuro, só a classe privilegiada, dos governantes, podia desfrutar do ócio, graças, naturalmente, ao trabalho escravo. Esse tempo de ócio era dedicado às atividades intelectuais, que enriqueciam o espírito (contemplativas), em detrimento das atividades manuais. Nesse sentido, ócio e trabalho excluíam-se mutuamente.

Segundo Sousa (1994), a origem etimológica da palavra negócio (o comércio, o trabalho, o negócio) surgiu como oposição ao conceito de ócio, decorrente de sua concepção grega: *neg-otium*, isto é, negação do ócio.

Tanto na Antiguidade como na Idade Média, o ócio fora considerado uma atividade dos privilegiados, da aristocracia e do clero. Não é de se estranhar, então, que a doutrina cristã, na Idade Média, tenha baseado seus princípios de condenar os aspectos usurários do comércio, do ganho pelo ganho e, especialmente, a usura, nos pensamentos dos filósofos gregos.

No início da Era Cristã, Santo Agostinho já fornecera as linhas básicas do pensamento medieval ao apontar, como um dos três principais pecados do homem decaído, a ânsia por dinheiro e bens materiais. Os outros dois eram o desejo de poder (*libido dominandi*) e o desejo sexual. Ele aceita apenas o desejo pelo poder quando este se combina com um forte anseio por louvor e glória. Ressalta os feitos dos romanos, justificados pelo amor à pátria. Vê, ainda, um aspecto positivo nesse desejo como forma de substituir o desejo de riqueza e muitos outros vícios. Com ou sem justificativa muito elaborada, a conquista da honra e da glória fora exaltada pelo *éthos* cavalheiresco medieval, ainda que em conflito com uma série de escritores religiosos (Hirschman, 1979).

"Toda a base do comércio, na Era Cristã, foi posta em causa, como confirmou Tertuliano ao afirmar que destruir a cobiça era destruir a razão de ser do ganho, e, desta maneira, a necessidade de comércio" (Roll, 1950, p.55). Para este mesmo autor, Santo Agostinho também exprimira "o receio de que o comércio afastasse os homens do caminho de Deus" destacando que a doutrina de que *nullus christianus debet esse mercator* (nenhum cristão deve ser mercador) era geral na Igreja, no começo da Idade Média (Roll, 1950, p. 55). Podemos acrescentar, também, a icônica cena de Jesus Cristo, expulsando os mercadores do templo.

Muitos escolásticos, como o dominicano Raymond de Pennafort, insistiam em condenar o comércio, mas o mais significativo de todos, São Tomás de Aquino, mostrou uma tendência clara para aproximar o dogma teológico e as condições de vida existentes. Para ele, "o comércio era um mal inevitável num mundo imperfeito e podia ser justificado até o ponto em que o comerciante o exercesse para o sustento de sua família ou para beneficiar o seu país" (Roll, 1950, p 55). O lucro obtido assim não passava de uma retribuição ao trabalho, defendendo, no entanto, a troca equitativa e buscando uma definição do preço justo (Roll, 1950, p 56).

Outros filósofos também tentaram definir o preço justo, alguns comparando produtos pelo tempo de trabalho utilizado na sua fabricação e, até mesmo, pelos investimentos realizados. Essa situação só reforça o aspecto ético envolvido de forma a evitar o enriquecimento pelo comércio. Na verdade, era mesmo uma disputa entre classes sociais: entre a aristocracia agrária, o clero e os comerciantes.

Na Idade Média, essa discussão do preço justo tinha lugar porque as restrições ao livre trânsito de mercadorias, a atuação das corporações de ofício e as dificuldades de transporte não propiciavam o pleno desenvolvimento da lei da oferta e da procura, como seria defendida, posteriormente, pelos economistas neoclássicos. Porém, no final desse período, restrições ideológicas à propriedade e ao comércio passaram a contrastar firmemente com a realidade do sistema econômico estabelecido, que resultara no desenvolvimento das cidades e na expansão do mercado. A partir daí, alguns elementos contribuiriam de forma decisiva para a mudança da imagem do comércio.

Hirschamn (1979, p. 24-25) pergunta:

Como foi que o comércio, as atividades bancárias e outros empreendimentos rentáveis similares passaram, em um certo momento da idade moderna, a serem considerados atividades dignas, após terem sido condenados e desprezados durante vários séculos sob o nome de ambição, amor ao lucro e avareza?

Numerosos fatores atuaram no sentido de subverter o mundo medieval: o fortalecimento das comunidades nacionais, contrariamente ao particularismo da sociedade feudal; o universalismo do poder espiritual da Igreja quebrado pela Reforma; e, seguramente, as descobertas marítimas que imprimiram maior impulso ao comércio.

No que se refere diretamente ao comércio, três pontos merecem destaque: a ascensão da classe burguesa e a justificativa da atividade comercial; a importância do comércio externo como valorização das economias nacionais; e a valorização do trabalho em relação ao ócio.

Durante a Renascença, reconheceu-se que a filosofia moral e o preceito religioso não eram mais suficientes para controlar as paixões destrutivas do homem. Logicamente, a ideia inicial de controle fora o apelo à coerção e à repressão, posteriormente superada. O estudo pormenorizado da origem e controle das paixões, realizada no século XVII, vai fornecer novos caminhos. Assim, o conceito de mobilizar as paixões destrutivas, canalizando-as para transformá-las naquelas consideradas construtivas, em vez de reprimi-las, passou a ser fortemente considerado (Hirschamn, 1979).

Uma expressão que entrou em moda a partir do final do século XVII, valorizando a atividade, refere-se à *douceur du commerce*. O mais influente expoente da doutrina do *doux commerce* foi Montesquieu, que diz, na passagem do *L'esprit des lois*: "[...] é quase uma regra geral que onde quer que os costumes sejam polidos (*moeurs douces*) existe o comércio: e onde quer que exista o comércio, os costumes são polidos" (Hirschman, 1979, p. 59-60).[5]

---

5. Não fica claro se a doçura do comércio refere-se ao relacionamento entre os que o praticam ou entre todos aqueles que consomem e usufruem do comércio das mercadorias (satisfação de desejos e necessidades) (Hirschamnn, 1979).

A origem do epíteto *doux* será provavelmente encontrada no significado "não comercial" do *commerce*: além de intercâmbio comercial propriamente dito, a palavra, desde muito tempo, denotava conversação animada e repetida, assim como outras formas de intercâmbio social polido e de relacionamento entre pessoas (frequentemente entre duas pessoas do sexo oposto). Foi com esse sentido que o termo *doux* fora geralmente usado em combinação com *commerce* (Hirschman, 1979, p. 60).

Mesmo assim, o uso persistente da expressão *le doux commerce* surpreende, como uma estranha aberração de um período em que o tráfico de escravos estava no auge e o comércio, em geral, era um negócio arriscado, aventuroso e frequentemente violento.[6]

Ainda segundo Hirschman (1979, p. 58):

> Considerar as atividades comerciais e de ganhar dinheiro como inofensivas e inócuas pode ser entendido como uma consequência indireta da prolongada hegemonia do ideal aristocrático. [...] quando a fé nesse ideal foi rudemente abalada e, quando o herói foi demolido é que o até então difamado comerciante viu o seu prestígio crescer. Por muito tempo ainda subsistiu a noção de que ele era um personagem mesquinho, sujo (pés poeirentos) e desinteressante.

Ocorreu, então, uma surpreendente e inesperada transformação da cena ideológica e moral. Os responsáveis por essa dissolução dos valores tradicionais, no entanto, não o fizeram com o objetivo de propor um novo código moral que respondesse aos anseios da nova classe, burguesia. O impulso aquisitivo e as atividades a eles ligadas, tais como as comerciais, bancárias e eventualmente industriais, vieram a ser universalmente aclamadas (Hirschman, 1979).

A grande importância adquirida pelo comerciante, a partir de então, resulta não apenas da sua participação no processo produtivo,

---

6. Um século mais tarde, o termo foi devidamente ridicularizado por Marx, o qual, ao explicar a acumulação primitiva do capital, relata episódios violentos da expansão comercial e ironiza o termo *"Das ist der doux commerce"*. A *douceur* celebrada por Montesquieu, e por outros, significava corrupção e decadência, não apenas para Rousseau, mas, de certo modo, para Adam Smith também (Hirschman, 1979).

mas também da atuação do comércio interno e externo na riqueza dos "Estados nacionais em formação" e da posição social alcançada por todos aqueles que se dedicavam à atividade mercantil.

Houve, realmente, a partir do século XVI, uma forte aliança entre os comerciantes e os Estados nacionais. É fácil observar essa condição já que muitas das grandes figuras das companhias comerciais, que detinham o monopólio real sobre certas regiões do globo, gozavam de grande prestígio político (Vargas, 1992).

Quanto ao significado das ideias religiosas decorrentes do protestantismo (Reforma) no desenvolvimento da vida cotidiana, alguns aspectos merecem destaque. Um deles refere-se ao conceito de predestinação de Calvino, pelo qual os homens predestinados eram escolhidos por Deus e, portanto, o fato de um indivíduo ser bem-sucedido nesta vida indicava uma preferência divina. Assim, a riqueza poderia ser facilmente aceita e justificada (Burns, 1966).

O outro aspecto se refere à importância assumida pelo trabalho. Segundo Weber (1999, p. 112):

> [...] a verdadeira objeção moral refere-se ao descanso sobre a posse, ao gozo da riqueza, com sua consequência de ócio e de sensualidade e, antes de mais nada, à desistência da procura de uma vida santificada. A perda de tempo, portanto, é o primeiro e o principal de todos os pecados. O trabalho constitui-se na própria finalidade da vida.

É interessante observar, aqui, a diferença do significado do trabalho como forma de conseguir a sobrevivência, existente desde São Tomás de Aquino, que dispensava dessa necessidade aqueles que haviam nascido ricos, os quais usavam o seu tempo livre para a contemplação, e aqueles decorrentes dos princípios estabelecidos pela Reforma Protestante. Resumida e simplificadamente, esses princípios frisavam que a riqueza não eximia os indivíduos da necessidade de trabalhar para a sua glorificação (Weber, 1999).

Toda essa apologia ao trabalho vai contribuir, significativamente, para a ideologia do capitalismo, na qual a valorização do trabalho era necessária ao seu pleno desenvolvimento, já que a exploração do trabalhador (mais-valia) seria o requisito fundamental para a acumulação de riqueza.

Na verdade, como salienta Galbraith (1967), todo o tempo de ócio (tempo livre) deveria ser utilizado para mais trabalho, para aumentar a possibilidade do consumo dos produtos industrializados e da acumulação capitalista no decorrer do século XX.

De qualquer forma, a partir do final do século XVIII, com o advento das revoluções industriais – têxtil, do carvão e do aço e, mais fortemente a partir do início do século XX, com a revolução tecnológica –, o comércio vai perdendo, gradativamente, sua posição hegemônica, voltando a assumir, cada vez mais, uma posição secundária no sistema produtivo, agora em relação à indústria (Vargas, 1992).

Somente a partir da década de 1970, com a saturação do mercado internacional e a partir da invenção do sistema industrial de produção flexível e todo um avanço nas comunicações e transportes, o comércio recuperou a sua primazia. A forma de comercializar e a sofisticação de suas técnicas responderiam pela melhor colocação dos produtos industriais. Além disso, toda uma série de novas necessidades foi criada para manter a rentabilidade do setor. O comércio, por sua vez, se virtualizou. E, ao mesmo tempo que prescindiu do espaço físico, precisou retornar às suas origens como atividade social, devidamente integrada com as demais (lazer, cultura, diversão, alimentação etc.). Os próximos capítulos detalham essa questão.

O ócio só seria pensado como alguma coisa interessante para o capitalismo, como salientou Cross (1980), quando fosse ocupado por atividades de diversões comercializáveis, baseadas em tecnologias sofisticadas.

O advento das novas tecnologias, por sua vez, e a menor necessidade de mão de obra que ocasiona, diminui a possibilidade da exploração da mais-valia do trabalhador, o qual tende a se deslocar do setor secundário para o terciário. Dessa forma, a exploração do tempo de ócio (tempo livre) passa a ser, então, significativamente importante para o processo de acumulação.

O fato é que o ócio, com o tempo, deixou de ser um elemento fundamentalmente de formação e enriquecimento cultural, passando a ser um elemento de consumo com apelos de liberdade e, em certos casos, de formação cultural (Sousa, 1994).

De qualquer maneira, embora sofrendo alterações no seu conceito inicial, o ócio responde, em parte, pela conotação negativa imprimida ao termo negócio (*neg-otium*).

Não é demais ressaltar que o contexto socioeconômico influencia as nossas ideias, e os avanços nos meios de comunicação, associados a técnicas de propaganda e publicidade, passam a interferir fortemente sobre o livre pensar. A sociedade de consumo é um nítido exemplo. No momento, as atividades terciárias estão em alta e, portanto, passam a ser alvo de atenção e de interesse.

O conceito de atividade econômica improdutiva

Inicialmente, é preciso mencionar que a origem do nome setor terciário é decorrente do seu posicionamento com relação à terra, em que a agricultura assume o primeiro lugar (primário). A transformação do produto da terra, realizada pela indústria, vem em segundo lugar (secundário), deixando para as demais atividades o terceiro lugar (terciário).

Outro aspecto a destacar é a própria natureza da atividade terciária, que apresenta um alto grau de efemeridade e ausência de corporeidade. Isto é, ela encerra-se no momento do ato da troca e, portanto, é efêmera e não se materializa por meio de nenhum produto, é apenas um ato; portanto, não tem corpo (Vargas, 1985).

Essa condição de falta de um produto visível, identificável e mesmo mensurável, resultante dessa atividade, pode responder, em parte, pela dificuldade encontrada em se considerar a atividade terciária como produtiva e importante para o desenvolvimento econômico.

A conotação de atividade improdutiva adquirida pelas atividades terciárias, devidamente analisada por alguns pesquisadores (Kon, 1992; Galbraith, 1989; Roll, 1950), vai, então, além de meados do século XX.

Antes do século XVI, o comércio se realizava por meio da troca de produtos equivalentes e sofria influência da doutrina da Igreja Católica, que condenava o lucro e a exploração. A partir de então, como visto anteriormente, a atividade comercial vai adquirir maiores proporções, passando a ser importante para o desenvolvimento das nações, ora em formação, e terá como apoio ideológico a reforma religiosa, iniciada em meados desse mesmo século. Foi possível, a partir desse momento, falar-se de um embrião de economia política.

Três correntes principais de pensamento, juntamente com a evolução da atividade econômica, auxiliaram a moldar a teoria clássica. A primeira refere-se à evolução da teoria política, que vai da concepção canônica ao radicalismo filosófico, que, como visto anteriormente, considerava o comércio como atividade de cobiça e ambição. A segunda surge com pensadores ingleses, a partir dos últimos e mais avançados mercantilistas (Bacon, Thomas Hobbes, Jonh Locke, David Hume). E a terceira é de origem francesa e está representada pelos fisiocratas. "Os fisiocratas (XVII e XVIII) compartilham com os mais avançados economistas ingleses pré-clássicos do mérito de terem destruído a crença mercantilista de que a riqueza é gerada e multiplicada através da troca" (Roll, 1950, p. 163).

Os fisiocratas divulgam a ideia de que apenas o trabalho agrícola era produtivo, sendo a terra a fonte exclusiva de riquezas. Através de Quesnay (1964) os fisiocratas dividiam uma nação em três classes sociais: a classe produtiva, a dos proprietários e a classe estéril. Incluídos na classe estéril encontram-se aqueles que se dedicavam às manufaturas e serviços (Kon, 1992, p. 20).

Já na teoria econômica clássica, que surge no final do século XVIII, prevalece a ideia de valor de troca e valor de uso, em que os dois maiores expoentes foram Adam Smith e David Ricardo. Ambos confirmam a contribuição das atividades terciárias ao produto gerado pela economia, mas negam, explicitamente, o seu caráter produtivo. Para eles, o único fator produtivo é o trabalho. É a partir do trabalho que o homem cria valor, pois a natureza é passiva e incapaz de por si só criar valor. A análise do que é produtivo e improdutivo parte, então, dessa ideia de valor. Assim, para os clássicos, as manufaturas também decorrem de trabalho produtivo. Aos serviços continuava reservado o caráter de improdutivo.

Segundo Kon (1992, p. 22), Smith salientava que

> outras categorias sociais executavam serviços que, ao morrer no próprio instante de sua execução, não produziam um valor pelo qual igual quantidade de serviço poderia ser posteriormente obtida, pois não se fixavam em nenhum objeto permanente ou mercadoria vendável.

Entre esses serviços incluíam-se: os de segurança, de culto, médicos, artísticos etc. Smith acrescentava, ainda, que a quantidade de renda empregada em atividades improdutivas refletia-se negativamente sobre a produção do ano seguinte. Especificamente com relação ao comércio, apontava o seu grande incentivo à produção ao criar mercado para ela.

Sendo esse um momento de crescimento da riqueza e ascensão na nova burguesia (final do século XVIII e início do XIX), a questão do bem-estar passa a incluir um maior número de produtos e serviços que visam oferecer uma maior satisfação para o homem. Os objetos materiais e mesmo os imateriais desejados por essa sociedade passam a ser considerados. Assim, para Thomas Malthus (1766-1834), todo trabalho é produtivo, porém em graus diferentes. Os mais produtivos são aqueles que, além de pagar os salários, também permitem investimentos e pagamento da renda fundiária. Os menos produtivos são capazes somente de remunerar os empregados. Nestes estariam incluídas as atividades consideradas improdutivas por Adam Smith (Kon, 1992, p. 23).

David Ricardo, também um clássico, reviu algumas das ideias de Malthus e Smith destacando que o desejo por alimentos é finito (inelástico), mas o desejo por comodidade e luxo é infinito (elástico) e auxiliado pelo comércio e transporte.

Nesse ponto, dois aspectos devem ser destacados. O primeiro refere-se ao embrião de uma redefinição do conceito de necessidades. Assim, já se introduz o conceito de que desejos acabam tornando-se necessidades e que apenas os alimentos são bens inelásticos (ou seja, existe um limite para o consumo, independentemente da oferta).[7]

O outro, como salienta Kon (1992), relaciona-se à importância concedida ao setor de comércio e serviços no processo de aumento do valor das mercadorias, na medida em que os produtos são comprados por outros produtos ou serviços (ou dinheiro gerado por eles) e que disponibiliza os produtos para o mercado. No entanto, Ricardo discorda de Malthus quanto ao poder do comércio interno como sendo o primeiro passo para o aumento da riqueza.

É interessante contextualizar essa discussão, pois esse é o momento da grande Revolução Industrial, na Inglaterra, e da afluência da classe burguesa, principalmente na França, às vésperas de sua revolução.

Um dos economistas que mais contribuiu para a aceitação das atividades terciárias como força produtiva e também para a compreensão da importância do mercado para viabilizar a produção foi Jean-Baptiste Say.

Say introduziu vários conceitos interessantes. O primeiro deles refere-se ao conceito de utilidade de um bem. Para ele, produção é a criação de utilidades (valor de uso), e produtos são coisas que foram criadas e cujo criador torna-se dono de uma nova parcela de riqueza. Portanto, o valor está na utilidade criada pelo produto (ou serviço). A determinação do valor de um bem vai, assim, além do trabalho necessário para a sua produção. Introduz, claramente, a questão do mercado. Ou seja, ainda que muito sutilmente, deixa clara a existência dos concorrentes (mercadorias afins), da relação entre oferta e procura (tamanho do mercado) e da necessidade e saciedade (existência ou criação de mercado).

Vivendo no período da Revolução Industrial na Inglaterra, não deixa de receber influência do conceito de indústria, considerando

---

7. É interessante observar que, na atualidade, o apelo à alimentação, que adentra o campo da culinária, da gastronomia e da experiência que elas oferecem, tem imprimido no ato de alimentar-se uma condição de elasticidade. As pessoas se encontram para beber e comer, retirando dessa prática seu caráter de necessidade e transformando-a em ato hedônico a ser realizado a qualquer momento.

também o comércio como uma indústria que coloca os objetos desejados à disposição do mercado. Say aponta esse setor como importante no aumento do valor do produto, mediante o transporte de um lugar para o outro. Segundo Kon (1992), Say declara que o valor adicionado às mercadorias pelo comércio não acontece por meio da troca, mas sim pelas operações comerciais realizadas para colocar o produto em determinado lugar.

O economista promove, ainda, uma discussão sobre a divisão do trabalho entre as atividades terciárias, criando especializações, principalmente nas cidades maiores. Além disso, destaca a importância dos serviços decorrentes da atividade comercial, como: serviços de transporte, seguros, armazenagem e instituições financeiras.

Nessa sequência de análise, Say introduziu o conceito de relacionamento entre atividades com seus efeitos para frente e para trás, que serão devidamente exploradas no século XX, sobretudo pela teoria dos polos de desenvolvimento de François Perroux (1964). Say salienta algumas atividades terciárias que auxiliam nesse processo e no fato de considerar alguns serviços como produtos.

Outra grande contribuição de Say é a sua definição de trabalho imaterial, que apesar de ter um preço, desaparece da lembrança após o consumo e, portanto, não pode ser trocado futuramente. Coloca-os como fruto da indústria humana, resultantes de um talento que pressupõe um estudo prévio e que não pode ocorrer sem um adiantamento de capital. Abre as portas para a ampliação do conceito de riqueza no sentido da acumulação de capital humano para investimento futuro (Kon, 1992).

Logicamente, já aparece aí a importância das inovações e das invenções para o desenvolvimento do setor industrial. À medida que essas atividades colaboram para o aumento da riqueza, passam a ser devidamente consideradas no processo de produção.

A contribuição de John Stuart Mill (1806-1873) está no detalhamento de muitas das ideias existentes em Say. Considera o trabalho como agente da produção, juntamente com a matéria-prima (objetos naturais). Considera também que existem operações prévias, essenciais para possibilitar a produção e que agem indiretamente sobre ela. Inclui aí não apenas as relacionadas a produtos materiais, como a produção de matérias-primas e ferramentas, mas também a armazenagem, a segurança, o policiamento, bem como aquelas que tornam o produto acessível, como a construção de infraestrutura, transporte, comunicação e distribuição. Indica, ainda, o trabalho que tem por alvo os seres humanos, como a educação para qualificação da mão de obra e aqueles destinados a manter a força de trabalho em funcionamento, como os médicos. Na categoria de trabalho mental, entram as atividades relacionadas à invenção e à criação. Promove mais uma classificação de trabalho, como criador de necessidades e não de objetos, dividindo-o em três categorias: fixas e incorporadas em objetos; fixas e incorporadas em seres humanos; e não fixas e não incorporadas em objetos e que se constituem num simples serviço prestado. Esta última Stuart Mill considera como improdutiva, pois só existe no momento em que estão sendo desfrutadas, não gerando riqueza (Kon, 1992, p 29). Pode-se ler nas entrelinhas uma tentativa de mudança do conceito improdutivo para indiretamente produtivo.

O mais conceituado de todos os economistas clássicos, Karl Marx (1818-1883), introduz uma nova abordagem com respeito às forças produtivas e às relações de produção em que produção, distribuição, circulação e consumo fazem parte de um processo único, com a finalidade de produzir mercadorias (Kon, 1992).

Na teoria do valor, introduz a questão do valor social de um bem, sendo esse valor medido em termos de trabalho marginal social. Isso indica a consideração das necessidades conjuntas dos indivíduos que afetam a oferta e a procura por um bem.

No que se refere ao presente estudo, é importante destacar a sua contribuição em equiparar a importância do trabalho intelectual ao manual. Considera ambos produtivos, bastando, para tanto, que façam parte do trabalho coletivo.

Paul Singer (1981, p. 118), em seu estudo acerca das ideias dos economistas sobre trabalho produtivo e improdutivo, ao analisar Marx, na sua discussão sobre o caráter produtivo do trabalho imaterial, conclui: "Só há duas respostas a esta pergunta: ou não existe trabalho humano cujo resultado, sendo imaterial, seja adequado às necessidades humanas, ou, caso exista, este trabalho é, pelo menos de acordo com o critério geral, produtivo".

No final do século XIX, quando a produção industrial começa a atingir um novo patamar, começam a surgir novas ideias que serão a base do pensamento neoclássico. Esse será o momento do florescimento de uma indústria voltada à produção em massa, baseada na ciência, nas invenções, mais do que nas inovações, e que vai necessitar de uma demanda expressiva para viabilizar os grandes investimentos iniciais e garantir mercado para seus produtos (Vargas, 1992).

Dessa forma, os pensadores econômicos que adentraram o século XX não restringiram seus estudos ao campo da produção e das forças produtivas. Direcionaram também seus olhares para o mercado.

Para os neoclássicos, só existe produção quando existe consumo. Leo Waras (1834-1910) estabelece como princípio geral das trocas a interdependência entre mercados. Dentro da sua definição de riqueza social inclui as coisas materiais e imateriais, e distribui essa riqueza em três categorias de capitais que geram rendimentos: as terras, as pessoas e os bens mobiliários (nestes incluindo edifícios, veículos, máquinas e instrumentos). Por sua vez, esses capitais têm rendimentos que consideram consumíveis quando absorvidos pelo consumo, como médicos e advogados, e produtivos quando transformados em rendimentos, como o trabalho das máquinas e a fecundidade da terra (Kon, 1992).

Outro teórico importante para as ideias do terciário foi Alfred Marshall (1842-1924). Ele buscou aprofundar a discussão sobre bens imateriais dividindo-o em duas categorias: os imateriais internos, relativos a qualidade e faculdades pessoais, e os externos, provenientes do benefício que se retira de outras pessoas. Tenta uma definição de progresso mostrando que a busca da satisfação das necessidades, cada vez em maior número, conduz a um ciclo autorreforçador que leva ao progresso. Isto é, se, por um lado,

> determinados serviços surgem em atendimento a novas necessidades determinadas pela evolução dos processos produtivos, por

outro, o desenvolvimento de novos serviços conduz ao aparecimento de novas necessidades. (Kon, 1992, p. 33)

Ainda segundo Kon (1992, p 34), os primeiros marginalistas substituíram a ideia de lei natural na formação dos preços pelo utilitarismo. Introduziram a noção psicológica de necessidades a satisfazer como determinante da utilidade de um produto. Preocupam-se em como elas "deveriam ser tratadas em suas análises, (como necessidades de consumo de bens físicos e de serviços imateriais) e de como valorar sua satisfação ou seu consumo". Surgiu também a discussão sobre a conotação psicológica de necessidade e saciedade, na definição do valor, além dos mecanismos de oferta, demanda e preço.

Essas preocupações passam a estar presentes, sem dúvida, pois o próprio crescimento das possibilidades de produção começa a demandar estudos sobre as possibilidades de absorção pelo mercado.

Para Schumpeter (1883-1950), trabalho não é um produto, é um meio de se chegar ao produto. Dessa forma, afirma, implicitamente, que qualquer serviço resultante do trabalho é produto. Para ele também existe uma complementariedade das atividades terciárias em todo o processo produtivo, e reforça sua significativa importância para tornar o produto uma mercadoria consumível. Isto é, coloca-a no mercado. Posiciona-se de acordo com a afirmação neoclássica de que só existe produção quando existe consumo (Kon, 1992, p 35).

A partir de 1930, durante a Grande Depressão americana, que incluiu a queda da bolsa de 1929, ideias novas tiveram de surgir para enfrentar uma difícil crise econômica deflacionária. A Teoria Keynesiana – de John Maynard Keynes (1883-1946) –, segundo Kon (1992, p. 36), permitiu, além de uma reinterpretação dos componentes de geração de produto e renda (bens ou serviços produtivos), o desenvolvimento de formas de mensuração.

Outro elemento importante nessa teoria foi a indicação da intervenção estatal como geradora de demanda para garantir níveis maiores de emprego. Segundo Keynes (apud Kon, 1992, p. 36), "a mão invisível, preconizada pelos clássicos como condutora do equilíbrio econômico, não produz o bem-estar geral e a harmonia entre os agentes econômicos". Após a crise de 1929 e as guerras mundiais, a Teoria Keynesiana constituiu-se o pilar de sustentação das relações macroeconômicas globais, afirmando que qualquer atividade que faz jus a uma recompensa monetária é considerada útil e produtiva por definição.

É, no entanto, interessante ressaltar que a predição dos fenômenos econômicos em vez da previsão levou o planejamento econômico a adotar uma série de modelos matemáticos e estatísticos que acabaram por interferir no próprio desenvolvimento espontâneo da economia e da livre ação das forças de mercado. Keynes inicia, na verdade, todo o processo de planejamento do desenvolvimento econômico no âmbito das nações, possibilitando também a mensuração de toda a produção nacional, inclusive das atividades terciárias.

A partir do final da Segunda Guerra Mundial, a ascensão dos Estados Unidos como potência mundial, que resulta, em parte, do seu desempenho empresarial decorrente das demandas de guerra, abriu um campo profícuo para o desenvolvimento das teorias microeconômicas, da administração e do marketing. Este último, muito mais acelerado a partir dos anos 1980.

Na sequência, o desenvolvimento do capitalismo financeiro, a revolução da informática, a internacionalização da economia, a globalização e o surgimento das atividades de entretenimento e do turismo como primeira indústria mundial só têm reforçado o caráter produtivo das atividades ditas terciárias (às vezes indicadas como quaternárias) como criadoras de riqueza.

O Quadro 1.1 apresenta um resumo das formas como as atividades terciárias foram consideradas pelas diversas correntes do pensamento econômico, conforme exposto anteriormente.

Quadro 1.1 – Pensamento econômico e atividades terciárias

Fisiocratas – improdutivas. Não geram produto que acarrete aumento de riqueza: séculos XVII e XVIII.
Clássicos – necessárias, mas não produtivas. Mais produtivas – menos produtivas: final do século XVIII.

(continua)

Quadro 1.1 – Pensamento econômico e atividades terciárias *(continuação)*

Marxistas – parcialmente improdutivas.
Não pertencem ao fundo potencialmente disponível para propostas de desenvolvimento econômico: final do século XVIII.

Neoclássicos – produtivas se consumíveis.
Só existe produção quando existe consumo: séculos XIX e XX.

Keynesianos – produtivas e mensuráveis.
Qualquer atividade que faz jus a uma recompensa monetária é útil e produtiva por definição: século XX.

Considerações finais

Primeiramente, é necessário observar que o "preconceito" existente com relação às atividades terciárias e, em especial, com o comércio e serviços varejistas, tanto relacionado com a nobreza, dignidade e honestidade da atividade como por sua contribuição para a criação de riquezas e para o desenvolvimento econômico, deixou essas atividades, por muito tempo, à margem dos estudos considerados científicos e de interesse para a sociedade. Poucos são os trabalhos, principalmente no Brasil, que se preocuparam com o setor terciário antes da década de 1980, situação não muito diferente no contexto atual, sobretudo nas ciências que trabalham com a repercussão territorial dessas atividades. É claro imaginar essa situação, pois, como vimos, as ideias começam a tomar corpo quando o contexto é favorável para o seu florescimento.

A década de 1980 pode ser considerada um marco no que se refere às atividades terciárias, quando a nossa maior cidade, São Paulo, começa a experimentar um processo de desindustrialização e consequente terciarização (Vargas, 1985). Nessa mesma época, a proliferação dos grandes espaços de compras também foi uma verdade (Vargas, 1992). Somente nesse momento a preocupação com as atividades terciárias adquire importância, tanto no seu aspecto econômico como de estruturação do espaço urbano, passando a ser objeto de estudos mais sistemáticos.

No que se refere diretamente à condição do comércio como atividade social, a questão do abastecimento da população, por um lado, e a justificativa do encontro, por outro, a nosso ver, continuam presentes, como é possível verificar na leitura dos demais capítulos.

Quanto à questão da produtividade do setor terciário, nunca ele esteve mais ativo com relação à geração de emprego e renda, incorporando uma série de atividades novas, decorrentes de novas necessidades criadas, dentre as quais o turismo e o lazer surgem como a indústria motriz do século XXI. O comércio, por sua vez, faz o pano de fundo para todas essas atividades. Conforme Warnaby e Davies (1996) já indicavam em 1996, 75% das viagens têm como uma de suas finalidades as compras.

A respeito da ética no comércio, vamos sem dúvida enfrentar uma nova discussão neste milênio que se inicia, e não apenas com relação ao comércio.

No momento, o forte entrelaçamento das relações internacionais, que se identifica com o processo de globalização, ignorando fronteiras e adquirindo um caráter de virtualidade, exige, novamente, um apelo à questão ética. Na verdade, estamos falando de revisão de valores, de estabelecimento de princípios para essa nova forma de acumulação de riquezas, por meio de fluxos virtuais que as barreiras físicas, bem como político-administrativas, não conseguem nem evitar, nem controlar.

Finalmente, quanto às ideias sobre o comércio, talvez seja interessante pontuar também o papel do comércio sobre as ideias.

Alguns estudos, segundo Marcondes (1997), induzem à suposição de que o contexto favorável para o nascimento filosófico científico, que teve como berço as cidades gregas (Tales de Mileto e sua escola), contrapondo-se ao pensamento mítico, foi decorrência das atividades políticas mais intensas e das trocas comerciais lá desenvolvidas. As cidades gregas, ponto de encontro de rotas comerciais da Mesopotâmia, Pérsia, Índia e China, como estratégia em benefício do comércio, incentivavam e praticavam a tolerância. Estimulavam o convívio pacífico de culturas diversas com suas diferentes línguas, tradições, cultos e mitos, incitando e facilitando o questionamento do caráter global e absoluto da explicação mítica. Para Marcondes (1997), o caráter prático da atividade comercial questiona as tradições míticas e religiosas à medida que as confronta, acabando por revelar suas origens culturais, levando a crer que, dos pontos de vista histórico, sociológico, geográfico e econômico, pode-se explicar o surgimento de um tipo de pensamento filosófico ocorrido naquele contexto.

A situação que se apresenta para o século XXI abre um campo significativo de exploração das possibilidades e limites da atividade e do seu relacionamento com o espaço físico que lhe dá suporte. É nessa direção e com essa intenção que construímos os capítulos seguintes.

2 Localização do terciário num contexto de mudança

> "Se ao aterrizar em Trude eu não tivesse lido o nome da cidade escrito num grande letreiro, pensaria ter chegado ao mesmo aeroporto de onde havia partido. Os subúrbios que me fizeram atravessar não eram diferentes dos da cidade anterior, com as mesmas casas verdinhas e amarelinhas. Seguindo as mesmas flechas, andava-se em volta dos mesmos canteiros das mesmas praças. As ruas do centro exibiam mercadorias, embalagens, rótulos que não variavam em nada."
> **(Calvino, 1997, p.118)**

A atividade econômica apresenta um estreito relacionamento com o espaço físico que lhe dá suporte, criando o que chamamos de localização.[1] Essa condição faz com que o processo de mudança econômica seja, ao mesmo tempo, causa e efeito dos padrões espaciais existentes.

Segundo Healey e Ilbery (1990, p. 3), estabelece-se uma relação recíproca entre mudança econômica e localização. A necessidade de compreensão dessa relação torna-se mais urgente quando a velocidade de mudança atinge os patamares atuais, em que, tão rápido quanto são inventadas, as atividades, os produtos, os lugares, os edifícios tornam-se obsoletos.

O fato de as áreas edificadas apresentarem uma condição inercial, de lentidão na absorção das mudanças, acrescenta mais um agravante à questão urbana. Essa dificuldade amplia-se com o avanço das estratégias do capital imobiliário, principalmente no âmbito do setor terciário, cuja área de atuação tem extrapolado a do controle sobre os imóveis existentes ou a construção de novos, passando a criar localizações, muitas vezes, artificiais e efêmeras (Vargas, 1992; 2014b).

Essa situação é preocupante, na medida em que o poder público não está interessado nem preparado para entender esse processo, nem para controlá-lo, considerando-se que as cidades têm enfrentado uma dificuldade crescente com a deterioração de áreas urbanas, anteriormente bastante dinâmicas, e com as novas áreas que se adensam e se congestionam.

O desenvolvimento da economia mundial e dos meios de comunicação e transporte promoveu uma forte interdependência entre lugares. Tudo o que acontece nas diversas economias é determinado

---

1. Quanto ao conceito de localização, Vargas (2014b, p. 49) propõe, a partir de Villaça (1978), que seja definido como "os atributos locacionais de um ponto do território que: definam suas possibilidades de relacionamento com os demais pontos deste território; incluam condições ambientais e paisagísticas e apresentem marcas de *status*, tradição e cultura. É produto do trabalho e da inversão sucessiva de capital dispendido na construção da cidade e da sua imagem, podendo ter origem externa ao espaço físico que lhe dá suporte e ser planejadamente criada pelo próprio capital ou pelo Estado".

Galeries Royales, Bruxelas, 1995. Foto: Heliana Comin Vargas.

pelo seu papel nos sistemas de produção, comércio e consumo, que se torna global enquanto escopo e complexo enquanto estrutura.

Somada a essa interdependência territorial existe uma tendência à homogeneidade do território, em termos de possibilidades de desenvolvimento de atividades econômicas, tornando-as mais *foot loose*.[2] Uma nova forma de competição entre lugares e entre cidades se estabelece, e passa-se a assistir a uma verdadeira guerra na tentativa das cidades de atrair empresas, investimentos, turistas ou tão somente evitar a evasão (Vargas, 1998a).

Mudanças experimentadas pela economia global nas décadas de 1970-1980 também foram determinantes para o setor terciário, tais como: valorização dos produtos manufaturados e serviços em relação à matéria-prima, que atinge um dos seus mais baixos níveis; queda do emprego industrial, diminuindo a sua importância na composição do custo de produção; fluxo de capitais assumindo maior importância do que o de comércio e serviços, tornando-se, também, mais *foot loose* e internacionalizado (Healey e Ilbery, 1990).

Como tendência geral, houve uma nova divisão internacional do trabalho, na qual os centros mais importantes dos países desenvolvidos permaneceram com as sedes das empresas e da pesquisa e desenvolvimento, realocando as funções de menor nível hierárquico e beneficiando-se do baixo custo de uma mão de obra disciplinada nos países em desenvolvimento. Isso provocou um deslocamento do emprego industrial para os países em desenvolvimento;[3] mudanças na geografia de produção com o crescimento internacional da economia dos serviços, principalmente finanças, marketing e serviços de toda ordem; e o aparecimento das cidades mundiais, com níveis hierárquicos de controle regionais.

Um aspecto significativo da mudança rebate, diretamente, na distribuição do emprego entre os três setores da economia, com o

---

2. *Foot loose* é a condição de independência das atividades econômicas com relação ao território que lhes dá suporte, diminuindo a importância dos atributos locacionais como determinantes da escolha da localização.
3. Entretanto, o declínio na importância do custo de mão de obra sugere que essa nova divisão internacional do trabalho possa ser um fenômeno temporário, mais característico dos anos 1970 e 1980 do que dos anos seguintes.

terciário atingindo previsões de cerca de 80% do total dos empregos, por volta do ano 2100 (Healey e Ilbery, 1990, p. 9).

Segundo Healey e Ilbery (1990, p. 10), existem sete razões principais para o crescimento do emprego no setor de serviços:

- Aumento na demanda dos serviços dos consumidores finais, já que as sociedades se tornaram mais ricas.
- Aumento na demanda por intermediários ou por serviços (finanças, marketing, pesquisa e propaganda).
- Taxa mais baixa do aumento de produtividade do trabalho no setor de serviços, relativamente ao industrial.
- Subcontratação de serviços ou terceirização em áreas como contabilidade, limpeza, segurança, antes incluídos no âmbito das empresas industriais.
- Aumento da internacionalização dos serviços, indo do banco ao *fast-food* e das relações públicas até o aluguel de veículos.
- Aparecimento de novas atividades: programador de computador, videolocadoras etc. Atualizando, podemos acrescentar a presença cada vez mais intensa de designers gráficos, operadores dos mais diversos serviços virtuais, *deliveries*, além de agentes de atividades de recreação, cultura e lazer entre outros.
- Crescimento do setor informal, não apenas nos serviços, mas, principalmente, nas indústrias de construção civil.

Nesse processo de mudança pretende-se destacar, primeiramente, quais elementos interagem diretamente sobre o setor terciário e as implicações locacionais dessa mudança. Tornam-se necessárias, então, algumas considerações sobre as suas características, sua estrutura e seu domínio. Em seguida, desenvolve-se uma breve discussão sobre as principais teorias locacionais existentes, principalmente centradas na análise do terciário, sua evolução e situação atual. A partir daí, são destacados os principais fatores que interferem na escolha da localização, tendo como base os estudos de Healey e Ilbery (1990), refletindo sobre a presença desses fatores no âmbito do setor terciário e dos agentes do desenvolvimento comercial e de serviços, abrindo espaço para introduzir uma discussão sobre tendências, formas de controle e intervenção no território.

Caracterização do setor terciário

O setor terciário pode ser definido como aquele que incorpora atividades que não produzem nem modificam objetos físicos (produtos ou mercadorias) e que terminam no momento em que são realizadas, conforme mencionado anteriormente.

O setor terciário divide-se em uma série de categorias de acordo com a função exercida. Compreende, portanto, não apenas o comércio varejista e atacadista, mas também a prestação de serviços, as atividades de educação, cultura, lazer, turismo, profissionais liberais, sistema financeiro, administração e marketing etc.

Quanto à sua estrutura, segundo Rochefort (1976), a atividade terciária pode ser classificada em três níveis: o de comando, o de serviços ao consumidor e o de serviços ao produtor.

No nível de comando encontram-se as atividades de direção das empresas. A base das suas relações são os contatos com a direção das demais empresas, quer estas pertençam ou não ao mesmo grupo. Nesse nível, é também desenvolvida toda a negociação necessária junto ao setor privado e governamental, nacional ou internacional.

No nível de serviços ao consumidor (atendimento), o relacionamento é de outra ordem e as exigências locacionais passam a ser diferentes. O comércio varejista, assim como a maior parte dos serviços ao consumidor, tende a se localizar de acordo com a distribuição da população, com explicações próximas à teoria do lugar central, conforme será apresentado mais adiante.

No nível de serviços aos produtores e distribuidores, chamados, posteriormente, por Sassen (1998) de serviços produtivos, estes tendem a estar espacialmente mais concentrados, podendo estar mais descentralizados em relação aos mercados, buscando boa acessibilidade de transporte e infraestrutura de comunicação (contatos).

Pode-se dizer, também, de acordo com Rochefort (1976), que as atividades de serviços fornecem bens e serviços e as de comando fornecem decisões.

Outra categoria de serviços que tem se consolidado mais recentemente refere-se aos serviços de controle social envolvendo atividades de ajuda e solidariedade para os mais necessitados, como auxílio a sem-tetos, moradores de rua, catadores, ex-presidiários, entre outros. Muitos deles oferecidos pelo poder público, por organizações do terceiro setor ou instituições filantrópicas.

Em termos de domínio do setor terciário, a divisão acontece entre público e privado. As atividades privadas têm como objetivo da sua localização a expectativa de rentabilidade a ser auferida. As públicas tendem a se organizar em função das receitas globais da nação e, como tal, devem estar a serviço da coletividade.

Localização e atividade econômica

As teorias locacionais buscam identificar as razões pelas quais determinada atividade econômica (principalmente as de domínio privado) escolhe a sua localização.

No entanto, nessa relação entre localização e atividade econômica existem dois tipos principais de enfoque:

- A localização de estabelecimentos: fábricas, armazéns, escritórios e lojas. Isto é, onde localizar determinadas atividades no território. Ou seja, o empresário atua em um ramo específico e quer localizar o seu negócio, adequadamente, para continuar, ou mesmo aumentar, a sua rentabilidade. Nesse caso, a atividade econômica é entendida como um dado, e a análise refere-se à escolha da melhor localização.
- Definição do tipo de negócio para implantar em determinada área. Ou seja, que tipo de atividade é interessante naquela localização para que dela se possa tirar a maior rentabilidade. Aqui a localização é entendida como o dado, e a análise refere-se

às mudanças de uso do solo e de atividades que tal localização pode sustentar.[4] Para ambos os casos, embora o processo de análise seja o inverso, os elementos são basicamente os mesmos.

O interesse no modo como indivíduos ou grupos tomam decisões para a escolha da localização e do uso urbano surgiu no final dos anos 1960, parcialmente, pelas dificuldades da teoria locacional neoclássica em dar respostas adequadas à realidade que se apresentava, fazendo surgir o termo decisão de localização. Este se referia às mudanças na localização, no número e no tamanho dos estabelecimentos e na natureza das atividades que ocorriam dentro deles.

É preciso acrescentar que, com o crescimento de áreas já devidamente ocupadas, começa a ser mais importante saber que tipo de negócio instalar nas áreas disponíveis. Principalmente no que se refere à recuperação de áreas urbanas deterioradas. Nesse sentido, além da viabilidade do negócio em termos financeiros, deve-se buscar, sempre, a viabilidade quanto a sua importância para a cidade, isto é, para o interesse da coletividade. É essa diferença que deveria pautar o direcionamento das políticas públicas.

A discussão das teorias de tomada de decisão para a localização, segundo Healey e Ilbery (1990), tem como pano de fundo três teorias locacionais principais: a neoclássica, a comportamental (behaviorista) e a estruturalista, as quais resumidamente apresentamos a seguir.

Neoclássica

A teoria econômica neoclássica foi usada em especial por geógrafos e economistas que visavam criar modelos de uso do solo. Esses modelos eram desenvolvidos, fundamentalmente, a partir de trabalhos dedutivos e não por observações da realidade. Com frequência, eram usados procedimentos matemáticos e estatísticos a

---

4. Nesse caso, podem estar incluídas não apenas as atividades com a finalidade de lucro monetário. As vantagens obtidas podem direcionar-se aos aspectos de ordem sociocultural e ambiental, voltadas às questões de domínio público, com grande importância para a gestão urbana.

fim de encontrar uma localização ótima e padrões de uso do solo em que os lucros eram maximizados ou os custos minimizados. A distância era considerada um fator determinante sobre o comportamento humano, e modelos espaciais foram elaborados a partir da análise da distância e do custo de transporte.

Para cada um dos três setores econômicos existiu um modelo principal que, embora propostos, segundo (Healey e Ilbery, 1990), no final do século XIX e início do século XX, somente adquiriram importância nos anos 1960.

Para a agricultura, temos o modelo de Von Thünen,[5] 1826; para a indústria, o de Weber,[6] de 1929; e para o comércio varejista, o de Christaller,[7] de 1933, com a sua teoria do lugar central. Todos os três modelos estavam baseados em premissas irreais, tais como: conhecimento pleno e comportamento econômico racional, maximização dos lucros, relação linear entre distância e custo de transporte, e território homogêneo.

Nessa teoria, a decisão pela localização é realizada de forma econômica (homem econômico), tendo como objetivo maximizar os lucros. Para tanto, necessitaria de pleno conhecimento e expressiva quantidade de informações sobre fatores como: custos de transporte, custos de mão de obra e custos de distribuição, entre outros.

Embora as limitações dos modelos neoclássicos sejam, agora, amplamente reconhecidas, eles retêm a capacidade para resolver alguns problemas práticos, como localizar uma única unidade de

---

5. Von Thünen desenvolve dois modelos: o primeiro mostra que existe uma organização da produção agrícola em torno do mercado; e o segundo, que a intensidade do uso do solo agrícola diminui com a distância do mercado. O modelo de círculos concêntricos foi, mais tarde, modificado pela inclusão de rios navegáveis e centros de mercados menores (Ponsard, 1958; Healey e Ilbery, 1990).
6. Para Weber, as indústrias localizam-se onde o custo de produção e distribuição são menores. O elemento mais importante é o transporte. O ponto de menor custo de transporte depende do tipo de indústria, mercado consumidor, acessibilidade etc. Weber notou, também, a tendência das indústrias de se aglomerarem (Weber, 1969; Healey e Ilbery, 1990).
7. Em sua teoria do lugar central, Christaller desenvolve um modelo hexagonal, no qual os centros de comércio e serviços localizam-se nos vértices de hexágonos, cujos raios são tanto maiores quanto a expressão do centro e de sua respectiva área de influência (Berry, 1967; Vargas, 1985).

produção, no ponto de mínimo custo de operação, por exemplo. Em muitos casos, a falta de dados disponíveis torna difícil identificar os limites territoriais para determinada lucratividade, e alguns estudos sugerem que esse território possa ser muito grande e fortemente instável com o passar do tempo. Também não conseguem explicar como a escolha do local se dá dentro de margens aceitáveis de lucratividade. É possível, no entanto, estabelecer níveis de comparabilidade entre certas áreas.

O conceito de renda psicológica (Greenhut, 1956, apud Healey e Ilbery, 1980, p. 184) é outra possibilidade proposta como extensão da visão neoclássica que tenta superar os problemas decorrentes da ideia de conhecimento pleno pela incorporação de motivos não econômicos dentro da decisão locacional. O desejo para morar ou praticar determinadas atividades pode ser incorporado no cálculo do custo e receitas totais, embora essa renda psicológica seja difícil de mensurar. De acordo com Healy e Ilbery (1990), esse conceito estabelece uma relação entre a teoria neoclássica e a behaviorista, mas, por buscar a maximização dos lucros (monetários e psicológicos), pertence, seguramente, à tradição neoclássica.

Adeptos das outras duas correntes teóricas (behavioristas e estruturalistas) têm tentado superar essas dificuldades, concentrando-se, respectivamente, sobre o comportamento individual dos tomadores de decisão e das estruturas econômicas externas dentro das quais o empresário opera.

Resumidamente, a decisão de localização e uso, de acordo com a visão neoclássica (e suas extensões), é uma resposta à procura de lucros. Essa condição acaba por acentuar que o modelo usado é normativo e preocupa-se mais com o que tem de ser do que com o que, na verdade, ocorre.

Muitos dos estudos de localização comercial para pequenos negócios ainda se utilizam, fortemente, desses conceitos para a determinação da localização, embora incluam outras variáveis para a tomada de decisão.

Comportamental (behaviorista)

Os behaviouristas consideram o indivíduo como o principal motivo dos fatos econômicos, e o seu comportamento é, indutivamente, investigado numa tentativa de buscar generalizações. A ênfase centra-se num grande número de variáveis que ajuda a formar padrões da atividade econômica, incluindo: motivos, valores, preferências, percepções e opiniões.

Essa teoria, segundo Healey e Ilbery (1990), assume que os negócios podem tentar satisfazer vários objetivos além dos lucros, como segurança, crescimento, minimização de riscos, autopreservação e satisfação pessoal. Ela parte do princípio de que a escolha da localização nunca se apoia em uma informação perfeita e completa dos dados necessários, nem na suficiente habilidade de quem os manipula. Essas escolhas serão feitas, frequentemente, sabendo que não são as melhores do ponto de vista da maximização dos lucros. É interessante observar que riscos e incertezas são conceitos bastante importantes na geografia do comportamento que inaugura a teoria dos jogos como mais uma tentativa para criar condições para a tomada de decisão.

Enquanto as teorias neoclássica e estruturalista presumem que a localização e o uso são determinados pela necessidade de lucratividade, os behavioristas sugerem que os empresários têm outros objetivos além da maximização dos lucros (Found, 1974; Gasson, 1973; Hamilton, 1974 apud Healey e Ilbery, 1990, p. 188). Por exemplo, em uma grande firma, na qual a administração encontra-se separada da propriedade, o gerente de produção colocará ênfase na escolha de uma localização que tenha custos baixos; já o gerente de vendas procurará o local com maiores possibilidades de venda.

Estabilidade, segurança, orgulho da propriedade e independência são frequentemente considerados pelos tomadores de decisão como algo acima da maximização dos lucros, e muitas decisões nem sempre seguem critérios rigorosos de lucratividade. Às vezes, refletem, simplesmente, um desejo, uma conveniência ou a proximidade da moradia de seu dono.

É oportuno mencionar que esta sempre foi uma das críticas da nova administração do varejo com relação ao grupo dos comerciantes independentes. Somente diante das dificuldades que vêm encontrando para enfrentar a concorrência do comércio planejado é que começam a perceber a importância da adoção de critérios mais impessoais na administração de seus negócios.

De maneira geral, o conceito de satisfação contido na escolha da localização pode ser altamente subjetivo, pois existem limitações para o empresário de acordo com a idade, a educação, o tamanho e a lucratividade do negócio, a experiência internacional, a classe social a que pertence, bem como características pessoais como ambições, atitudes, crenças e interesses, além da realidade do mundo no qual ele vive (Ilbery, 1978, e Bluden, 1977, apud Healey e Ilbery, 1990, p. 188).

Estruturalista

De acordo com a perspectiva teórica dos estruturalistas, o espaço é o que uma economia faz dele, e o território econômico é o produto de toda uma estrutura do sistema econômico no qual os indivíduos operam. Os estruturalistas adotam uma visão mais holística e discutem que o comportamento é condicionado por um amplo processo social, político e econômico. Sugerem que as partes não podem ser consideradas independentemente do todo e assumem que as classes sociais e a cultura, com seus valores e ideias, são os principais determinantes do comportamento (Healey e Ilbery, 1990, p. 22).

Um bom exemplo para entender a diferença de pensamento entre os neoclássicos e os estruturalistas é a análise que fazem a respeito dos baixos salários. Para os primeiros, a existência de baixos salários, em algumas regiões, encoraja o crescimento do emprego; para os estruturalistas, a preocupação maior está em explicar por que existem áreas com baixos salários. E de acordo com estes, essa situação é o resultado da estrutura da sociedade capitalista (Watts, 1987, apud Healy e Ilbery, 1990, p. 26).

Os estruturalistas acreditam que um fator crucial no desenvolvimento de qualquer estrutura espacial é a maneira pela qual o capital excedente circula, concentra-se e é utilizado no espaço, e a desigualdade gerada é a pré-condição necessária para o processo de acumulação. As escolhas locacionais são específicas para determinado período, pois, como um sistema econômico não retorna para o mesmo ponto, ainda que dentro de um mesmo modo de produção, a situação a ser enfrentada pelos empresários nunca se repete. Explicações, portanto, deveriam ser localizadas no tempo e no espaço, ou seja, contextualizadas, e, por essa razão, os estruturalistas rejeitam o uso de modelos, os quais partem sempre de uma generalização (Healey e Ilbery, 1990).

Essa é a grande diferença entre as duas teorias anteriores que se apoiam em modelos, quer econômicos, quer comportamentais, pois, para os estruturalistas, a procura do lucro também é uma preocupação central, embora, diferentemente dos neoclássicos, não busquem predizer ou idealizar o futuro na base de suposições. Os estruturalistas interpretam o processo de escolha (decisão) como um produto do sistema (capitalista/socialista) no qual o negócio individual insere-se (Massey, 1979, apud Healey e Ilbery, 1990, p. 185).

Destacamos, no entanto, que a decisão de localização e de uso é apenas uma das maneiras pelas quais os negócios podem tentar manter seus lucros, buscando diminuir custos de instalação e aumentando receitas.

Teorias locacionais varejistas

A escolha da localização comercial e de serviços varejistas tem como base aumentar a diferença entre as receitas e os custos. A receita, por sua vez, deve ser decorrência do volume de negócios realizados. Ou seja, proveniente dos gastos do consumidor que se traduzem por poder de compra. Por outro lado, o poder de compra ou o volume dos negócios de determinada área de influência relaciona-se com o poder de compra do consumidor e a quantidade deles. Isto é, renda e densidade demográfica. Assim, uma boa localização para o comércio é aquela que pode incorporar e usufruir de um grande poder de compra.

Conforme mencionado anteriormente, os primeiros modelos de localização varejista foram desenvolvidos por Christaller, que, além de criar o conceito de área de influência, estabeleceu níveis hierárquicos de centros definidos de acordo com o tamanho dessa área de influência.

Segundo esse modelo hexagonal, os centros de comércio localizam-se nos vértices de hexágonos de tamanhos diferentes de acordo com a hierarquia dos centros, definindo assim as respectivas áreas de influência. Tais áreas dependem de vários fatores: importância do centro definida pela quantidade e variedade dos bens ofertados; poder de compra da população (densidade e renda); distância econômica, ou seja, uma relação entre preço do bem, custo e tempo do deslocamento.[8]

Para o modelo funcionar, Christaller supunha um território rural homogêneo e vários outros fatores também constantes. No entanto, algumas das conclusões a que chegou são ainda úteis para a compreensão do funcionamento dos mercados varejistas, como a área de influência e a hierarquia de centros na sua relação com o tipo de produtos ofertados.

Vários outros modelos, como os de Losch e Reilly, foram desenvolvidos introduzindo elementos que forneceram a base para a formulação de teorias sobre hierarquia de centros comerciais, rede de cidades e localização comercial (Vargas, 1985; 1992).

Milton Santos (1979) também deu a sua contribuição nesse campo com a definição de limiar e alcance de determinados bens que variam de acordo com os níveis de desenvolvimento, os quais classificou em circuito superior e circuito inferior.

Todos esses estudos provenientes, em sua maioria, da área da geografia, analisavam, principalmente, a questão da acessibilidade ao centro e sua localização estratégica do ponto de vista do acesso ao mercado consumidor.

Na década de 1950, o grande desenvolvimento do setor industrial e o consequente crescimento dos estabelecimentos varejistas levaram ao aparecimento de alguns estudos centrados na administração dos negócios como forma de aumentar o mercado (área de influência).

---

8. Com relação a esse assunto, ver mais em: Berry (1967) e Vargas (1985).

Richard Nelson (1958) discutiu a origem dos negócios varejistas mostrando que o valor de um "ponto" dependia, além da acessibilidade da população residente e em deslocamento, da atração física da loja. Isto é: aspectos arquitetônicos e cênicos, uso do solo do entorno e de sua reputação (qualidade e valor dos produtos oferecidos).

Segundo Nelson, os negócios originavam-se por meio de:

- Atração gerada: propósito inicial da compra (por exemplo: ir ao supermercado).
- Atração suscetível: compra por impulso (por exemplo: pipoca na frente da escola).
- Atração de vizinhança: negócios partilhados/compras associadas (por exemplo: sapatos e roupas).

Desenvolveu também um conjunto de oito princípios básicos para a escolha da localização, conforme apresentado no Quadro 2.1.

Para o cálculo do potencial da área, indicava várias técnicas, como a: *Vaccum Calculation*, *Micro Analysis* e Segmentação em Octetos.[9] Todas se baseavam na definição dos seus oito princípios, com diferenças na forma de delimitação da área considerada de influência. De qualquer modo, já aparece, claramente, a preocupação com a concorrência e não apenas com o consumidor, bem como com o espaço da loja como elemento de atração.

Quadro 2.1 – Princípios básicos para a escolha da localização varejista

1. Potencial da área (volumes de negócios que podem ser gerados)
2. Acessibilidade (vias e meios de transporte)
3. Potencial de crescimento (análise demográfica e de crescimento de renda)
4. Interceptação de negócios (localização entre moradias e compras habituais)
5. Atração cumulativa (compras comparadas, especializadas)

(continua)

---

9. Para conhecer mais sobre esse assunto, ver Masano (1993).

Quadro 2.1 – Princípios básicos para a escolha da localização varejista *(continuação)*

6. Compatibilidade (compras associadas)
7. Minimização de riscos de concorrência (identificação de locais de concorrência)
8. Aspectos microeconômicos (custos de funcionamento)
Fonte: Nelson (1958).

Outro estudioso, Applebaum (1986 apud Masano, 1985), ampliou os princípios de Nelson, introduzindo o estudo do comportamento do consumidor e da análise do desempenho das lojas da empresa junto ao consumidor.

Ainda no campo da macro e microeconomia, Davidson et al. (1976) discutem o ciclo do produto com relação aos estabelecimentos varejistas e, na sequência, Davidson, Sweeney e Stampfl (1988) desenvolvem outro trabalho, *Retailing Management*, que se tornou um clássico para os estudos varejistas. Analisam, então, os vários aspectos da administração do varejo, incluindo localização, desempenho dos estabelecimentos e mercado (oferta e demanda). Posteriormente, os estudos do mercado receberam a contribuição de Philip Kotler e Michel Porter,[10] acabando por generalizar o uso do termo marketing, muitas vezes usado de forma equivocada.

A partir da década de 1990, vários outros estudos vão surgir com diferentes ênfases, entre os quais destacamos: Underhill (2000) com relação ao comportamento do consumidor; Zentes et al. (2011) quanto ao planejamento estratégico do varejo; e, quanto ao ato de consumir da sociedade contemporânea, os trabalhos de antropologia de Daniel Miller (1998).

---

10. Philip Kotler é uma das maiores autoridades sobre marketing, cujas ideias foram expressas no famoso livro *Administração de marketing*, publicado em 1967. Como referência, ver: Kotler (1995). Michael Porter dedicou-se às questões de competitividade de empresas, sobre as quais destacamos o livro *Competitive strategy* (1980). Esses estudos sobre competitividades envolveram pesquisas sobre aglomerações e formação de *clusters* de empresas, acabando por se desdobrar em discussões a respeito do desenvolvimento urbano e regional (Porter, 2003).

As indicações de Nelson (1958), anteriormente mencionadas, com relação aos tipos de compras, por sua vez, irão se desdobrar na definição mais precisa dos tipos de compras e da motivação do consumidor para a aquisição de determinados produtos, com reflexo no desenho dos espaços do comércio: as compras planejadas, as compras por impulso, as compras associadas, as compras comparadas. Posteriormente, com a mudança da dinâmica urbana, podemos incluir também as compras de conveniência e, com o avanço do *e-commerce*, adentrar uma grande discussão sobre o impacto territorial dessa nova tecnologia, o que foge ao escopo do presente capítulo.

O que é importante destacar é que a evolução das teorias do varejo e da ampliação das áreas de conhecimento voltadas para o tema vão mostrar uma mudança da ênfase locacional para a ênfase na administração do negócio, no qual o entendimento do comportamento e da motivação do consumidor tornam-se fundamentais, seja para atendê-lo nos seus desejos e necessidades de consumo, seja para motivá-lo ou induzi-lo às compras por meio da publicidade e propaganda. Isto é, os elementos de atração criados nos estabelecimentos varejistas, principalmente nos grandes centros de compra e de lazer (*shopping centers*), passam a prescindir da excelência da localização estratégica, pois são capazes de criá-la por meio da estratégia nos negócios (Vargas, 1992). O Capítulo 3 volta a discutir essa questão.

O que fica claro, no entanto, é que esses grandes empreendimentos varejistas de base imobiliária, conhecidos como *shopping centers*, vão submeter o capital comercial às necessidades de acumulação do capital imobiliário. Nessa tarefa, os administradores dos *shopping centers* vão lançar mão dos meios de comunicação de massa reforçando as propagandas e a publicidade; realizarão eventos, promoções e oferecerão diversas atividades sociais que coexistem com o comércio (lazer, alimentação, cultura etc.) para garantirem a atratividade do centro (Vargas, 1992).

Outra tendência já observada é o fortalecimento de "marcas" e do sistema de "franquias", criando uma imagem mental que pode prescindir de uma boa localização para atrair os seus clientes, pois, para o consumidor, *quem é você* (produtor/varejista) passa a ser mais importante do que *onde você está* (localização).

Essa inversão é fácil de comprovar quando se observa que as lojas de "marca" passam a funcionar como âncoras dos grandes *shopping centers*, com privilégios semelhantes às tradicionais lojas de departamentos.

O surgimento dos *outlets* tem relativizado a importância dessas "lojas de marcas" como atrativos para consumidores nos *shopping centers*, na medida em que oferecem num mesmo local uma grande diversidade de marcas famosas, "diretamente das fábricas".

Esses aspectos só reforçam a tendência da transferência de importância das localizações estratégicas em direção às estratégias na localização, conforme demonstrado por Vargas (1992).

Fatores que interferem na escolha da localização

Atualmente, a intensificação das relações internacionais e a tão exaustivamente discutida globalização, ao tornar todos os pontos do planeta interdependentes, ampliam, consideravelmente, o número de fatores que interferem, ou poderão interferir, na escolha de uma localização.

A velocidade das mudanças, por sua vez, exige decisões e escolhas mais rápidas, mais frequentes e flexíveis.

Entre os fatores que interferem na escolha de uma localização adequada, conforme apontado por Healey e Ilbery (1990), para o desenvolvimento das atividades econômicas, incluem-se: trabalho, capital, demanda, transporte, fluxos, organização empresarial, política, contexto sociocultural, tecnologia e espaço físico.

Trabalho

A importância do trabalho como fator de produção varia entre os setores econômicos, negócios específicos e diferentes lugares. Embora a importância do fator *pool* de mão de obra, enquanto fator locacional para atração de indústrias e empresas terciárias, venha diminuindo por elas estarem se tornando mais *foot loose*, o fator trabalho ainda pode exercer considerável influência em termos de determinadas características (tipo, mobilidade, disponibilidade e custo).

O trabalho apresenta-se, portanto, como um fator menos móvel em termos geográficos do que outros fatores, como capital e tecnologia.

No setor terciário, por exemplo, o tipo de trabalho pode ter efeitos locacionais diferentes sobre serviços de comando ou de consumo. O primeiro é dependente de informação e precisa de trabalhadores qualificados que se encontram mais disponíveis junto às grandes conurbações. Trabalhadores menos qualificados podem ser recrutados de um grande número de localizações para atender ao segundo caso.

Capital

Um elemento-chave no processo de produção de qualquer fazenda, firma ou escritório é a disponibilidade de capital que tem, frequentemente, substituído a terra e o trabalho em importância.

Healey e Ilbery (1990, p. 65) começam por distinguir dois tipos principais de capital: o físico e o móvel (moeda). O capital físico inclui investimentos em terra, construções, máquinas e imóveis que apresentam, por princípio, um caráter inercial. Sua flexibilidade pode, no entanto, ser aumentada se os edifícios oferecerem condições para reciclagem, permitindo adaptações para o desenvolvimento de outras atividades. O capital móvel, representado pela moeda em circulação, embora com característica fortemente nômade, pode permanecer imóvel, restringido, por exemplo, por barreiras institucionais como fronteiras nacionais ou blocos comerciais. Muitas vezes, um capital móvel de maior risco não está disponível por todo o lugar, porque um contato pessoal com as firmas é necessário, tornando a distância da fonte de capital um obstáculo locacional. Também é importante, ao se analisar a disponibilidade de capital, a distinção entre as pequenas e as grandes organizações e as diferenças na sua capacidade de obter capital e garantir o cumprimento das obrigações.

É interessante observar que, com o avanço tecnológico, a distância com relação à terra, ao trabalho e ao capital tende a reduzir-se, dando aos empreendedores maior flexibilidade nas suas decisões locacionais. Apesar disso, fatores de produção nunca serão perfeitamente móveis e, então, continuarão a exercer influência sobre a distribuição da atividade econômica (Healey e Ilbery, 1990).

Demanda

A demanda relaciona-se, diretamente, com o nível de desenvolvimento econômico. Se este cresce, a demanda cresce também, por aumentar o poder compra.

A demanda pode ser influenciada, ainda, por vários outros fatores, como as mudanças tecnológicas que implicam menor utilização de determinado insumo, por exemplo, o aço; pelo aparecimento de substitutos; pela abertura das importações (políticas econômicas), o que diminui a demanda interna para produtos nacionais; pela mudança de valores e criação de novas necessidades, entre muitos outros fatores.

No entanto, algumas atividades necessitam estar próximas à demanda ou à fonte de matéria-prima, como, respectivamente, as indústrias de alimentos perecíveis e a extração de areia e brita (baixo valor específico, alto custo de transporte e grandes volumes). A resistência dos consumidores de deslocarem-se a grandes distâncias também leva à necessidade de determinadas atividades estarem próximas à demanda, o que já tem sofrido alterações com o avanço do *e-commerce* e as práticas de *delivery*.

No caso das atividades terciárias, a proximidade com a demanda é fundamental, principalmente para aquelas atividades que são consumidas no momento em que são oferecidas, como os restaurantes *fast-food*. Logicamente que o avanço dos transportes e comunicações interfere na relação espaço-tempo, e essa proximidade pode ser relativa. No entanto, a demanda deve, primeiramente, existir, ser identificada, localizada, e o seu tamanho e especificidade analisados e reavaliados no tempo.

Considerando que a mudança na demanda interfere nos negócios, as estruturas físicas, em razão do seu caráter inercial, podem necessitar de ajustes na oferta de negócios, o que conduzirá à necessidade de reciclagem dos edifícios e sua adequação a novos usos.

Healey e Ilbery (1990) mencionam o fato de que alguns empreendimentos turísticos (*resorts*) têm mudado o foco de atenção de seus negócios quando a destinação turística entra em declínio e o número de turistas em busca de sol e mar diminui. Na Inglaterra, por exemplo, grandes hotéis adaptaram-se para os eventos de negócios,[11] e os menores foram, mais rapidamente, transformados em moradia para idosos.

Transportes

Mesmo com uma grande importância teórica dada pelos neoclássicos aos custos de transporte para a escolha da localização, segundo Healey e Ilbery (1990), eles representam uma pequena parte do custo de produção. Entretanto, pela diminuição sensível das margens de lucro, reduções no custo de transporte tornam-se significativas. Logicamente, em países maiores esse custo é mais importante, indicando a necessidade de descentralização da produção para locais mais próximos das demandas.

Como os transportes, por natureza, são fluxos, têm características diversas entre os provedores de transporte (localização da empresa) e os usuários do transporte (quem dele se utiliza para negócios e deslocamento individual) (Rochefort, 1976; Dézert, 1976).

Para os fornecedores de transporte, dois elementos são fundamentais: os custos fixos (terminais, vias e pessoal empregado) e os custos variáveis que incorrem a partir do movimento de tráfego.

Os custos também diferem conforme o modo de transporte, a densidade da rede, a periodicidade e a tecnologia. Um exemplo claro, atualmente, é a evolução do sistema de trens rápidos na Europa, onde "Velocidades de 300 quilômetros por hora diminuíram pela

---

11. Fato semelhante tem ocorrido também no Brasil.

metade o tempo de deslocamento entre as maiores cidades, tornando o trem, frequentemente, uma maneira mais rápida para viajar de centro a centro de cidades, do que o avião" (Collis, 1999, p.18).

As vantagens médias oferecidas pelos diversos modos de transporte dependem também das distâncias a serem percorridas, sendo que para os provedores de transporte de passageiros os custos tendem a aumentar com a distância, e para os usuários tende a ser o contrário.

No passado, uma firma que utilizava serviços de transporte para *office boys*, por exemplo, procurava a proximidade e a facilidade dos transportes de massa que incorriam em economias de custo, embora essas localizações pudessem ter seus preços de locação maiores. Uma comparação interessante, em São Paulo, seria um escritório no centro com a melhor infraestrutura de transporte de massa da cidade, e outro no Morumbi, sendo que, neste bairro, o transporte coletivo ainda bastante precário levasse, muitas vezes, à necessidade do uso do serviço de táxi.[12]

O congestionamento do tráfego também é outro fator que aumenta significativamente o custo, incorrendo nas chamadas *deseconomias de aglomeração*.[13] Por outro lado, gera uma demanda para *motoboys* e perueiros.

Para o transporte de carga, o tipo de produto, com relação ao peso específico, a sua perecebilidade, fragilidade e tamanho também são condicionantes do custo.

Assume-se que o consumidor paga pelo custo de transporte a partir do ponto de origem do produto (*free on boarding pricing system*). No entanto, a grandeza do mercado pode compensar as distâncias e promover uma uniformização de preços (*free uniforme, delivered pricing*) (Healey e Ilbery, 1990).

---

12. De qualquer forma, o grande crescimento das empresas de entrega por meio de motocicletas (*motoboy*) e o uso das mídias virtuais tendem a diminuir essas desvantagens locacionais.
13. Os conceitos de economias e deseconomias de aglomeração referem-se, respectivamente, às vantagens (grande mercado de insumos, de mão de obra, de consumo etc.) e às desvantagens (congestionamento de tráfego e dos serviços públicos, alto preço do solo etc.) de se estar aglomerado. Para saber mais sobre esse tema, ver Vargas (2016c).

A importância do fator transporte na escolha das localizações, por sua vez, assume maior significado em locais onde ele não é uniformemente bem distribuído, pois o desenvolvimento da tecnologia dos transportes, ao reduzir as barreiras espaciais, repassa para outros fatores a tomada de decisão na escolha da localização, tais como custo do trabalho, qualificação da mão de obra e oferta de capital, entre outros.

Mais um aspecto interessante é que meios de transporte mais eficientes e acessos mais rápidos aumentam a área de influência de centros de compras, os quais utilizam nas suas análises locacionais o conceito de curvas isócronas[14] de cinco minutos de saída e de chegada.

Fluxos

Os fluxos podem ser de várias ordens: fluxo de insumos, de informação, de dinheiro, de pessoas e de mercadorias.

Para uma indústria, além das ligações com relação ao suprimento de matéria-prima, equipamentos, serviços, subcontratos, contatos com o mercado, existem aquelas realizadas com o governo local e central, sindicatos, organizações de negócios, comércio entre outras.

A intensidade dos fluxos, que é um elemento determinante para o desenvolvimento das atividades econômicas, é maior nas grandes aglomerações. Fluxos são fatores que participam das assim chamadas *(des)economias de aglomeração*, conforme explicado anteriormente.

O fluxo de informações que ocorre, principalmente, nos setores de prestação de serviços, como nos escritórios, segundo Healey e Ilbery (1990), pode ser de duas ordens: informações padronizadas ou não padronizadas. Para eles, as não padronizadas apresentavam-se como as mais onerosas por necessitarem de contatos personalizados face a face quando comparadas com as padronizadas, realizadas por carta ou telefone. No entanto, atualmente, o uso da internet, além de agilizar as ligações padronizadas, também tem respondido por ligações não padronizadas, dentre as quais o uso das videoconferências é um bom exemplo.

---

14. Para saber mais sobre esse assunto, ver: Masano (1993).

Dessa forma, é fácil imaginar por que existe um movimento do setor de escritórios – principalmente aqueles capital-intensivos, com funções rotineiras, como contabilidade, processamento de dados, folha de pagamento, controle de vendas, telemarketing – em direção a áreas mais periféricas.

Na verdade, conforme mencionado por Rochefort (1976), os serviços de administração e comando das empresas tendem a se manter nos centros principais, pois necessitam dessa grande intensidade de fluxos, principalmente os não padronizados, com alta incidência de contatos pessoais.

Outra questão importante quanto aos fluxos refere-se ao fluxo de pessoas, que, no caso do comércio varejista e de alguns tipos de serviços, é fator fundamental para o seu desenvolvimento.

A teoria da sintaxe espacial, desenvolvida por Hillier e Hanson (1982), que inclui análise de fluxos, fornece um grande auxílio para a compreensão da dinâmica urbana. A análise de fluxos aponta os caminhos preferenciais e ajuda a determinar os polos geradores de fluxos que podem ser utilizados em trabalhos de requalificação de áreas urbanas deterioradas. Estudos de fluxos são também altamente relevantes para a análise do desempenho dos *shopping centers*, na sua relação entre localização das lojas e rentabilidade.[15]

Organização empresarial

A forma de escolher a localização e o uso a ser nela desenvolvido varia de acordo com o tipo de organização empresarial. Ou seja, acontece de forma diferente se as firmas forem administradas por seus próprios donos ou gerentes; se são multinacionais ou pequenos negócios; e até mesmo se é uma companhia pública ou privada.

As decisões, de modo geral, tendem a ser impessoais quando o controle da empresa é separado da sua propriedade, o que ocorre com mais frequência nos grandes negócios. Estes, hoje, também dominam

---

15. Entre alguns estudos realizados com análise de fluxos, encontram-se: Vargas (1998b); Fupam (1999).

o setor de serviços de forma cada vez mais forte, criando redes de estabelecimentos e franquias nos mais diversos ramos de produtos e serviços, como lanchonetes, óticas, lavanderias, cabelereiros, farmácias etc.

Para os pequenos negócios, a opção por localização tem uma estreita ligação do empresário/proprietário com a área escolhida (conhecimento dos fornecedores, premissas de mercado e de empregados que reduzem as incertezas). Muitas vezes, negócios de tempo parcial, próximos à moradia ou, na moradia, são a solução encontrada para diminuir custos.

A terceirização dos serviços também é outro fenômeno cada vez mais presente, levando alguns profissionais qualificados, antes empregados, agora autônomos, à ilusão de que vão ganhar mais, ter mais tempo livre e usá-lo como quiser.

Essa situação tem conduzido, no Brasil, à necessidade de rediscussão da legislação trabalhista, elaborada há mais de 70 anos[16], que, embora excessivamente protecionista, garantia direitos do trabalhador. Há a necessidade de revisão que atente para uma discussão contemporânea sobre alguns conceitos: o conceito de hora extra; identificação dos dias de descanso; trabalho noturno; trabalho ininterrupto (estar à disposição, mesmo que à distância); uso de celulares corporativos e e-mails durante o período de "não trabalho"; terceirização; entre outros, num mundo totalmente conectado 24 horas por dia.

Políticas públicas

Quanto às intervenções governamentais que influenciam as escolhas de localização, elas podem ser de várias ordens: criação de empregos, manutenção da balança comercial, apoio à indústria contra competição estrangeira, manutenção de indústrias estratégicas etc. Em alguns casos, essas políticas podem contribuir para a diminuição dos desequilíbrios regionais.

As intervenções do poder público podem ser diretas e indiretas. As indiretas referem-se à realização de obras com um forte poder indutor do desenvolvimento. Já as medidas diretas são aquelas

---

16. A legislação trabalhista foi parcialmente revisada em 2017.

expressas por meio de legislações, decretos e portarias em que as restrições têm maior força do que as induções, embora estímulos tributários possam surtir alguns efeitos.

Essas intervenções podem, no entanto, gerar impactos socioeconômicos e ambientais de diversas naturezas, positivos e negativos. Algumas ações negativas por parte do poder público são, por exemplo, mudanças de endereço de instituições públicas que funcionam como polos geradores de fluxos na área central para localidades mais periféricas.[17]

A legislação de Proteção aos Mananciais em São Paulo, bem como a Lei de Zoneamento Industrial, da década de 1970, contribuíram, significativamente, para a mudança do perfil industrial da cidade, embora não tenham conseguido proteger os mananciais.

O bairro de La Défense, em Paris, é um exemplo de intervenção urbana que buscou retirar a pressão imobiliária sobre as áreas centrais. E que, segundo Burtenshaw et al. (1981 apud Healey e Ilbery, 1990, p. 161) e Bateman (1985 apud Healey e Ilbery, 1990, p. 161) foi o mais inovador projeto para o desenvolvimento de escritórios na Europa, desenvolvido na década de 1970, planejado para prover 1,55 milhões de metros quadrados de espaços para escritórios na década de 1990 "para a *felicidade*' do setor imobiliário atuante no local" (acréscimo meu).

Se de um lado as intervenções indiretas podem animar os empreendedores na escolha por uma localização, medidas diretas, restritivas (legislações), quanto ao uso e ocupação do solo, de ordem ambiental ou econômica, podem provocar o efeito contrário.

Contexto sociocultural

Healey e Ilbery (1990) apontam, ainda, a importância dos fatores socioculturais, como idade, nível de escolaridade, entre outros,

---

17. Como exemplo dessa situação podemos citar o centro de São Paulo, que, a partir da década de 1970, sofreu com o êxodo das instituições públicas, seguido das privadas. Posteriormente, desde o início do século XXI, esse processo vem sendo revertido pelo retorno destas mesmas instituições, altamente geradoras de fluxo, contribuindo para a recuperação da vitalidade do seu centro histórico (Vargas e Castilho, 2006).

sobre a decisão da localização, tendo como foco a atividade agrícola. Fatores culturais como religião, etnias e culturas diferentes ajudam, muitas vezes, a criar ilhas culturais de atividades agrícolas que interferem nos padrões de mudança na agricultura, em níveis regionais.

É fácil verificar, aqui no Brasil, essa mesma situação, principalmente no sul do país, com as colônias de origem germânica, ou mesmo outras no interior do estado de São Paulo.

Essa mesma influência cultural é, também, enfrentada pelo setor de comércio e serviços varejistas, em diversos países, incluindo o Brasil. Os pequenos varejistas conduzem seus negócios dentro de uma tradição milenar, como é possível verificar no Capítulo 3. O comércio varejista no Brasil, e principalmente em São Paulo, bastante controlado por árabes, judeus e portugueses (sendo que estes últimos ficaram sob o domínio árabe por alguns séculos), mantém a sua identidade cultural, tanto na forma de vender ou apresentar suas mercadorias como na maneira de administrar os seus negócios, que muito se assemelham às práticas existentes nos bazares árabes.

Tecnologia

A tecnologia pode ser considerada o grande fator promotor das mudanças, pois interfere, significativamente, sobre os demais fatores, desde a demanda e estrutura organizacional das empresas até as necessidades de insumos, terra, trabalho, capital e geração de fluxos.

Porém, tecnologia não é um fator independente, é um processo social. Nesse sentido, é interessante observar que é a sociedade quem faz as escolhas, não a tecnologia. Mas a natureza da tecnologia, num dado momento, influencia decisivamente as escolhas subsequentes. A busca de novas tecnologias e a taxa de aceitação estão, fortemente, relacionadas com a natureza da sociedade.[18]

Uma mudança tecnológica envolve um aumento no corpo acumulado de conhecimento técnico, reforçado pelo número de firmas

---

18. Na sociedade japonesa, por exemplo, o sistema *just in time* está diretamente relacionado à falta de espaço para armazenagem.

ou indivíduos que possuem e usam esse conhecimento. O processo de mudança tecnológica começa com as inovações e invenções.

Segundo Schumpeter (1939 apud Healey e Ilbery, 1990, p. 95), invenções são acréscimos de novos produtos e técnicas sobre o estoque existente de conhecimento, enquanto as inovações referem-se à produção comercial e aplicação das invenções.

Freeman (1986 apud Healey e Ilbery, 1990, p. 95) sugere a seguinte classificação:

- **Inovação incremental** é um processo leve e contínuo, de melhoramento na série de produtos e serviços existentes, e na maneira como são produzidos (por exemplo: um novo modelo de lavadora).
- **Inovação radical** é proveniente de acontecimentos descontínuos, os quais podem conduzir determinado setor das empresas a promover sérios ajustes (por exemplo: a introdução de um novo material na indústria têxtil).
- **Revolução tecnológica** é uma mudança que conduz ao surgimento de toda uma série de novos grupos de produtos. Os efeitos provocados são fundamentais sobre vários outros ramos da economia, transformando métodos de produção e estrutura de custos. A introdução da energia elétrica ou das ferrovias são exemplos dessas transformações.

Acrescentamos a essa classificação as Inovações disruptivas, termo criado por Clayton Christensen (1997), professor da Harvard Business School, que tornam os produtos e serviços mais acessíveis, tornando-os disponíveis para uma população maior. Chegam lentamente e de forma impactante, movem-se para o topo do mercado desbancando os concorrentes fortemente estabelecidos. Como exemplos deste tipo de inovação incluem-se as câmeras fotográficas digitais, a netflix em relação às vídeo locadoras e o youtube em relação aos estúdios de gravação.

A tecnologia refere-se ao "o quê" (produto) e ao "como" (processo) produzir.

O conceito-chave para a compreensão da natureza e consequência das inovações do produto é o conceito de ciclo de vida do produto, conforme já mencionado, cuja ideia básica é a de que um produto passa por quatro estágios principais: nascimento, crescimento, maturidade e declínio (obsolescência).

As vendas crescem durante os dois primeiros estágios até atingir o topo no terceiro, e depois decaem. Nem todos os produtos atingem os quatro estágios, muitos nem passam do primeiro.

Esse conceito tem sido largamente usado por todos envolvidos com a administração de empresas, que buscam sempre praticar inovações para se manter no mercado e tentar ampliar ao máximo o tempo do ciclo.

O modelo sugere que, para as firmas crescerem, elas têm de inovar continuamente. Entretanto, nem todas as firmas envolvem-se pesadamente com P&D (pesquisa e desenvolvimento). Algumas imitam as empresas bem-sucedidas, outras agem como subcontratadas de grandes empresas, outras ainda servem tradicionalmente a mercados determinados. A velocidade com que as informações chegam ao mercado e as facilidades da tecnologia fazem com que qualquer inovação seja, rapidamente, imitada pelas demais empresas.

Isso, sem dúvida, diminui, significativamente, o ciclo de vida de um produto. Isso também é verdade com relação a algumas atividades terciárias, fortemente relacionadas com as suas edificações, como os *shopping centers*, bares e restaurantes da moda.

Segundo Markusen (1985, apud Healey e Ilbery, p. 97), diferentes firmas têm diferentes papéis no espaço da economia. O autor argumenta que a necessidade de manter os lucros pode ser um guia melhor para o comportamento das firmas do que a necessidade de inovar para ampliar o ciclo do produto. Esse mesmo autor sugere que o modelo de ciclo do lucro dá uma interpretação mais realista para o comportamento empresarial, embora acreditemos que, para manter a taxa de lucro, inovações devam ser feitas. Não necessariamente sobre o produto em si, mas sobre todo o processo de produção e de vendas.

Os *shopping centers* têm atuado nessa direção, pois o edifício tem níveis de inércia bastante elevados. A análise do ciclo do produto das arcadas comerciais no Capítulo 3 mostra esse processo.

No entanto, uma nova teoria vem tentando substituir a questão da necessidade do lucro para as empresas direcionando-as para a importância do seu valor de mercado futuro. Na verdade, o valor de mercado está diretamente relacionado ao lucro futuro que poderá ser auferido por tais empresas. Mas, como diria Pedro Malan, citado por Franco (2000, p. 113), o futuro tem como ofício ser incerto.

Enquanto a tecnologia de produto envolve-se com o que é produzido, a tecnologia de processo está preocupada em como um produto é produzido ou como um serviço é prestado.

Mudanças na tecnologia do processo são, geralmente, introduzidas para melhorar a produtividade e reduzir custos. Como é sabido, algumas das mudanças mais dramáticas no processo de produção ocorreram no setor industrial, por meio dos quatro estágios do regime de acumulação capitalista: manufatura, processo fabril, produção fordista e produção flexível.

A natureza do processo de produção-trabalho tem também implicações no que se refere à escala de produção. Os três primeiros estágios do sistema de acumulação capitalista estão associados com um aumento nas economias da produção em massa, que é interno à empresa, isto é, acontece em decorrência do aumento da escala, da introdução de máquinas especiais e empregados especializados. Essa situação pode eliminar a capacidade ociosa, diminuir desperdícios, tirar vantagens de preços das compras maiores etc., conforme bem demonstra Galbraith (1967) na sua obra clássica: *O novo estado industrial.*

São as inovações no processo de produção, mais do que a dos produtos, que alteram a relação do emprego. Novos produtos podem, inclusive, aumentar empregos pela criação de novo mercado. Períodos de inovação no processo sugerem, primeiramente, estagnação do emprego e depois retração.

Novas tecnologias podem ser usadas tanto para aumentar a qualidade de um produto como para aumentar a produtividade. Assim, empregos podem ser perdidos, mas a redução de custos pode criar mais mercado gerando maior demanda, levando a um aumento da produção e acabando por criar mais empregos.

As novas tecnologias não afetam apenas o número de empregos, mas também, e principalmente, a natureza do emprego, exigindo, por exemplo, mão de obra mais qualificada.

O fato de a informatização do território diminuir a necessidade de movimentação de veículos e pessoas torna as empresas e as pessoas mais *foot loose*. No entanto, segundo Goddard e Thwaites (1980 apud Healey e Ilbery, 1990, p. 117), como substituto dessa queda do movimento de pessoas surge a necessidade de interação social, e, assim, o uso da telecomunicação pode gerar mais viagens do que eliminá-las.

No caso do setor de comércio e serviços varejistas, a introdução da informática tem também um impacto violento, não na quantidade de empregos, mas na mudança da natureza das firmas que passam a fornecê-los. O setor de agências e operadoras de turismo é um exemplo bastante evidente: por causa da internet, você pode dispensar grande parte dos serviços que elas prestam.

As vendas por telemarketing e televendas, os serviços de telebanco e mesmo o teletrabalho ou educação à distância tendem a ser impactados positivamente. No entanto, na maior parte das atividades terciárias – comércio e serviços, recreação e lazer, educação e saúde, turismo etc. –, a necessidade de interação social vai continuar presente. O comércio, principalmente, como se terá a oportunidade de verificar, não pode prescindir do encontro de fluxos de pessoas, mercadorias e serviços, ainda que o encontro virtual seja cada vez mais comum.

A incorporação das tecnologias para compras virtuais tem crescido substancialmente no Brasil. No entanto, a necessidade de experimentar, testar e provar os produtos e serviços têm mantido ativas as lojas físicas (*brick and mortar*), ainda que na categoria de *show room*.

Com relação à administração das empresas e à necessidade de espaço físico, os impactos também são significativos. O uso da informática para conectar leituras óticas do caixa com a administração, com os sistemas de estoques e redes de distribuição tornou-se um lugar-comum nas grandes lojas.

As mercadorias são compradas pelo consumidor, e automaticamente os níveis de estoque dentro da loja são ajustados; ordens de entrega são, também automaticamente, identificadas, e as mercadorias ficam prontas para serem despachadas diretamente de centros atacadistas automatizados; novos fornecimentos são solicitados para esses centros, e notas fiscais são expedidas e pagas por um sistema também automatizado de contabilidade; informações sobre vendas atualizadas ficam à disposição, diretamente com a administração; as vendas podem ser analisadas, linha a linha, loja por loja, região por região; e decisões com relação à alocação de prateleiras, às políticas de estoque, à promoção de produtos, à estratégia de localização de novas lojas etc. podem ser facilmente definidas (Healey e Ilbery, 1990). Logicamente, uma consequência imediata é a diminuição da necessidade de espaço para estocagem junto às lojas, substituído por centrais de abastecimento.

Outra situação que deverá, ainda, ser devidamente analisada, tendo em vista sua recente aparição, são os serviços e as vendas *on-line* por meio das mídias sociais, que passam a prescindir do intermediário (comerciante ou prestador de serviços) para a sua efetivação, por exemplo: venda de artigos usados; aluguel de hospedagem em residências (no todo ou em parte); aluguel de vagas de estacionamento; serviços de motoristas realizados por mães, as chamadas "mãetoristas"; caronas solidárias, entre outros. Além de retirar o intermediário, impostos e cobranças de taxas são difíceis de serem efetivadas por parte da administração pública.

Todavia, a necessidade de aceitação do novo para o seu pleno desenvolvimento é imperiosa. Existem resistências de várias ordens, mas a ampliação das possibilidades de comunicação e divulgação, no caso das tecnologias de informática, tem sido bem eficiente.

Para tanto, tem sido necessário equipar toda a sociedade e capacitá-la a usar essas novas tecnologias, que é o que as empresas têm procurado fazer por meio da propaganda, da "doação" de equipamentos e, mais recentemente, por meio da instalação de pontos *on-line* nas periferias de nossa cidade, nos espaços públicos e privados. Os dois setores, *hardware* e *software*, agem juntos permitindo inclusive a "pirataria", até você tornar-se, irremediavelmente dependente dessa tecnologia. É bom alertar que no discurso da inclusão digital pode ser lida, também, inclusão no mercado de consumo.

Os níveis de educação são outros obstáculos, assim como a idade da população, que limita a aceitação do novo.

Outro elemento inicialmente dificultoso refere-se à idade das edificações, que no caso da telefonia, da internet, das TVs a cabo, tem sido superado pela comunicação sem fio (wi-fi).

No caso do comércio, por exemplo, os independentes (comerciantes tradicionais e pequenos), por sua idade ou baixa qualificação, sempre demonstraram uma forte aversão às mudanças, levando-os a enfrentar sérias dificuldades com a concorrência dos espaços de compras modernos (Fupam, 1999; Lee, 1999).

Como diria De Boer (1993, p. 31), quando as mudanças surgem, a primeira sensação que aparece é a de perda.

Ignorar a existência do fator de *resistência às mudanças* (Lawrence, 1954) implica superestimar a velocidade de difusão tecnológica. E, finalmente, é importante destacar que o fator determinante não é a tecnologia, mas como nós escolhemos a maneira de uso dessa tecnologia, cujos condicionantes socioeconômicos e culturais devem ser necessariamente considerados.

Espaço físico

Poderíamos dizer que entre os três setores econômicos, do ponto de vista da produção, o primário é o mais dependente do espaço físico. Entretanto, as atividades secundárias e, principalmente, as terciárias, que necessitam da concentração de fluxos de toda ordem, têm uma oferta de localizações viáveis para o seu desenvolvimento em número mais reduzido. Também é preciso destacar que o turismo, como salienta Cruz (1999), deve ser compreendido como uma das atividades econômicas de maior consumo e repercussão espacial.

Do ponto de vista do terciário e do turismo, poderíamos fazer um paralelo com a classificação de Healey e Ilbery (1990, p.35) para os recursos naturais:[19]

- Aqueles que ocorrem em todos os lugares (espaços para visitação nos diversos centros urbanos).
- Comuns, aqueles que aparecem em muitos lugares (praias, serras etc.).
- Raros, que ocorrem em muito poucos lugares, como florestas tropicais, quedas-d'água.
- Únicos, aqueles que ocorrem em um ou dois lugares apenas, como a cidade do Rio de Janeiro ou Veneza.

Reforçando esse conceito da existência de recursos naturais e o seu potencial na valorização do lugar (Vargas, 1997), a discussão sobre renda fundiária desenvolvida por Marx (1980) e David Ricardo (Roll, 1950) que aparece em Vargas (1997, 2014b) são fundamentais para a compreensão desse fenômeno.

Simplificadamente, retirando apenas o essencial para as análises aqui desenvolvidas, destacamos a questão das rendas diferenciais. Na agricultura, a renda diferencial I é aquela em que a diferença entre os custos de produção independe da aplicação de trabalho e capital. Ou seja, advém do fator fertilidade do solo e localização, no

---

19. Das análises do espaço natural, inicialmente, é importante destacar a diferença existente entre recursos e reservas. Segundo Healey e Ilbery (1990, p.33), "os recursos são dinâmicos, constantemente em mudança de acordo com as mudanças nas circunstâncias de exploração. Eles podem ser definidos como todo depósito de material (mineral) para o qual existe um uso, podendo ou não ser explorado lucrativamente. Os recursos, portanto, podem ser conhecidos, mesmo que não econômica ou tecnologicamente exploráveis, ou eles podem ser imaginados, mesmo sem ainda terem sido descobertos. A parte do estoque dos recursos que é capaz de ser explorado lucrativamente, sob as condições políticas e econômicas vigentes e com a tecnologia disponível, é conhecido como reserva. Reservas são desenvolvidas a partir dos recursos, por meio da aplicação de tecnologia, capital, conhecimento, e são definidas mais por critérios econômicos do que físicos. O conceito de recurso é, portanto, cultural e funcional. Assim, a percepção de qualquer recurso não se relaciona com propriedades físicas, mas com um rol de fatores culturais" (tradução livre da autora). A localização ajuda a determinar quando um recurso se torna reserva.

caso do solo agrícola. A renda de monopólio, incluída nessa categoria, provém de alguma vantagem natural específica que torna a terra única e, portanto, monopolizável e irreproduzível.

A existência de quedas-d'água na terra agrícola é um exemplo da possibilidade de se auferir a renda de monopólio. No caso urbano, a praia de Ipanema, e mesmo a cidade do Rio de Janeiro ou Veneza, têm essa característica com um ambiente natural que imprimiu à cidade a condição de ser única.

A renda diferencial II refere-se ao diferencial obtido a partir de aplicações sucessivas de capital e trabalho que acontece, por exemplo, com o processo de melhoria da qualidade do solo rural, da construção de geradores de energia ou pela irrigação.

No caso urbano, podemos fazer uma analogia à aplicação sucessiva de capital que acontece, individualmente, por meio das construções e intervenções de cada cidadão ou empresa, ou coletivamente, por intervenção do poder público. Assim, as localizações privilegiadas foram surgindo quase que espontaneamente, e alguns pontos do território, que o tempo se encarregou de construir, transformaram-se em lugares irreproduzíveis, como Istambul. Nessa situação se encontram as cidades históricas, e mesmo as grandes capitais (centros de comando), cuja liderança dificilmente será ofuscada, garantindo um duradouro diferencial. Pode ser também incluída nessa categoria, a cidade de Brasília, que embora resulte de aplicação sucessiva e maciça de capital, não será jamais reproduzida. Brasília tem toda uma história e um significado, não apenas para o Brasil, que a faz única, como exemplo de uma cidade planejada dentro dos moldes do urbanismo e arquitetura modernos.[20]

Um terceiro grupo, nessa linha de raciocínio, refere-se à criação premeditada de localizações com ação clara do capital imobiliário que precisa criar oportunidades de acumulação (Vargas, 1992).

Essa não é uma prática recente, as galerias comerciais, na Europa do século XVIII, como pode ser visto no Capítulo 3, já foram um

---

20. É uma pena que os administradores da cidade não tenham despertado, ainda, para esse potencial turístico que a cidade carrega.

bom exemplo. A criação de localizações intraurbanas, com centros de compras e de escritórios, ou bairros inteiros, como o La Défense, em Paris, ou cidades como Curitiba, Barcelona, e muitas outras, representam esse processo (Vargas e Castilho, 2006).

As cidades, de maneira geral, têm se utilizado das políticas de marketing do lugar (*place marketing*), mais conhecidas como *city marketing* (Ashworth e Voogd, 1990), para vencer a concorrência entre lugares, já que estes, como anteriormente mencionado, por meio da globalização, tendem a se tornar muito semelhantes.

É importante destacar que o capital tem conseguido criar e recriar localizações, embora existam, pelo menos até o momento, elementos irreproduzíveis, como a natureza e a história que só o lugar pode contar e o tempo construir, marcados com a devida autenticidade. No entanto, os processos de simulação da história e da criação de pseudolugares têm estado cada vez mais presentes.

É interessante observar que a requalificação de antigas áreas portuárias, na sua maioria, tem utilizado sempre os mesmos elementos. Isto é, atividades relacionadas com o mar (aquários, museus temáticos, *shopping centers*, enormes praças de alimentação, áreas de lazer etc.). Quem viu uma, viu todas!

É fácil entender por que o capital imobiliário está, no momento, interessado nas áreas urbanas tradicionais. É a busca pelo diferente, pelo excêntrico e único, além, é claro, do aproveitamento de áreas menos valorizadas e repletas de infraestrutura (Vargas, 1998a).

Nessa linha, o ecoturismo desponta como uma atividade que busca usar dessa escassez de produto, que é o meio ambiente natural remanescente, ainda não explorado e, logicamente, difícil de ser reproduzido (Vargas, 1997). É interessante ressaltar que o turismo de sol e mar, mesmo com apelos sobre os ambientes naturais ainda inexplorados, não é tão raro. Dessa forma, despontam e entram em declínio, sucessivamente, por conta de modismos que passam pelas ilhas do Caribe e da América Central, pelo litoral brasileiro, Ásia e Austrália. No entanto, outros espaços de natureza mais ecológica e de rara beleza são prerrogativas de poucos lugares.

Ainda, segundo Maskulka e Thode (1996), os produtos agrícolas também têm usado dessa estratégia do lugar único de produção (*place-based*) como forma de marcar a diferença pela qualidade do solo, do clima e da tradição em fazer. Os vinhos de Bordeaux, as cervejas da Bélgica, o queijo Minas são bons exemplos dessa estratégia.

O lugar, então, imprime sua marca por meio dos produtos que pode gerar.

A relação entre recursos e desenvolvimento econômico é complexa, mas, se no passado muitas regiões desenvolveram-se a partir de um importante recurso como o carvão, hoje o turismo lança mão do ambiente natural como elemento fundamental para a economia municipal.

É preciso, no entanto, o cuidado com a preservação do lugar, pois o meio ambiente, se não devidamente cuidado, pode ser destruído como qualquer outro recurso não renovável. O fim da exploração pode significar o declínio econômico, a não ser que outras atividades possam vir em substituição.

Finalmente, é preciso notar que tem havido um crescimento generalizado de construções, realizadas por companhias imobiliárias, voltadas para o setor terciário. Mudanças na localização e no emprego de escritórios acabam sendo o resultado de decisões de investimentos deliberadas feitas por poucas empresas, não tendo nada a ver com a demanda real por áreas construídas de escritórios nem com o interesse da cidade (Vargas, 2014c).

É interessante ressaltar que, para as atividades urbanas, principalmente residencial e terciária, é o setor imobiliário e a ação das instituições financeiras que fornecem a chave para a compreensão do papel do solo como fator de produção (Vargas, 2014b; Monetti, 2014).

Considerações finais

No que se refere à intenção deste capítulo e do livro como um todo, que busca a lógica do espaço terciário numa relação entre a atividade econômica e o território, entender o processo de formação ou criação de uma localização é fundamental.

Como foi visto, vários são os fatores que interferem na escolha da localização, embora cada vez mais as atividades têm se tornado independentes dela.

É pertinente, portanto, concluir este capítulo destacando duas formas principais de relacionamento com o espaço físico existentes no setor de comércio e serviços varejistas. Uma delas decorre, especificamente, da ação do negociante que dirige o seu estabelecimento (negócio varejista). A outra é o reduto da ação do capital imobiliário (negócio imobiliário).

Enquanto o primeiro tenta escolher a melhor localização a partir da situação existente ou o melhor uso em determinada localização para viabilizar o negócio no qual já atua ou pretende atuar, o segundo cria as suas oportunidades pela criação de localizações.

O que tem sido observado é que, cada vez mais, as companhias imobiliárias criam novos espaços sem a real correspondência com a demanda, principalmente no que se refere ao setor terciário, e trabalham no convencimento dos investidores quanto à rentabilidade do negócio. Essa situação tem alguma relação com o valor de mercado futuro.

O agente imobiliário, na verdade, nem sempre tem o compromisso com o negócio a ser desenvolvido no local. Após encontrar os investidores e receber o lucro esperado da incorporação, e mesmo da construção, retira-se do negócio. Se o negócio não se mantiver viável, quem fica com o "mico" na mão são os investidores menos avisados e as cidades.

No caso dos *shopping centers* no Brasil, isso ainda é verdade, embora hoje os investidores também estejam lançando mão de especialistas para aferir a viabilidade do negócio.

Se analisarmos o início da construção de *shopping centers* em São Paulo, ela se inicia com o *shopping* Iguatemi, realizado pela Companhia Alfredo Mathias, e o *shopping* Ibirapuera, pela Veplan Residência, este último posteriormente comprado pelos lojistas, ambas companhias imobiliárias.

Logicamente existe uma diferença de interesses entre lojistas, investidores e empreendedores imobiliários. Os três podem ser a mesma pessoa jurídica, ou não. No primeiro caso, o objetivo é o de manter o negócio em pleno funcionamento (como é o caso dos *shopping centers* Interlagos e Aricanduva, pertencentes ao mesmo grupo, que empreende e administra os centros. No segundo caso, os empreendedores imobiliários saem imediatamente do negócio, e os investidores, muitas vezes desavisados sobre a empreitada, contratam administradores que não são os comerciantes e que têm objetivos diferentes. Os administradores, em busca da rentabilidade, são quem define o *mix* de lojas, sua localização no *shopping*, as formas de publicidade, promoções e eventos, bem como horários de funcionamento. Os custos dessas atividades são, então, repassados aos consumidores. Nessa linha, os negócios individuais podem não ter vida longa, principalmente porque o consumidor já está redescobrindo as áreas tradicionais, a rua, para fazer as suas compras. Os lojistas também já começam a comparar as vantagens de serem independentes (Fupam, 1999; Garrefa, 2010, 2014).

A oferta de espaços de compras e também de espaços de escritórios tem ocorrido além da demanda. São Paulo é um claro exemplo desse excesso de oferta em relação à demanda; Malásia, Singapura, China e os países árabes também têm sido palcos de grandes investimentos imobiliários.

Pior ainda do que essa situação são os megaprojetos, centros terciários, que não são pensados de acordo com a lógica dos centros urbanos onde serão instalados. Não têm nenhum compromisso com eles. Têm caráter meramente especulativo. A queda da Bolsa em alguns países da Ásia foi, em parte, resultado desse processo, no qual os investimentos imobiliários estavam altamente valorizados, até perceber-se que não tinham liquidez, porque não tinham demanda. A crise de 2008, puxada pelos Estados Unidos, também foi imobiliária.

Nesse sentido, é responsabilidade do poder público verificar o interesse do município, e mesmo do estado ou país, quando da concessão de licenças para edificar. A municipalidade tem a função de zelar pelos interesses da cidade, prática que tem se perdido com o tempo, principalmente no Brasil.

Na aprovação de projetos de tal magnitude, os municípios deveriam avaliar o real interesse do município e, inclusive, avaliar a pertinência do projeto em termos de atividade econômica e sua adequada inserção urbana. Ou seja, para além da viabilidade físico-financeira do empreendimento, dever-se-ia realizar um estudo de "viabilidade econômica urbana".

Além de serem analisadas as oportunidades de mercado nos níveis macro e microeconômicos, de forma a definir os usos, tamanho e tipo de operação a ser implantada em determinado local, o interesse público também deveria ser considerado. Deve-se entender por interesse público as carências da população envolvida e a vocação da cidade e do lugar, num contexto regional e mundial.

Finalmente, os condicionantes físicos (naturais e locacionais e a arquitetura preexistente) são outros fatores que auxiliam a viabilizar esses grandes empreendimentos terciários, nas suas várias dimensões necessárias, econômica, social e ambiental.

A Figura 2.1 sumariza os elementos que deveriam ser considerados na realização de empreendimentos de grande porte na cidade, de forma a contribuir para o seu dinamismo, desenvolvimento social e crescimento da economia urbana. Dessa forma, todos lucrarão: o empreendedor imobiliário, os negociantes envolvidos, os investidores e a coletividade.

Quanto aos pequenos negócios terciários e sua expansão na cidade, estes terão de receber orientação e ajuda do poder público para, em conjunto, capacitá-los a enfrentar esse mundo globalizado e em constante mudança. Essa é uma atitude necessária e urgente para que tanto o negócio dos independentes como as áreas urbanas terciárias tradicionais sobrevivam.

Muitos países têm trabalhado nessa direção criando programas como o *Main Street Program* nos Estados Unidos. Outros países, ao trabalhar com a recuperação dos centros de cidades, com a política de *town center management*, na Inglaterra, também estão atentos ao planejamento do comércio varejista (Rodrigues, 2012; Vargas e Castilho, 2006). Recentemente tem sido discutida a capacidade de resiliência urbana a partir do setor de comércio e serviços (Salgueiro e Cachinho, 2011).

No Brasil, alguns esforços têm sido feitos com relação às ruas comerciais, como o Programa de Ruas Comerciais, ou das ações locais da associação Viva o Centro, ambas em São Paulo, ou ainda com as atuações do Sebrae em diversas ruas de várias cidades (Rodrigues, 2012). Todos os programas precisam, ainda, ter suas ações avaliadas.

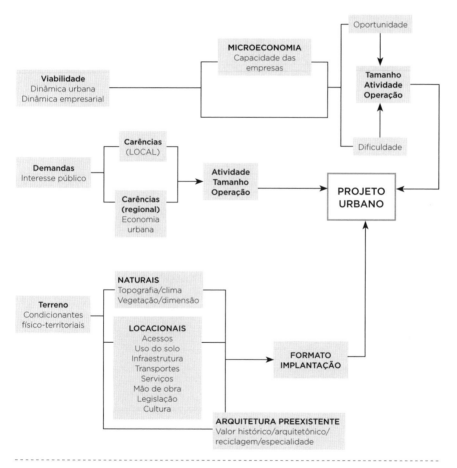

FIGURA 2.1 – Premissas para o projeto urbano.

3
Arquitetura de negócios

"[...] o que torna uma cidade, verdadeiramente, uma grande capital é a vida noturna e o entretenimento, como o encontrado em Paris, no Palais-Royal."
Jean Pierre Cluysenaar

Arquitetura é a mais social das artes. Pode-se compreender muitas coisas sobre as preocupações da sociedade olhando os edifícios que ela constrói. Os templos dóricos e jônicos da Grécia Clássica, as praças com colunatas e teatros do mundo helenístico, as grandes basílicas e banhos públicos do Império Romano, as catedrais e castelos da Idade Média, os palácios e igrejas da renascença na Itália, os centros cívicos, museus e bibliotecas da Inglaterra Vitoriana são apenas alguns exemplos de edifícios que ajudam a recriar a imagem das sociedades que as criaram (Barton, 1989, p. 1).

Para Barton (1989), a arquitetura de edifícios públicos (terciária) apresenta, pelo menos, a visão oficial da sociedade e provê um conhecimento anterior com o qual seus membros, individualmente, vivem suas vidas. Em certa medida, isso informa sobre a maneira como eles gastam o seu tempo – como participantes no processo político, como espectadores em divertimentos, como devotos de cerimônias religiosas etc.

É preciso lembrar, no entanto, que na grande maioria desses espaços públicos, externos ou internos, a troca acontecia e que esta é uma atividade que nasce com o homem, sendo que, na maior parte da história da humanidade, para trocar era preciso acontecer o encontro.

Foi dessa necessidade de encontro que nasceu o lugar do mercado. Para os sumerianos, na Mesopotâmia, o símbolo para a palavra mercado era um Y, que indica o encontro de duas linhas, ou rotas (Mumford, 1965, p. 101).

A origem do mercado está, portanto, no ponto de encontro de fluxos de indivíduos que traziam seus excedentes de produção para a troca, normalmente situado em locais equidistantes dos diversos centros de produção.

O fato de serem espaços abertos e públicos imprimia-lhes uma condição de neutralidade territorial e de segurança no ato da troca que acontecia no momento em que as mercadorias eram entregues (De Boer, 1993, p. 17).

Além desses aspectos, nas áreas externas, as mercadorias podiam ser mais bem dispostas, pois as vitrinas são elementos bem mais recentes.

Shopping Pátio Higienópolis, São Paulo, 2000. Foto: Heliana Comin Vargas.

Os mercados e, posteriormente, as feiras foram muito mais além do que fornecer mercadorias para os consumidores. Agiram também como locais de distração e divertimento, proporcionando atrações como as tão famosas quanto antigas brigas de galo (Burns, 1959, p. 1).

Desde o início, esses locais onde a troca era realizada tinham um papel muito importante, não apenas na atividade econômica, mas, principalmente, na vida social. Fato esse que se amplia quando se considera o abastecimento da população como uma atividade social. Uma olhada através da história evidencia essa faceta do varejo de adotar uma condição de simbiose com as atividades sociais.

Na verdade, o termo *mercado*, cujo significado inicial refere-se a um espaço físico para troca de mercadorias, vai assumir, com o tempo, o conceito de população com poder de compra, retirando do termo a denotação exclusiva de um espaço físico restrito e adotando a noção de espaço econômico.[1]

A mudança nos espaços varejistas foi resultado do próprio desenvolvimento da atividade, que, muitas vezes, viu-se submetida às exigências das novas formas de produção, principalmente após as revoluções industriais.

Para compreender a lógica desses espaços terciários, com ênfase na atividade de comércio e serviços varejistas, aqui tratados como arquitetura de negócios, foi necessário buscar as origens desses estabelecimentos, identificando cada formato e contextualizando-os no seu momento histórico.

Será necessário, entretanto, abrir uma discussão sobre o conceito de espaço público e sua evolução, incluindo, mais especificamente, o conceito de interiores públicos.

Dentro dessa categoria de mercado como espaço público, seja aberto, coberto ou semicoberto, podem ser destacados alguns espaços significativos, que mudam de nome no tempo e no espaço, mas não perdem esta característica de elemento focal da vida social. Entre eles podemos citar: o *bazaar*, a ágora, o fórum, o cardo, os mercados periódicos, as praças e as feiras, a basílica, alguns templos

---

1. Para saber mais sobre o conceito de mercado, ver Caldas e Brant (2012).

e igrejas, os mercados cobertos. Outros, com características de espaços semipúblicos, vão entrar em cena a partir do final do século XVIII: as galerias ou arcadas comerciais, os *grand magasins* e lojas de departamento com todos os seus desdobramentos, o super e hipermercado, os centros de compras planejados e os *shopping centers*.

As técnicas de vendas vão mudar, a localização e os formatos desses locais de troca também, mas a base de todos eles será aquele módulo mínimo, individual, conhecido como loja, que é a evolução das pequenas tendas, barracas ou bancas que adquirem a condição de ser permanentes, mas que ainda hoje coexistem.

A loja, propriamente dita, continua a ter uma relação muito forte com o espaço aberto e público: a rua. Esses espaços varejistas, não planejados, que acontecem pelas ruas, procurando servir e ao mesmo tempo usufruir da existência de consumidores, têm sobrevivido bravamente, através do tempo, independentemente dos ataques do comércio planejado. Portanto, é necessário, também, precisar os conceitos de desenvolvimento varejista planejado e não planejado.

O presente capítulo busca analisar esses espaços de troca mais significativos, planejados ou não, nos diversos períodos históricos, procurando explicar a lógica que se apresenta por trás da organização de cada um desses espaços com a finalidade de, analisando o passado, entender o presente para controlar o futuro.

O estudo mais detalhado do desenvolvimento do comércio varejista e sua arquitetura, que passamos a chamar de "arquitetura de negócios", indica, seguramente, uma divisão em três grandes períodos históricos: antes do século XIX, o século XIX e os séculos XX e XXI. Essa divisão está lastreada em dois aspectos principais: a noção de espaço público e o tipo de estabelecimento comercial predominante em cada período.

Espaços interiores públicos

Espaço público, por excelência, é o lugar onde uma pessoa pode estar sozinha sem dar a impressão de estar solitária. Segundo

Gastelaars (1993, p. 107), é importante saber que para ser considerado um "espaço público" um centro urbano deve, a princípio, ser acessível a todos os moradores e visitantes, ao mesmo tempo em que esses cidadãos e visitantes devem ser capazes de interagir, livremente, na mesma base, independentemente, de sua condição social.

Para De Boer (1993, p. 9, tradução da autora),

> Existem bares onde, quando você entra para se proteger da chuva que repentinamente começa a cair, a conversa para e os usuários do bar voltam-se para olhar você, com tal suspeita, que o seu primeiro pensamento é enfrentar a chuva lá fora e sair. Existem outros locais onde você se sente bem-vindo, quase um convidado, onde a sensação de estar participando da vida da cidade é uma certeza.

Para esse autor, a vida urbana moderna apresenta-se incompleta sem esses edifícios, publicamente acessíveis, mas a proporção na qual um edifício é considerado público é, primeiramente, determinada por qual tipo de edifício ele é: estações de trem, galerias, paços municipais, bibliotecas ou correios. Mas a sua localização na cidade, sua permeabilidade/acessibilidade, a impressão que irradia e a atmosfera de seu interior amplificam sua condição de espaço público. Sem dúvida, muitos desses fatores são determinados por sua arquitetura e inserção urbana.

Nem todos os edifícios considerados públicos, porém, são de fato interiores públicos. Muitas vezes não oferecem a possibilidade do anonimato e do não compromisso. Outros, embora com acesso livre, não são para todos, pois códigos de comportamento são esperados, mesmo que não explicitamente solicitados. Um bom exemplo da existência de códigos de conduta são os *shopping centers*, mas mesmo os jardins públicos, no passado, como o próprio Jardim da Luz, em São Paulo, exigiam regras de conduta no interior do parque.

Outro aspecto importante, segundo De Boer (1993, p. 15), refere-se à necessidade da existência de outras intenções de procura do local além daquela função específica que lhe deu origem, como acontece nas estações de trem e metrô.

Esses espaços são construídos com uma função principal e acabam atraindo outros públicos descompromissados, e é isso que pode tornar um edifício tão atraente. Ou seja, uma função principal para o edifício existir é necessária, mas é precisamente a combinação de no mínimo duas funções[2] que cria o ambiente do lugar (De Boer, 1993, p. 10).

Várias são as razões para o crescimento da procura por espaços interiores públicos, como o congestionamento de tráfego, a segurança, ou a necessidade de contato físico, coisas que o avanço da tecnologia das comunicações tem restringido.

Atualmente, o papel dos grandes espaços públicos interiores passou, então, para a mão do comércio, pois este não pode prescindir da combinação de outras atividades sociais, que estão na base da sua origem: o encontro. A forma coberta e fechada, atualmente, além da proteção contra as intempéries, acrescenta a questão da facilidade de acesso e estacionamento, economia de tempo e, principalmente, segurança.

Desenvolvimento varejista planejado e não planejado

O desenvolvimento varejista não planejado é aquele gerado espontaneamente, por meio do aparecimento de estabelecimentos comerciais, construídos ou não para essa finalidade, característico da formação dos próprios centros urbanos.

O desenvolvimento varejista planejado é aquele projetado, especificamente, para a atividade de comércio e serviços, como aconteceu nas Cidades Novas, nas reconstruções do pós-guerra e nas renovações urbanas, onde se tentava reproduzir, planejadamente, a lógica do espaço terciário espontâneo, acrescentando algumas facilidades e

---

2. As igrejas e templos tiveram um papel proeminente na cidade, não apenas como marcos urbanos, mas também pelas atividades combinadas que proporcionavam, muito além da espiritual. Passear com cachorros, conduzir negócios, brincar com as crianças eram atividades comuns que imprimiam às igrejas o caráter de espaços públicos cobertos (De Boer, 1993, p. 17).

serviços que melhorassem o desempenho do centro, principalmente do ponto de vista do usuário. Essa é, na verdade, a noção mais ampla de espaço comercial planejado que se identifica com centros urbanos de cidades (centros de compras ou *shopping centres*, como diriam os ingleses).

Essa noção de desenvolvimento planejado ou não planejado pode descer para a escala da própria edificação comercial, ou seja, a edificação que é projetada para o uso de comércio e serviços varejistas e aquela que é reformada e adaptada para responder ao processo de substituição e mudança de usos. Temos chamado essa arquitetura transformada de arquitetura de transição.

Segundo Guy (1994, p. 11), a tradição estabelecida nos primeiros estudos americanos de comércio urbano considera uma área de varejo não planejada aquela que acontece, gradualmente, por meio da conversão de edifícios originalmente desenhados para outras finalidades. Está, portanto, mais restrita à questão da substituição dos usos urbanos nas edificações do que à formação espontânea dos centros tradicionais.

Com relação ao varejo planejado, o advento do *shopping center*, que é um estabelecimento totalmente planejado, também em termos de gestão dos negócios, acrescentou mais uma noção de centro planejado. Esse centro de compras planejado se desenvolve em um único edifício, ou grupo de edifícios devidamente articulados, contendo lojas de diversos varejistas, com serviços de estacionamento, segurança, manutenção etc., em comum, pensado como unidade e administrado por um único dono.[3]

Essa distinção é necessária, pois existe uma confusão com a nomenclatura *shopping center*, que na Inglaterra é usada para designar os distritos comerciais (centro de compras), planejados ou não, onde os planejadores urbanos (arquitetos e urbanistas) desempenharam, por muito tempo, o papel principal, enquanto na América é usada para definir o estabelecimento comercial do tipo *shopping center*,

---

3. Para saber mais sobre origem dos *shopping centers*, ver Bruna (1972), Vargas (1992), Garrefa (2010).

voltado para o mercado imobiliário e para a administração do negócio, abrindo o campo de atuação para os profissionais de administração e marketing comercial.

Uma boa forma de evitar erros de compreensão é a utilização do termo *shopping mall*, para designar o espaço de compras sob uma única administração ou propriedade.

Na língua portuguesa, essa dificuldade não existe, pois o termo *shopping center* já foi incorporado e faz referência específica a este tipo de empreendimento.

As grandes dimensões e diversidade de uso que esses empreendimentos assumiram imprimiram-lhes características de verdadeiros centros urbanos, administrados de modo a garantir a sua vitalidade e que, atualmente, passam a emprestar seus conceitos aos estudos de requalificação dos centros tradicionais de compras (Vargas, 1998b).

O *shopping center*, assim descrito, acaba por misturar as duas escalas de abordagem para centros planejados, a dimensão urbana e a do edifício.

De fato, são duas as escalas de abordagem possíveis para a atividade comercial: a do espaço urbano e a do projeto das edificações. Em razão da própria dinâmica das áreas urbanas, são poucos os estabelecimentos comerciais que mantêm as características iniciais de uso e de projeto. Esse processo acontece por várias razões: projeto mal resolvido por não levar em conta as premissas do negócio; substituição de usos; introdução de novas tecnologias que exigem espaços diferenciados; novas demandas sociais.

O que se observa nos centros de comércio não planejados é uma verdadeira arquitetura de transição. Essa transição é uma segura decorrência da característica inerente ao comércio, a mudança. Mesmo nos centros planejados do tipo *shopping center*, observa-se um eterno processo de reformas e adaptações às exigências do mercado ou aos modismos criados pelo setor para vencer os seus concorrentes.

O que é preciso ressaltar é que ambas as formas de comércio coexistem na cidade. E, mesmo em espaços considerados comerciais por excelência, como as praças de mercado, o nível de espontaneidade do arranjo comercial é bastante elevado.

Mas, a rua, espaço público por natureza, é o ponto central para o desenvolvimento do comércio não planejado, sempre lembrado como área tradicional de compra. E foi da observação desse desenvolvimento espontâneo, encontrado nos primórdios dos bazares árabes, nas ágoras, fóruns e praças, que o comércio planejado buscou suas regras e conceitos para a administração varejista moderna, para criar e recriar os atributos urbanos que, naturalmente, viabilizam o comércio tradicional, como será possível verificar por meio da análise do desenvolvimento varejista através do tempo.

Desenvolvimento varejista antes do século XIX

Na análise dos espaços varejistas através do tempo, todo esse longo período, que termina nas últimas décadas do século XVIII, apresentou duas características básicas fundamentais. Quanto à inserção urbana dos grandes espaços de mercado, estes, em essência, assumiam a verdadeira condição de ser um espaço público por excelência. Quanto ao tipo de estabelecimento, esse período encontra na loja o seu maior representante. Isto é, aquele módulo mínimo destinado a comercializar as mercadorias, frequentemente compartilhado com a própria produção: às vezes como espaços permanentes, às vezes em forma de tendas ou barracas.

Dentro do escopo deste capítulo, os espaços varejistas significativos deste período compreendem: os *bazaars* árabes, a ágora grega, os mercados, os fóruns romanos, as praças medievais, as feiras e os mercados cobertos.

Bazaar[4]

Desde os tempos pré-islâmicos, comerciantes e artesãos gozaram de uma posição privilegiada, parcialmente por causa das origens

---

4. Informações sobre os *bazaars* são raras. Poucas referências encontram-se timidamente mencionadas em estudos de cidades árabes e disponíveis em língua inglesa ou francesa. Em português praticamente são inexistentes. O livro do Weiss e Westermann (1998) foi um achado incrível, na livraria do Museu do Mundo Árabe em Paris, e foi a base para construção deste texto sobre os *bazaars*.

mercantis de sua religião. Meca e Medina (Yathrib) eram centros de comércio, muito antes do Alcorão aparecer no coração do Profeta, no ano de 612 a.C. As longas jornadas em caravanas das quais Maomé participou, na sua juventude, causaram-lhe forte impacto. Ele mesmo foi um homem de negócios durante muitos anos (Weiss e Westermann, 1998, p. 28).

A localização geográfica era também um importante fator de estímulo ao comércio. Era inevitável que o Oriente Médio, situado entre dois continentes, se tornasse um centro de comércio, conforme pode se visualizar na Figura 3.1.

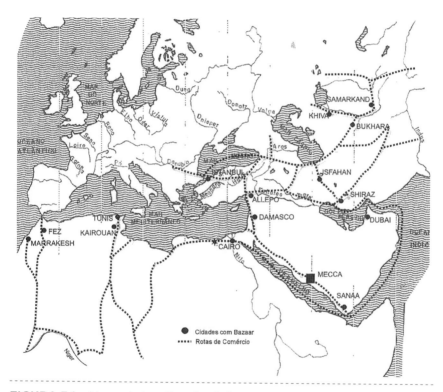

FIGURA 3.1 – Mapa de localização de bazares e rotas de comércio no Oriente Médio, Índia e Norte da África, a partir de Weiss e Westermann (1998).

Segundo Weiss e Westermann (1998, p. 30), antes de Deus ter se revelado para os árabes, por meio de Maomé, no começo do século

VII a.C, em que viviam livres de qualquer autoridade, nada era mais natural para um beduíno do que roubar seu vizinho quando tivesse oportunidade. Eles não estavam preocupados com leis nem em deter os outros por fazer coisas que para nós seriam consideradas erradas.

Coube a Maomé a unificação dessas tribos primitivas do deserto, num Estado, a *Umma-a*, comunidade de fiéis que estavam sob as regras e proteção de Alá e obedeciam suas leis, expressas no Alcorão. A base fundamental dos ensinamentos dizia que o bem-estar individual e social neste mundo é desejável, mas o bem-estar no outro mundo é o objetivo final (Weiss e Westermann, 1998, p. 39-40).

Ainda segundo Weiss e Westermann (1998), porque muitas religiões têm uma abordagem relativamente liberal com relação ao ganho material, o islamismo é visto como uma religião que se opõe ao progresso econômico. Na verdade, o Alcorão e o Suna aprovam, inequivocamente, que seus seguidores obtenham vantagens do seu trabalho pessoal, e desejos materiais e sexuais são essencialmente aceitos como dádiva divina. Mesmo Maomé foi um homem de negócios por muitos anos (Weiss e Westermann, 1998).

Sua organização social baseia-se no Clã, grupos de famílias, cada um possuindo a sua própria unidade habitacional. A cidade não tem um papel importante na vida dos muçulmanos e o único elemento de união é a mesquita. Habitações acontecem em torno do Clã, da família e das relações de parentesco. Isso explica a estrutura urbana das suas cidades (Geist, 1983, p. 5).

Weiss e Westermann (1998) nos informam ainda que o islamismo, diferentemente do comunismo, tolera a sociedade com diferenças sociais. Todavia, o lucro nunca deve ser um fim em si mesmo, uma vez que negócios e moralidade estão fortemente associados. Quanto mais um homem tem, maior será sua responsabilidade. O profeta dizia que um homem deveria conseguir sua riqueza de modo honesto e dar parte dela aos necessitados. Portanto, práticas como empréstimos, hipotecas, garantias e falências são estritamente reguladas sob princípios éticos, e algumas, como a cobrança de juros, são proibidas.

Esses princípios morais e de filosofia de vida ajudam a explicar muitas das relações encontradas no ambiente do *bazaar*. Conforme consta do dicionário publicado por M. Dupiney de Vorepierre, em 1867, a palavra *bazaar* provém da língua árabe e significa mercadoria, que, por extensão, passou a denominar o local onde as mercadorias eram expostas para a venda (Renoy, 1986, p. 18).

No Oriente Médio, onde o comércio é olhado como uma profissão honorável, os bazares são, praticamente, um monumento público, sendo parte essencial da sociedade islâmica. A distinção entre interno e externo, público e privado e domínios masculino ou feminino é a chave para entender a estrutura da cidade oriental e, por analogia, a do *bazaar* (Renoy, 1986; Weiss e Westermann, 1998).

Conforme nos contam Weiss e Westermann (1998), no *bazaar*, classes sociais diferentes convivem harmonicamente e confiança é um sentimento sempre presente. Além das mercadorias, as opiniões também são negociadas no *bazaar*, influenciando a política. A reputação é formada com regras estritas de comportamento e sanções, e quando a credibilidade do indivíduo é afetada, ele é banido do grupo dos homens. Raros são os crimes sérios no *bazaar*. Primeiro porque a maioria tem cemitérios sagrados, e perturbar a paz pode implicar uma punição dos céus. Segundo porque sempre foi considerado um lugar neutro para encontro de grupos opostos. Um simples incidente pode atingir dimensões maiores e resultar em fechamento dos negócios, ou do próprio *bazaar*, em busca da purificação.

A reclamação dos povos ocidentais sobre a passividade oriental, segundo Weiss e Westermann (1998, p. 44-46), deve ser interpretada como *submissão à vontade divina*. Isso deve ser entendido de tal forma a não confundir submissão com passividade, mas com o desejo de viver em harmonia, com criatividade, em vez de tentar subjugar. A liberdade da mente oriental, particularmente evidente numa hospitalidade proverbial, é também expressa de outras formas. Os velhos são reverenciados no mundo islâmico, diferentemente do Ocidente.

Trabalho não é uma punição para o homem expulso do Paraíso, como conta a Bíblia, mas uma parte enriquecedora do dia a dia. E, nesse sentido, existe uma relação diferente com o tempo. Interrompe-se o trabalho quando se está cansado ou com fome e não porque o relógio determina (Weiss e Westermann, 1998, p. 45).

O clima de cordialidade é tão forte num *bazaar* que, segundo Weiss e Westermann (1998, p. 45), se você estiver sozinho e entrar num *bazaar*, provavelmente vai acabar sendo convidado para almoçar.

A atmosfera do *bazaar* conduz a um universo de sensações com cores, odores e sabores, onde a experiência faz parte do processo de troca que inclui a conversa e o toque.

Pechinchar é uma prática usual, que ajuda a determinar o preço numa situação de pouco controle sobre o mercado. O preço atinge o equilíbrio quando ambos, comprador e vendedor, acreditam estar fazendo um bom negócio.

Essa situação explica o significado da palavra *bazaar* encontrado em alguns dicionários, como em 1846, em que "bazarder" significava vender a preço muito baixo, desfazer, abandonar. O termo *bazaar*, ele próprio, ainda segundo Renoy (1986, p. 20), tornou-se sinônimo de lugar mal arrumado, em desordem, onde tudo está misturado.

Arquitetura

Por causa das tempestades de areia e dos ventos quentes, a cidade, os edifícios públicos e as habitações árabes são fechadas sobre si mesmas, ignorando os campos abertos das estepes. A vida volta-se para o interior, a arquitetura pode florescer apenas pelos pátios internos. As fachadas e o espaço público, em termos europeus, são virtualmente inexistentes (Geist, 1993, p. 5).

A simplicidade das fachadas externas busca também, segundo Weiss e Westermann, (1998, p. 56), mostrar a igualdade de todos os homens diante de Deus, contrastando com o seu interior fortemente decorado. Já as poucas aberturas e altas janelas demonstram a busca de privacidade e demarcam, claramente, o domínio privado da família (Figura 3.2).

Poucas ruas atravessam a cidade com a finalidade de demarcar quarteirões residenciais. As ruas construídas pelos romanos têm um traçado regular, as demais constituem-se em numerosas alamedas que dão acesso às residências, onde acontece a vida coletiva: mesquita, *bazaar*, escola, casas atacadistas, casas de banho e outras instituições menores. Esses edifícios são, constantemente, ofertados por ricos muçulmanos e administrados por seus próprios oficiais (Geist, 1993, p. 5).

FIGURA 3.2 - Imagem de uma cidade islâmica. Damasco, 2000. Foto: autora.

No norte da África e no Oriente Médio, um construtor não precisa de um arquiteto para lhe mostrar como construir sua casa. A estética geral e os princípios sociais estão tão profundamente impregnados em cada indivíduo que ele tentará, automaticamente, incorporá-lo no seu edifício (Weiss e Westermann, 1998, p. 55).

O *bazaar*, por sua vez, é o coração da cidade islâmica, espaço público por excelência. Ainda, conforme descrevem Weiss e Westermann (1998, p. 39), quando você entra num *bazaar*, seus sentidos são assaltados por milhares de odores dos mais variados condimentos, seus olhos perdem-se num colorido infinito e seus ouvidos são preenchidos por um burburinho que se completa por sons das ofertas anunciadas em alto e bom tom. Você pode sentir o gosto do pó na ponta da sua língua e até ser tocado pelos vendedores ávidos para fazer contato. Mas quanto mais avançar nesse labirinto, mais se deixará levar pelo fluxo. Mais do que o estímulo sensorial, os recém-chegados são intoxicados por essa atmosfera única do *bazaar*.[5]

---

5. É preciso ressaltar que, cada vez mais, algumas dessas características vão se perdendo com o contato com o Ocidente, principalmente nas cidades que têm intensificado o turismo como parte da sua economia.

As lojas (*sucks*) no *bazaar* são estreitas, frequentemente medindo dois metros quadrados, e abrem-se para a rua. Atrás delas ou, mais raramente, no andar superior, aparecem escritórios e depósitos. A casa do dono e o estoque principal ficam, normalmente, em outras áreas da cidade. Em mercados tradicionais as lojas ficam um pouco elevadas em relação à rua (de 0,5 a 1 m) e na frente há um toldo para proteção do consumidor e do vendedor. As lojas podem ser fechadas com o uso de várias pranchas de madeira, sendo que a superior pode funcionar como proteção do sol, e a inferior como balcão. Mas esse tipo de loja, hoje, já é bastante rara. Milhares de lojas enfileiradas, nas principais artérias de tráfego, são a típica feição dos bazares (Weiss e Westermann, 1998, p. 56).

De acordo com Jean Sauvaget (apud Weiss e Westermann, 1998, p. 58), estudioso francês do mundo oriental, tendo como exemplos as cidades de Palmira e Damasco, depois da conquista islâmica, o povo começou a instalar tendas ao acaso ao longo das principais vias até o desaparecimento das colunatas, anteriormente construídas pelos romanos. Esses primeiros *sucks* não tinham nada em comum com a rede de edifícios complexa de hoje. Foi somente no final da Idade Média que arcos e abóbodas foram construídos como proteção permanente contra o tempo e o fogo. Esse foi o momento em que os bazares adquiriram sua aparência atual.

Obviamente, os mercados no mundo antigo anteciparam as feições dos atuais bazares, tais como *halls* cobertos ou pátios internos rodeados de colunadas. Muitas escavações, de Palmira até Éfeso, de Volubilis, no pé das montanhas Atlas, até Apamea, onde agora é a Síria, mostram que ruas estreitas, com oficinas de trabalho e lojas, eram comuns naqueles dias. Arqueólogos em Dura-Europos, nos bancos do Eufrates, encontraram ruínas do mais antigo *bazaar*, datado de século IV a.C. (Weiss e Westermann, 1998, p. 58).

Conforme nos informam esses mesmos autores, existe uma relação muito próxima entre o *bazaar* e as casas atacadistas (*khans*, caravançarais). Estas eram o ponto de partida e chegada das caravanas, eram os locais de descanso, de troca e de armazenagem de mercadorias. No entorno delas, que se localizavam na cidade ou no campo, havia espaços abertos onde os camelos permaneciam enquanto descarregavam ou carregavam as mercadorias. O *bazaar* desenvolve-se, na cidade, no entorno desses centros atacadistas. Esses armazéns eram mais ou menos iguais em todo o mundo islâmico: edifícios com vários andares e um pátio interno, usualmente conectado com o exterior por uma única entrada. Os animais ficavam no térreo, e as pessoas nos andares superiores. O acesso às salas era, geralmente, conectado por meio de galerias abertas.

Em Istambul, Anatólia Oeste e Pérsia, tais espaços não ofereciam acomodação, apenas lojas, e apresentavam local de guarda de valores e venda de artigos finos. Cambistas e emprestadores de dinheiro normalmente tinham seus escritórios aí.

Os armazéns tiveram múltiplas funções, sendo, hoje também, utilizados como estacionamentos, terminais de ônibus e espaços para migrantes do campo.

Alguns deles, como o de Damasco (Síria), internamente ao *bazaar*, estavam sendo reformados em 2000 para funcionar como locais para eventos.

O desenvolvimento desses estabelecimentos durante o domínio otomano no leste mediterrâneo, inclusive os de Damasco, foi mais expressivo do que nunca. Eles contêm vários pátios internos e mercados, incluindo lojas, fontes, banhos e casas de oração. Os mais magníficos exemplos cobrem vários hectares e pertenciam a ricas fundações (Weiss e Westermann, 1998, p. 58).

Negócios

O modo como as várias categorias de comércio dividem-se e agrupam-se no *bazaar* sempre foi objeto de especulação.

A localização dos diversos tipos de mercadorias tinha suas razões funcionais. Era desejável que atividades incômodas, como as de tintureiros, coureiros, açougueiros, ceramistas, serralheiros e vendedores de pólvora, permanecessem na periferia. Não apenas por causa do cheiro, barulho e sujeira, mas também pelo risco de incêndio ou necessidade de espaços maiores.

Os cambistas e emprestadores de dinheiro deveriam, por sua vez, ocupar as áreas mais centrais, por questão de segurança. Intuitivamente, a proximidade com o público-alvo era observada. As mercadorias dirigidas especialmente para mulheres, tradicionalmente, localizavam-se no centro próximas aos *sucks* de joias. Aquelas destinadas aos visitantes do campo ficavam perto das entradas da cidade (Weiss e Westermann, 1998, p. 56-57).

Eugen Wirth[6] comparou os velhos bazares com blocos de escritórios modernos e *shopping centers* do Ocidente. Na verdade, o conceito é muito semelhante para ambos, isto é, manter muitas atividades diferentes acontecendo no mesmo lugar, como algumas funcionando como elementos de atração e localizadas de tal forma a direcionar os fluxos. Só que duas ressalvas devem ser feitas. Primeiro que essa formação dos bazares foi espontânea, e a dos blocos de escritórios (uso misto) e dos *shopping centers* é devidamente planejada de acordo com a ciência do varejo. A outra é que várias características, tanto dos bazares como do *shopping center*, estão sofrendo com a globalização: seja pela uniformização cultural, seja pela velocidade das mudanças e aumento da concorrência.

A Figura 3.3 mostra a planta do Grande *Bazaar* de Istambul, onde uma semelhança morfológica com os grandes *shopping centers* também pode ser observada[7].

---

6. Ainda para este autor, o *bazaar* e os *shopping centers* possuem bancos, escritórios, serviços de alimentação e de manutenção; os pedestres caminham sob passagens cobertas e climatizadas; não realizam apenas negócios locais e ligam-se a mercados internacionais; não incluem residências e no começo da noite ficam vazios e fechados. A grande diferença entre eles é que o *bazaar* apresenta o mesmo formato por séculos; inclui a função religiosa com a Mesquita; inclui espaço para promulgação de leis, para hospital e proteção para sem tetos; também oferece salas de banho e facilidades públicas para higiene, centros educacionais e local para culto (Wirth, 1975 apud Weiss e Westermann, 1998, p. 60).
7. O Grande *Bazaar* de Istambul (Kapali Carsi) ocupa cerca de 40 hectares e contém bancos e salas de banho, casas de chá e café e mais de 4 mil lojas. Aproximadamente meio milhão de pessoas passam todos os dias por suas 18 entradas (Weiss e Westermann, 1998, p. 172).

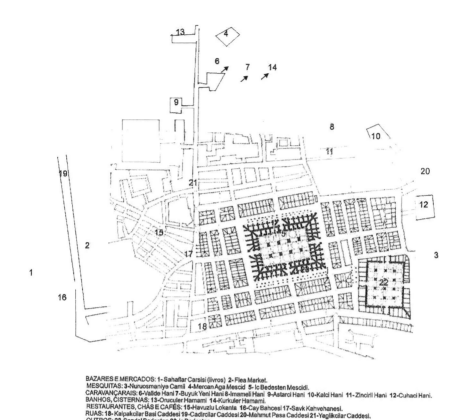

BAZARES E MERCADOS: 1- Sahaflar Carsisi (livros) 2- Flea Market.
MESQUITAS: 3-Nuruosmaniye Camii 4-Mercan Aga Mescid 5- Ic Bedesten Mescidi.
CARAVANÇARAIS: 6-Valide Hani 7-Buyuk Yeni Hani 8-Imameli Hani 9-Astarci Hani 10-Kalci Hani 11- Zincirli Hani 12-Cuhaci Hani.
BANHOS, CISTERNAS: 13-Oruculer Hamami 14-Kurkuler Hamami.
RESTAURANTES, CHÁS E CAFÉS: 15-Havuzlu Lokenta 16-Cay Bahcesi 17-Savk Kahvehanesi.
RUAS: 18- Kalpakcilar Basi Caddesi 19-Cadircilar Caddesi 20-Mahmut Pasa Caddesi 21-Yaglikcilar Caddesi.
OUTROS: 22-Sandal Bedesten 23-Ic Bedesten.

FIGURA 3.3 - Planta do Grand *Bazaar* Coberto. Kapali Carsi, Istambul.
Fonte: adaptada de Weiss e Westermann (1998, p. 172) e Geist (1993, p. 9).

Ágora

A Grécia, por sua localização estratégica em termos de acessibilidade e à péssima qualidade das suas terras, transformou-se numa das maiores potências comerciais do mundo antigo. Antes de seu domínio militar, o seu poderio esteve diretamente relacionado à sua capacidade de negociação e comercialização (Vargas, 1992).

O espaço criado para que o comércio varejista pudesse realizar-se estava representado pela ágora. Ela foi uma evolução gradual dos mercados formados ao pé da acrópole quando a população aumentou e começou a ultrapassar as muralhas. A acrópole adquire, então, um caráter mais simbólico, com uma função puramente religiosa, e o centro de atividades muda-se para os locais de mercado, isto é, para a ágora.

Há uma hipótese sobre o significado da palavra *ágora*, como sendo derivada do verbo *coletar* ou *colher*, em grego. Nos poemas de Homero, a palavra aparece referindo-se a um lugar de encontros cívicos. Dois verbos derivam da palavra ágora: um é *agorazein* que significa comprar, e o outro *agrawein*, que significa conversar e fazer um discurso em público. Ambas as atividades aconteciam no espaço da ágora (Kato, 1993, p. 124).

Arquitetura

A ágora surge, inicialmente, como um espaço plano com funções comerciais e de encontro público, adotando, gradualmente, a condição de espaço fechado por edifícios. Quanto mais monumentais os edifícios, mais esse espaço aberto acabava por isolar-se do entorno urbano. Manteve-se numa forma irregular, dominada por condicionantes geográficos até o século V a.C. A partir daí, começou a obedecer uma ordem no seu desenho, adotando uma forma retangular, como decorrência do próprio traçado viário de suas cidades (Kato, 1993, p. 125).

A ágora em forma de U, isto é, rodeada por colunatas (*stoa*) (Figura 3.4) em três de seus lados, conforme mostra a planta de Priene (Figura 3.5), é uma evolução do formato retangular que adiciona mais permeabilidade ao centro por meio de acessos criados por um conjunto de escadas e vias. Enquanto as pessoas podem, facilmente, alcançar a ágora, os elementos construídos no entorno (*stoa*) imprimem-lhe uma sensação de fechamento. Os arquitetos jônicos perceberam as vantagens desse formato e o utilizaram no desenho de muitas cidades gregas. Essa integração com o entorno urbano fazia parte do conceito grego de cidade, que se perde com a influência romana posterior. Essa influência fez surgir as colunatas nos quatro lados da ágora sem nenhuma passagem através delas, como mostrado na planta da Ágora de Mileto (Figura 3.6), modificada por volta do século II a.C. (Kato, 1993, p. 126).

FIGURA 3.4 - *Stoa* e praça no mercado grego dos tempos clássicos.
Fonte: Gruen (1962, p.98).

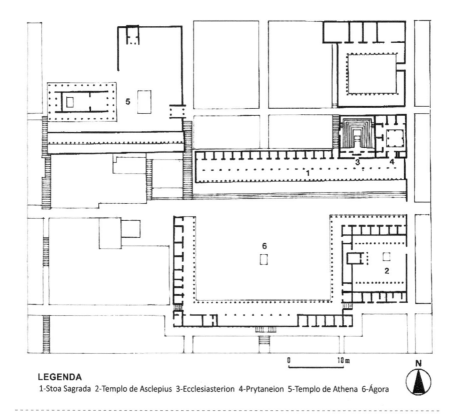

LEGENDA
1-Stoa Sagrada 2-Templo de Asclepius 3-Ecclesiasterion 4-Prytaneion 5-Templo de Athena 6-Ágora

FIGURA 3.5 – Planta da Ágora de Priene. Fonte: Kato (1993, p. 126).

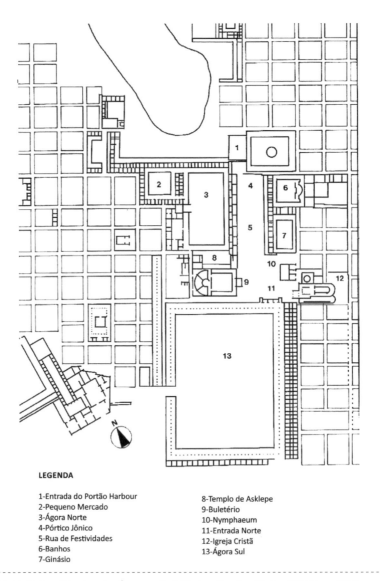

LEGENDA

1-Entrada do Portão Harbour
2-Pequeno Mercado
3-Ágora Norte
4-Pórtico Jônico
5-Rua de Festividades
6-Banhos
7-Ginásio
8-Templo de Asklepe
9-Buletério
10-Nymphaeum
11-Entrada Norte
12-Igreja Cristã
13-Ágora Sul

FIGURA 3.6 – Planta da Ágora de Mileto. Fonte: Kato (1993, p. 127).

As feições das ágoras romanas são o plano axial e o espaço fechado. Pensava-se que o espaço público deveria ser fechado para isolá-lo do ambiente da cidade e criar uma área de tranquilidade. O plano axial, por sua vez, foi adotado para dar monumentalidade ao espaço. Kato (1993) observa que, por meio do processo de evolução da ágora grega, pode-se entender o processo de fechamento de espaços abertos por edifícios, como base para as praças modernas nos países ocidentais.

Negócios

Picard (1960, p. 108), no seu livro sobre a vida na Grécia Clássica, descreve o papel da ágora na vida da cidade. Nela, cidadãos poderiam se encontrar para discutir política ou apenas para conversar durante as compras. A ágora drenava para ela toda a atividade, fosse mercantil ou industrial.

Frequentemente a ágora era construída junto à principal fonte de água da cidade. Este espaço era barulhento e colorido, com comerciantes gritando, oferecendo suas mercadorias e discutindo seus preços. Esse era o grande meio de comunicação e propaganda que ainda hoje se vê em algumas feiras e mercados.

A mais antiga ágora, a do Cerâmico, em Atenas, ou a praça do mercado, era calçada com pedras, sombreada de árvores e circundada por pórticos com vários monumentos públicos. Alguns comerciantes tinham lojas circundando a ágora, e outros tinham barracas e tendas. Com o tempo, o nome ágora estendeu-se a todo o bairro mercantil. As travessas e becos eram ladeados e protegidos por tendas e alpendres que serviam ao mesmo tempo de oficinas e de lugar de exposição e venda de objetos. Os artesãos que se dedicavam a um mesmo ramo agrupavam-se num mesmo local (*kýklos*) (Jardé, 1977, p. 15-16), fato que indica que, desde sempre, a aproximação das atividades similares era uma estratégia dos produtores e comerciantes.

O comércio varejista estava nas mãos dos pequenos mercadores (*kápelos*), que tinham má reputação: comércio varejista (*kapeléia*) e trapaça eram termos quase sinônimos. A lei tentava suprimir os intermediários, colocando o produtor em contato quase direto com o consumidor. O negociante atacadista (*émporos*) era um personagem importante. A lei ateniense condenava os que atacavam injustamente os negociantes e armadores (Jardé, 1977, p. 225), mesmo porque o comércio marítimo era a sua grande fonte de riqueza.

Outros mercados

O mercado chinês (*Ch'ang*), na capital do último Império de Han (25 a 220), pouco se diferenciava das condições da ágora. Era também um grande espaço aberto com lojas e barracas, porém, estrategicamente localizado perto das principais pontes da cidade, fechadas no período noturno, onde as mercadorias podiam ser facilmente transportadas para o mercado (Silverman, 1992).

Ainda segundo Silverman (1992), uma das características destas ruas, assim criadas, era a riqueza de atividades envolvendo compradores e viajantes, lojistas e cidadãos, todos convergindo para esse espaço de mercado. Era o espaço do entretenimento com apresentações de músicas, acrobacias, marionetes, brigas de galo, pregação religiosa, escribas escrevendo cartas e documentos, e contadores de estórias, todos atuando sob a vigilância de soldados mantenedores da ordem.

O mercado, na velha Jerusalém, conhecido como *cardo*, que significa "coração", era um nome apropriado para o centro da cidade, um grande espaço aberto, similar ao antigo mercado romano, com lojas ao longo das ruas, sendo o centro das atividades comerciais, de governo e religiosas (Silverman, 1992, p. 30).

Fóruns

A situação geográfica da Itália não favorecia a sua expansão por meio do comércio, pois sua extensa costa só possuía dois bons portos: Tarento e Nápoles. Além disso, não havia recursos minerais abundantes. No entanto, tinha uma terra muito fértil que manteve os romanos extremamente ligados à atividade agrícola. O domínio romano, portanto, não foi conseguido com o comércio, como na Grécia. Seu poderio militar foi o elemento fundamental de controle, deixando o império sempre num clima constante de guerra civil. Para efetivar a ocupação do território estrangeiro, os romanos lançaram-se na construção de cidades.

A cidade de Roma, com o advento do império, passou a comunicar-se, por meio do rio Tibre, com a cidade de Óstia, situada na sua embocadura junto ao Mar Tirreno. Nessa região foram construídos dois portos artificiais de Trajano e Cláudio, ligados por um canal ao Rio Tibre. Essa grande obra incluiu Roma no comércio internacional.

Nas margens do Tibre funcionava, desde a república, no movimentado porto, o empório (comércio atacadista) e vários mercados que recebiam o nome de *fórum*, onde se desenvolviam as transações da cidade, atuando como bolsa de títulos e palco de negociações entre comerciantes e banqueiros (Várzea, 1937, p. 265).

Certamente, no período romano, a função comercial foi identificada e articulada como um elemento da estrutura urbana, mais do que como uma atividade de domínio internacional, como acontecera com os gregos e mesmo com os fenícios (Vargas, 1992).

Essa função comercial central é, talvez, mais claramente percebida naquelas *New Towns* romanas estabelecidas na periferia do império,[8] onde a função de distribuição assumia significativa importância (Gosling e Barry, 1976).

Para atender as necessidades da vida social, combinando atividades comerciais, religiosas e políticas, os imperadores romanos deram extrema atenção à construção de monumentais edifícios que adotavam a característica de centros urbanos principais, com múltiplas funções, denominados *fórum*. Era um espaço público aberto por excelência, que continha o prédio do senado e da justiça, em situação oposta ao lugar do mercado.

Arquitetura e negócios

O mais espetacular dos fóruns romanos, o Fórum de Trajano (século II) foi planejado e supervisionado pelo planejador urbano, engenheiro e arquiteto grego-sírio Apollodorus de Damasco (Grant, 1960, p. 32).

---

8. Diferentemente dos primeiros imigrantes da América, que nunca se sentiram inteiramente fixados no continente, os romanos estabeleceram suas novas cidades quase como uma máquina precisa, tanto no Ocidente como nas províncias, onde a criação de cidades era o efeito mais espetacular do domínio romano. Os edifícios da capital serviam de modelos. As classes dominantes dessas áreas adotaram os modelos romanos de comportamento social e político e, com eles, a necessidade de estruturas físicas para expressar identidade e tornar possível o estilo de vida greco-romano (Carter, 1989, p. 58).

O Fórum de Trajano (Figura 3.7) continha, entre outros edifícios, a basílica.[9] Esta, segundo Carter (1989, p. 32), embora de origem obscura, permite assumir que os italianos foram capazes de inventar uma forma arquitetônica que respondesse às exigências climáticas e de uma vida social, política e de negócios, constituindo-se numa extensão coberta do fórum. Porém, independentemente da sua origem, a basílica espalhou-se rapidamente. Sua forma compreendia um retângulo de colunas internas, dividindo o espaço

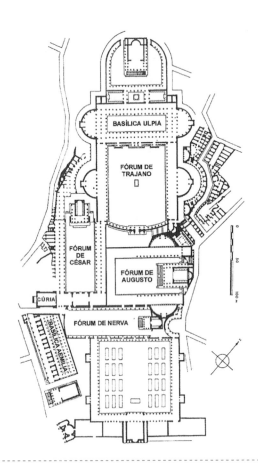

FIGURA 3.7 - Fórum de Trajano, Roma. Fonte: adaptada de Carter (1989, p. 46).

9. A basílica, único edifício que era peculiarmente romano e sem precursor no Mediterrâneo oriental (Carter, 1989, p. 32).

numa espécie de corredor externo e uma área central com um teto mais alto, criando uma cobertura (lanternim) que permitia a entrada de luz. Algumas basílicas possuíam pórticos com profundidade suficiente para conter lojas (*tabernae novae*, lojas novas).

No Fórum de Trajano, havia também o espaço para o comércio. Observa-se outra feição itálica tradicional, que é a associação com lojas. Na parte posterior, no lado oriental e, separado dele pela rua que corria atrás do pórtico, havia um semicírculo de lojas em dois andares, construído no terraço que se incorporava à encosta (Figura 3.8). As lojas no térreo abriam diretamente para a rua, e as do primeiro andar para um corredor. Acima desse complexo surgia um sistema de ruas e escadas, em três níveis, contendo mais de 100 lojas e um espaço de mercado com cúpulas (Carter, 1989, p. 56).

FIGURA 3.8 – Mercado de Trajano, Roma. Fonte: Carter (1989, p.57).

Muitos outros edifícios, conforme mostra a Figura 3.7, também compunham o cenário desse espaço de manifestação da vida pública.

Entre outras cidades italianas, Pompeia, cuja fundação data de pelo menos seis séculos a.C., já possuía antes do final do século II todos os edifícios públicos mencionados por Vitrúvius.[10]

Na Figura 3.9, o projeto do fórum em Pompeia apresenta-se fechado em três dos seus lados por um pórtico não usual, unificando o espaço da praça. É dominado, em uma das extremidades, pelo templo de Júpiter, cuja fundação precede a chegada dos romanos.

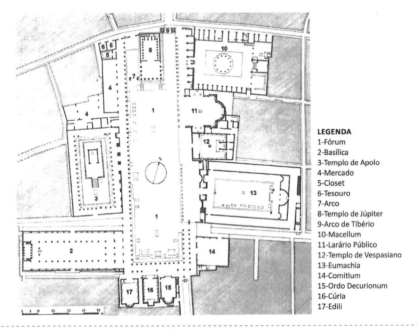

LEGENDA
1-Fórum
2-Basílica
3-Templo de Apolo
4-Mercado
5-Closet
6-Tesouro
7-Arco
8-Templo de Júpiter
9-Arco de Tibério
10-Macellum
11-Larário Público
12-Templo de Vespasiano
13-Eumachia
14-Comitium
15-Ordo Decurionum
16-Cúria
17-Edili

FIGURA 3.9 - Planta do Fórum de Pompeia. Fonte: Kato (1993, p. 33).

10. Vitrúvius, no livro 5, quando fala dos lugares públicos de Roma, apresenta quase os mesmos edifícios que eram encontrados nas cidades gregas, com pequenas diferenças: fórum e basílica; tesouro, prisão, câmara ou senado, teatro com pórticos, banhos, *palaestra* (locais para exercícios) e portos. Os fóruns e teatros gregos e romanos apresentavam, segundo Vitrúvius, diferenças, destacando que os pórticos existentes no teatro romano vieram da Grécia, e os banhos espalharam-se de Roma para as cidades gregas. A *palaestra*, por sua vez, não era usual na Itália, e o espaço dado aos portos e ancoradouros parece refletir mais as prioridades gregas do que as romanas. Outros edifícios, como a casa do tesouro e as prisões, eram menos importantes, contrastando com o edifício do senado e a câmara, fortes representantes do padrão da vida política (Carter, 1989, p. 32; Kato, 1993, p. 33).

A outra extremidade é formada por um trio de edifícios municipais, incluindo o senado. O fórum servia a muitos propósitos, onde o mercado (*macellum*) aparece no lado leste, e um grupo de lojas abre-se para a rua ao norte, a taberna, tendo no centro o mercado de peixe. No extremo oposto ao mercado aparece a basílica e a seu lado encontra-se um recinto com colunatas que contém o templo de Apolo do século V. O *comitium* (local de votação) era um pequeno quadrilátero ocupando a terceira esquina, e, na quarta esquina, ao lado do templo de Júpiter, o mercado de cereais.

Havia também um edifício chamado *eumachia*, uma espécie de edifício das guildas de tintureiros, alfaiates, tecelões, mostrando-os como um grupo bem consolidado na cidade (Kato, 1993, p. 33).

A Figura 3.10 mostra um desenho de como funcionava um mercado, um espaço aberto onde os camponeses e comerciantes armavam as suas bancas, sendo que no centro havia uma fonte de água pública. Esse espaço era rodeado por colunatas que davam acesso às lojas e aos escritórios de comerciantes localizados nas sobrelojas (Macaulay, 1989, p. 59).

FIGURA 3.10 – Mercado público no Império Romano. Fonte: Macaulay (1989, p. 60).

Além das mesmas atividades desenvolvidas nos mercados, descritos anteriormente, no fórum era possível utilizar-se dos moinhos para fazer farinha. Nas tabernas também era comum que se oferecessem bebidas, comidas e as notícias do dia. O mercado era o coração da cidade. Pequenas lojas familiares eram, frequentemente, construídas nas encostas, em diferentes níveis, de forma a evitar escorregamentos. No térreo, lojas sem vitrinas, com portas para fechar durante a noite. As mercadorias eram penduradas no teto e apresentadas fora das lojas. Sinais, sons e odores do mercado criavam uma colorida atmosfera (Silverman, 1992, p. 14).

Alguns exemplos mostram uma modulação das lojas de 4 × 4 m, distribuídas ao longo de colunatas, como acontecia no fórum das Corporações de Óstia. Em cada uma dessas células, por meio de desenhos em mosaico, era possível visualizar a atividade artesanal ali desenvolvida (Carcopino, 1939, p. 207).

Os artesãos viviam com suas famílias nos cômodos situados atrás das lojas ou em cima delas, e, na época de Augusto, no ano 14, existiam mercearias, confeitarias, lojas de cerâmica, de móveis, de roupas, bazares, cabarés e pequenos restaurantes. A Figura 3.11 apresenta um interessante desenho dessas edificações romanas (Macaulay, 1989, p. 79).

Nas províncias africanas, Lepcis Magna serve, também, como um bom exemplo da influência romana. O velho Fórum de Lepcis tinha três templos lado a lado dominando o espaço. Em oposição a esses templos foi construída uma basílica de ala única (Figura 3.12). O complexo templo-fórum-basílica era o ingrediente básico para numerosos centros de cidades italianas, e sua ocorrência aqui era a forte indicação de um processo de romanização. A Cúria também data do mesmo período e aparece numa das esquinas do fórum (Carter, 1989, p. 59).

Lepcis tem também uma espécie fina de mercado, construído em 8 a.C. A área central, chamada *tholos*, neste exemplo duplicada e no formato octogonal, é uma característica básica dos *macellum* de Roma. Esse espaço varejista era semelhante a um pátio interno rodeado por pequenas lojas (Figura 3.13). O desempenho e a

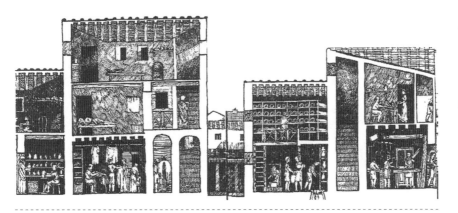

FIGURA 3.11 – Corte esquemático dos estabelecimentos comerciais de Roma. Fonte: Macaulay (1989).

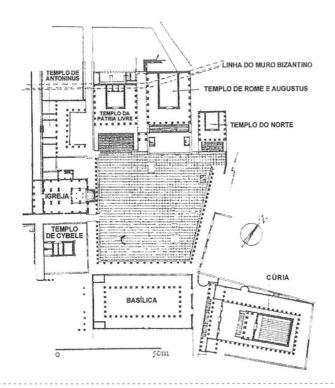

FIGURA 3.12 – Planta do velho Fórum de Lepcis, África. Fonte: adaptada de Carter (1989, p. 60).

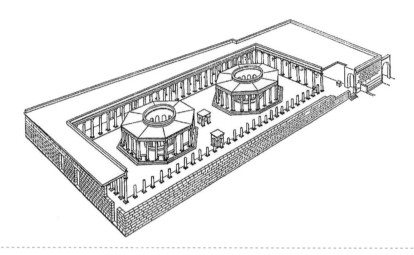

FIGURA 3.13 – Perspectiva isométrica do mercado no Fórum de Lepcis, África. Fonte: Carter (1989, p.61).

estabilidade desses estabelecimentos podem ser observados pelas marcas deixadas por alguns tipos de produtos, como as carnes, ou pela existência de unidades de medidas nas mesas de pedras (Gosling e Barry, 1976, p. 6).

É interessante observar certa evolução no planejamento e organização desse espaço público, que reserva cada vez mais área para atividades comerciais e de recreação e lazer. Tanto isso é verdade que agora são Gosling e Barry (1976, p. 6) que comparam as atividades exercidas no espaço do fórum com as dos *shopping centers* modernos, com elementos ordenadamente dispostos, como as lojas âncoras (edifícios públicos) ao longo de vias de articulação, onde muitos eventos aconteciam (praças internas).

Praças de mercado

Não há um consenso, entre os historiadores, sobre o longo período de seis séculos que se seguiu à queda do Império Romano do Ocidente, classificado como Idade Média, como tendo se caracterizado por uma economia fechada, ou pelo menos por uma fraca atividade da vida artesanal e comercial (Vargas, 1992).

Segundo Fourquim (1979), as cidades que se mantiveram ativas não foram tão raras, e os mercadores do Ocidente também apareciam como grupos bastante importantes. Eram mercadores profissionais, e não ocasionais como apontara Pirenne (1964), que realizavam as trocas entre as diversas cidadelas.

O grande comércio internacional e marítimo no Mediterrâneo Europeu perdera o seu esplendor e se interiorizara, juntamente com a Europa,[11] adquirindo, portanto, características regionais e internas ao continente. Quem realizava esse comércio eram os mercadores, que imprimiam um caráter itinerante ao comércio, com ênfase na distribuição dos produtos alimentícios. Foi o início da entrada do comércio no campo (Vargas, 1992).

A partir do ano 1000, uma economia essencialmente agrícola passa a dar lugar à indústria, aos negócios de transporte e ao comércio. Economias locais, cada vez menos autárquicas, um movimento de negócio parcialmente internacional, uma concentração de capitais nas mãos de outros que não os grandes proprietários de terra, um melhor domínio das condições naturais, a aparição de uma nova elite: a burguesia.

O nascimento da indústria têxtil trouxe a necessidade de uma organização de seus ofícios. Essas organizações nada mais eram do que associações de mercadores, primeiramente voltadas para a defesa e organização profissional dentro de uma cidade, ou com vistas a viagens longas.

Essas corporações de ofício (guildas) beneficiaram, primeiramente, o comércio, congregando e disciplinando os produtores, estimulando-os à melhoria da qualidade do produto, à criação de escolas profissionalizantes e à padronização dos preços. Com o tempo, no entanto, perderam o seu caráter democrático, transformando-se em redutos de elites de produtores, dificultando a admissão de novos

---

11. Embora muitos estudiosos, como Pirenne (1964), enfatizem que a interiorização da Europa tenha sido uma consequência da divisão norte-sul do Império Romano do Ocidente, processada basicamente pela invasão dos sarracenos, e que a Idade Média teria nascido da morte do Mediterrâneo Ocidental cristão, por volta dos anos 700, para Fourquim (1979), a causa da interiorização é outra. Ele ressalta que mesmo antes dessa data, ou seja, antes dos sarracenos terem vindo bater contra as costas da Europa Ocidental, as regiões entre o Loire e o Reno já funcionavam como centro de gravidade do Ocidente. A perda do Mediterrâneo e de uma parte de seu circuito ocidental apenas veio reforçar esse centro (Vargas, 1992).

associados, criando dificuldades à livre iniciativa e estabelecendo até mesmo "cartéis" (Várzea, 1937, p. 336).

A distribuição varejista surgiu, então, como uma função separada da produção, acontecendo fora das feiras e *bazaars* ou das lojas controladas pelas guildas, iniciando um forte processo de competição.[12]

Outro tipo de associação foi a *hansa*. Várias foram as cidades alemãs a se associarem por meio das *hansas*, dada a dificuldade de comerciar em meio ao particularismo e ao regionalismo turbulentos do feudalismo. Tão grande foi o prestígio da *hansa* alemã, conhecida como *hansa* teutônica, que chegou a possuir nas cidades estrangeiras bairros inteiros para exercício de uma posse tão completa, compreendendo o princípio da extraterritorialidade, governando-se os *hanseatas*, lá residentes, de acordo com seus próprios códigos e costumes (Várzea, 1937, p. 332).

O poder dessas ligas era tão expressivo que se manifestava fisicamente na cidade, como a construção de edifícios para a sua sede, destacando-se nas praças e ruas da cidade, e que ainda hoje podem ser contemplados (Figura 3.14).

E onde acontecia esse mercado? Assim como diria Henri Pirenne, referindo-se ao período medieval, sem mercado não se pode falar de cidade. Entre os séculos X e XI, a praça do mercado acontecia, frequentemente, num local periférico em relação a qualquer assentamento humano. Ou seja, nas margens de uma via de circulação importante ou no encontro de vias e do lado externo das muralhas. No início, esses mercados eram periódicos,[13] com a finalidade de troca dos excedentes da produção, tornando-se, paulatinamente, permanentes[14] e adotando posições mais centrais com relação aos assentamentos humanos (Calabi, 1993, p. 63).

---

12. Na Inglaterra, os mercados das cidades ficaram separados geograficamente por distâncias de cerca de 10 km, 1/3 de um dia de caminhada (Gosling e Barry, 1976, p. 7).
13. Durante muito tempo na história da civilização, as mercadorias não viajavam sozinhas, os mercadores eram os seus principais transportadores. Por causa dessa condição itinerante dos mercadores, que muitas vezes se deslocavam por grandes distâncias, eram conhecidos na Idade Média como pés-poeirentos (Vargas, 1992).
14. Os mercados abertos, no caso da Inglaterra e de Gales, chegaram a alcançar cerca de 2.800 franquias concedidas pela Coroa entre 1199 e 1480 (Gosling e Barry, 1976, p. 118).

FIGURA 3.14 – Casa da Guilda dos Marinheiros. Lubeque, 1292-1535. Foto: autora (1996).

Segundo Kato (1993, p. 6), não é nenhum exagero dizer que a praça é a expressão física da urbanização da Idade Média. Áreas vazias inseridas no meio de uma alta densidade de edifícios, amontoadamente dispostos, representavam os momentos da vida cotidiana das cidades medievais, com um grau de integração indispensável para o desenvolvimento das funções urbanas coletivas (mercados, cerimônias religiosas e eventos governamentais). A maioria dessas atividades, que acontecia em espaços abertos, depois do Renascimento, migra para edifícios especializados, das quais o teatro é um bom exemplo.

As praças tornaram-se tão importantes para a vida das cidades que, segundo Calabi (1993, p. 23), na historiografia mais ou menos recente, uma das categorias mais utilizada para definir a qualidade urbana de uma cidade, no período do Antigo Regime, é a presença e a dimensão do seu mercado.

Arquitetura e negócios

Uma cidade requer, como vimos anteriormente, um espaço onde as funções integrem-se. Para deixar de ser apenas um simples agrupamento humano, a cidade necessita de um centro social, seja ele interno ou externo.

A praça, como espaço externo, é o protótipo desse elemento de sociabilização. E se for a praça a dar à cidade a sua dimensão urbana, será porque a praça não é apenas um espaço aberto, mas, de fato, pertence ao seu tecido urbano e se constitui num lugar.

A cultura da praça inclui o mercado, que é "o local do espetáculo e cena de representações trágicas e cômicas, que se misturam com a tolerância e impotência da cidade, frequentemente perdida diante de uma incessante invasão de multidões" (Calabi, 1993, p. 146). Na praça, juntamente com cerimônias e eventos, acontecia também o recrutamento de mão de obra. "A festa, a animação, o pulular de coisas e pessoas, a circulação de ideias, de coisas e de notícias alcançam o ápice, e essa concentração de atividades manifesta-se, espacialmente, por uma concentração física num lugar urbano central" (Calabi, 1993, p. 146).

Em decorrência desse alto grau de concentração, pressupõe-se aparecer de improviso os postos provisórios, as tendas, os bancos, os errantes e vagabundos. Para Calabi (1993), estabelecer uma continuidade linear ou uma relação de parentesco com a ágora grega ou o fórum romano e com espaços abertos em cujo perímetro se organizaram as lojas e os bancos da cidade medieval e moderna, nas suas mais diversas derivações, é possível, porém, frequentemente, muito simplista. Segundo ela, existem, de fato, casos em que a praça ocupa a mesma área do antigo fórum, porém, considera rara uma semelhança na fisionomia que possibilite uma comparação ou na destinação de uso pelo qual o primeiro fora construído, 2 mil anos antes.

Logicamente, as feições iniciais e mesmo os usos tendem a se alterar com a evolução da sociedade, tanto em termos tecnológicos como no aparecimento de novas atividades. Mas é preciso ressaltar que, como espaço para manifestação da vida pública *lato sensu*, e no caráter social da atividade comercial que se mistura com as demais atividades, no nosso entender, não existe nenhuma diferença na sua essência. Podemos, ainda, perceber aqui várias semelhanças como os *shopping centers*, inicialmente no que se refere à função dos grandes átrios dos modernos templos de consumo, os quais buscam reforçar a centralidade para o comércio acontecer.

É importante mencionar que as funções mais representativas das praças medievais incluíam as cívicas, religiosas e comerciais, quase sempre coexistindo. Enquanto as praças cívicas desenvolviam-se em torno de edifícios municipais, e as religiosas em torno de igrejas, as praças de mercado não requeriam a presença de nenhum edifício, elas eram o próprio edifício. Isto é, o comércio apenas precisa de fluxos de pessoas para acontecer.

A localização das praças de mercado estabelecia-se, convenientemente, para facilitar o deslocamento de pessoas apresentando três tipos principais: aquelas cujos mercados serviam às necessidades cotidianas da população, localizando-se, portanto, no centro da área cuja população pretendia servir; aquelas que se formavam em vários pontos espalhados pela cidade, comercializando alguns itens mais especializados; e um terceiro tipo, que acontecia fora das muralhas da cidade, junto a sua entrada, e acabava sendo envolvido, posteriormente, pelo próprio crescimento urbano (Kato, 1993, p. 16).

Ainda segundo Kato (1993, p. 14), quando se analisa a localização das praças nas cidades medievais, naquelas que nasceram nesse período, nas romanas revividas ou nas cidades planejadas, as mais representativas apresentam localização central. A praça medieval, diferentemente das praças do Renascimento, nasce e se desenvolve com a cidade, e é um elemento orgânico da sua composição e não projetada posteriormente, conforme mostra a Figura 3.15.

As Praças do Renascimento, decorrentes da nova ordem política da península italiana, centrada no sistema de tirania senhorial, que promovera uma estabilidade política, reflete-se no processo de renovação da cidade, buscando a expressão visual de sua autoridade.

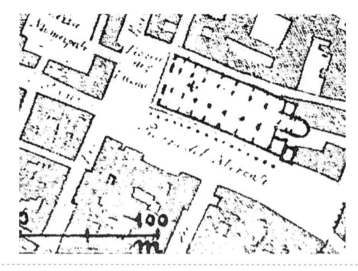

FIGURA 3.15 – Planta da Piazza del Duomo, Ferrara. Fonte: Kato (1993, p.13).

Nessa direção, duas tendências podem ser observadas. Uma delas incorpora a estrutura da cidade tanto quanto possível promovendo apenas algumas melhorias e adotando para tanto o estilo renascentista. A segunda tendência é fortemente revolucionária, buscando modelos de arranjos teóricos e enfatizando a forma e a estética (Kato, 1993, p. 15-16).

A praça renascentista da primeira tendência foi uma simples maquiagem das suas predecessoras, por um novo grupo de poder, e sua função era apenas uma extensão do que foi na Idade Média. Além disso, ela não unifica a cidade como um todo, ao contrário, insere-se como um espaço diferenciado. Segundo esse mesmo autor, este é o caso da Piazza San Marcos em Veneza e a Piazza dei Signoria em Verona (Figuras 3.16 e 3.17). É preciso notar que, enquanto as praças renascentistas foram desenhadas sob regras estéticas, a aplicação dessas regras não se limitou aos espaços externos, mas também dirigiu-se ao interior dos palácios e residências (Kato, 1993, p. 17).

Já as praças do período barroco, de segunda tendência, podem ser sumarizadas como tendo estabelecido vias axiais na estrutura da cidade, ou um lugar onde eixos viários têm de ser desviados.

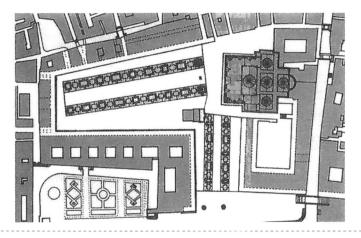

FIGURA 3.16 – Planta da Piazza San Marcos, Veneza. Fonte: Kato (1993, p.119).

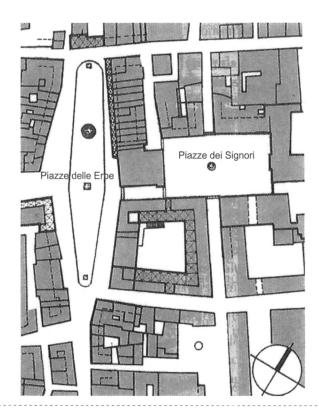

FIGURA 3.17 – Planta da Piazza da Erbe e de Signori, Verona. Fonte: Kato (1993, p. 119).

Exemplo característico desse período é a Piazza del Popolo, em Roma (Figura 3.18). As formas são, frequentemente, geométricas, e a escala, grandiosa. As praças barrocas abriram a cidade e representaram uma antítese aos espaços fechados da praça renascentista (Kato, 1993, p. 22).

A função e o espaço da praça barroca são muito mais complexos do que da medieval. Pelo tamanho maior das cidades barrocas, alguns lugares especializam-se, e vários serviços são oferecidos para as classes privilegiadas, promovendo uma infraestrutura requerida pela nova sociedade. Assim, a praça barroca torna-se uma extensão do pátio do palácio (Kato, 1993, p. 22).

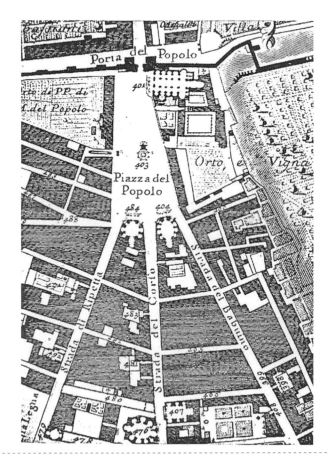

FIGURA 3.18 – Planta da Piazza del Popolo, Roma. Fonte: Kato (1993, p. 21).

A Grand Place, em Bruxelas (reconstruída em 1695 no estilo barroco), é um bom exemplo: lá as atividades comerciais assinalaram o seu nascimento e permaneceram como seu fator-chave durante toda a sua história. Ainda hoje, as ruas adjacentes (Figura 3.19) conservam seus nomes originais, evocando o intenso comércio que se estendia a partir dela, tais como Rue du Marché aux Herbes, Rue du Marché aux Poulet, Rue du Marché au Fromage, Rue du Marché au Charbon, Rue du Marché aux Peaux, Rue du Marché au Beurre, Rue des Harengs, Rue des Bouchers (Jodogne, s/d(a), p. 4).

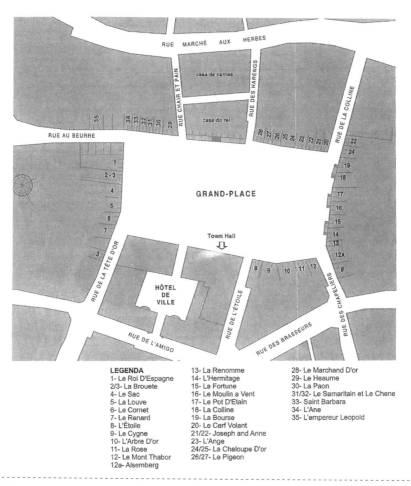

FIGURA 3.19 – Planta da Grand Place, Bruxelas, século XVII. Fonte: Jodogne (s/d., p. 49-50).

Documentos do começo do século XIII descrevem a construção de um complexo comercial administrado pelo Duque de Brabante incluindo três mercados para venda de pão, roupas de pele e carnes num dos quarteirões que compõem a praça. O único vestígio do mercado de pão é encontrado no nome da Maison du Pain (*Boordhuys*), dado à King's House. O mercado de carne, reconstruído várias vezes, permaneceu até 1920 no local de um grande edifício com arcadas (*ancienne grande boucherie*), localizado ao longo do *Marché aux Herbes* (Jodagne, s/d(a)).

Por volta de 1353, quando a produção de tecido em Bruxelas atinge o ápice, luxuosas fábricas foram exportadas para as cortes da Europa. Foi então que a cidade construiu um enorme mercado municipal de têxteis. O mercado de roupas foi aberto em 1361 e ampliado no final do século (Jodagne, s/d(a)).

Ainda na praça, o Town Hall (Figura 3.19) foi completado na metade do século XV e teve um complexo papel nas atividades burguesas. A maioria das salas no térreo, que se comunicavam diretamente com o mercado, eram usadas como escritórios de cobrança de impostos e por outras organizações públicas cujas atividades modificaram-se ao longo do tempo (locais para arrecadação de impostos sobre cerveja, vinhos, farinha, estoques do governo, registros, crianças perdidas). As lojas no andar térreo eram semelhantes às lojas dos mercadores italianos (Jodagne, s/d(a), p. 14).

Depois da rebelião de 1421, as guildas asseguraram grande participação na administração do governo, e o seu poder econômico também aumentou. Estas, rapidamente, construíram seus quarteirões em torno do novo Town Hall.

No início do século XVI a praça de mercado estava arranjada como está até hoje, abrigando a organização da vida pública da cidade, não tendo sofrido nenhuma grande mudança, com exceção da gradual substituição durante o século XVI e XVII das casas de madeira por novas construções em tijolos e pedras (Jodagne, s/d(a)).

Em algumas das maiores cidades italianas, como Torino, Milão, Gênova, Roma, Nápoles e Palermo, a renovação urbana do período barroco continuou, e as cidades adquiriram um organizado sistema de vias e de entroncamentos. A industrialização e o crescimento urbano tornaram essas cidades a casa da burguesia. O todo da imagem da cidade se tornou mais abstrato para os seus cidadãos. As praças perderam a função dos seus melhores dias, isto é, deixaram de servir aos seus habitantes e, muitas, tornaram-se apenas espaços abertos rodeados por edifícios históricos ou grandes áreas de estacionamento. Algumas praças estão, agora, abertas para o mundo; nelas, qualquer um que o desejar pode participar da vida da cidade (Kato, 1993, p. 23-24).

Ainda segundo Kato (1993), em cidades onde a estrutura medieval permanece com suas ruas estreitas, muitas das antigas funções da praça podem ser encontradas, como eventos e festivais ocorrendo durante todo o ano, além de mercados e feiras para atendimento das necessidades cotidianas. Outras famosas, como em Roma, Veneza, Florença e Barcelona, atraem turistas de todo o mundo. Esse caráter internacional, por sua vez, as torna o reduto dos jovens, rodeadas por cafés e lojas famosas. Esses espaços funcionam como palco para artistas de rua.

Finalmente, expressões idiomáticas que ainda impregnam o imaginário da praça permanecem na linguagem italiana: *far la piazza*, chamar as pessoas para sair, reunir-se ou jogar no espaço externo; *mettere una cosa in piazz*, divulgar, tornar público; *sfidare la piazza*, pensar pouco nos outros (Kato, 1993, p. 24).

Feiras

A feira (de *feria*, que significa festa de um santo) era sobretudo o encontro de mercadores feirantes, frequentemente vindos de muito longe, e durava muitas semanas. O século XII viu surgir ciclos de feiras regionais e inter-regionais que formavam uma espécie de mercado contínuo, exceto no período de mau tempo (Fourquim, 1979).

Muitas delas eram especializadas em alguns artigos, sendo que as mais importantes, cuja influência se exerceu durante quase dois séculos em todo o Ocidente, foram as feiras de Champagne, nas cidades de Lagny, Provins, Bar-sur-Aube e Troyes. Eram recintos tão animados que nem as pesadas taxas e pedágios conseguiram ofuscar.

O excitamento provocado pelas feiras trazia pessoas de centenas de quilômetros para apreciá-las.

Elas provocavam um fluxo de caravanas quase permanente, viajando de feira para feira. As feiras eram montadas com uma série de tendas e barracas para expor as mercadorias. Além das tendas que vendiam diversos tipos de mercadorias, bebidas e comidas, havia escritórios para empréstimo de dinheiro e câmbio de moedas (Silverman, 1992, p. 46).

A partir de 1250, as feiras de Champagne foram deixando de ser o mercado internacional dos tecidos e tornaram-se a grande praça ocidental de câmbio. Isto é, aí realizava-se o pagamento de uma soma em moeda, objeto de promessas escritas feitas em outros locais (Fourquim, 1979).

Muitas outras cidades foram palco de feiras, roubando o esplendor das feiras de Champagne, como as de Genebra, Lion e, posteriormente, Antuérpia. No entanto, nenhuma delas desempenhou o papel verdadeiramente imenso que pertencera às feiras de Champagne (Vargas, 1992).

Os edifícios de mercados

A palavra francesa *halle*, que designa esses espaços de mercados cobertos (na forma inglesa, *hall*; alemã, *halle*; e flamenca, *halla*), é sinônimo de sala, grande vão de uso coletivo. Por outro lado, esse termo refere-se ao local onde se desenvolvem reuniões da comunidade ou de uma corporação, mais frequentemente funcionando como uma construção comercial coberta. No passado, também fazia referência a um espaço aberto circunscrito, destinado a depósito, contratação, exposição e venda de mercadorias (Calabi, 1993, p. 189).

A maior parte desses mercados cobertos medievais tem derivação romana. Apresentam-se como uma galeria em torno de um recinto retangular ou quadrado ou, mais frequentemente, como um espaço alongado de implantação basilical, em geral dividido em duas ou três naves cobertas e com um andar superior. Nesse sentido eles relembram o Mercado de Trajano (ver Figura 3.8), onde mais de 100 lojas, em vários níveis, vendiam vinho, cereais e óleo. Isso também nos leva ao antigo *bazaar* oriental, o assim chamado Cotton Market (Figura 3.20), em Jerusalém, datado de 1329. Era coberto por abóbodas e arcos (Pevsner, 1976, p. 235).

FIGURA 3.20 – Cotton Market. Jerusalém, 1329. Fonte: Pevsner (1976, p. 236).

Na Idade Média ocidental, o *town hall* e o mercado *hall* eram, frequentemente, um só edifício, como ocorreu na Grand Place de Bruxelas (ver Figura 3.19). O primeiro acontecia no andar superior, e o segundo no térreo, sendo aberto nas laterais (Pevsner, 1976, p. 236).

Em Bruges, um dos centros mais desenvolvidos no século XIII, a construção do edifício do mercado iniciou-se em 1240. No térreo encontravam-se vendedores de alimentos, misturados com outras mercadorias, como doces, celas e facas. Festivais aconteciam no andar superior. O mercado de tecidos mais famoso de Bruges, o Waterhalle, construído no século XIII, era um edifício separado e possuía cerca de 70 metros de comprimento, próximo a *Grand Place* (Pevsner, 1976, p. 236).

Os Países Baixos (Netherlands) foram o grande espaço dos *halles*. Porém, a maioria deles não eram mercados diversificados. Eram especializados em tecidos ou carnes. O maior, e um dos primeiros, foi o de tecidos, construído em Ypres (Figura 3.21) entre 1200 e 1620, mas concentradamente no século XIII. Entretanto, apesar do nome, compreendia também um Town Hall, uma cadeia e uma capela. Tinha 130 metros de comprimento e dois pavimentos (Pevsner, 1976, p. 236).

FIGURA 3.21 – Mercado de tecidos. Ypres, século XIII. Fonte: Pevsner (1976, p. 236).

Já o *fondaco* era um espaço para armazenagem, venda atacadista e hospedagem (muito parecido com os caravançarais árabes). Encontramos dois em Veneza, o Fondaco dei Turchi, do século XIII, e o Fondaco dei Tedeschi (Figura 3.22), reconstruído depois de um incêndio em 1505. Este tinha um pátio interno aberto e espaços edificados em três andares com arcadas. Essa combinação é mais ou menos a mesma para a monumental Hansa de Antuérpia, quase na escala do Town Hall. A combinação é também semelhante aos *steelyard*, em Londres, também estabelecimentos hanseáticos (Pevsner, 1976, p. 237).

FIGURA 3.22 – Fondaco de Tedeschi. Veneza, 1505. Fonte: Pevsner (1976, p. 238).

Filarete era também uma espécie de mercado fechado (enclausurado) encontrado na Itália, conforme mostra a Figura 3.23. O centro é um retângulo para barracas e bancas cercado por galerias com colunatas. Atrás dessas galerias, no lado esquerdo, estão o mercado de carne e de cereais, com um abatedouro na parte posterior e um mercado de peixe na ala sul. Um canal circunda todo o mercado para carregar os dejetos para fora. Além do canal, na ala norte, fica o mercado de milho, o palácio do capitão e o câmbio (banco). Do lado direito existiam os banhos e as casas de prostituição, e, ao sul, o mercado de vinho e a taberna (Pevsner, 1976).

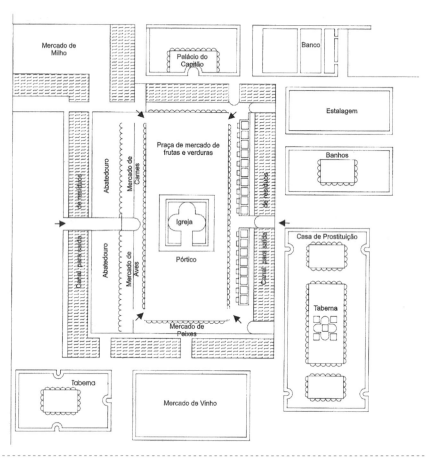

FIGURA 3.23 - Filarete (espécie de mercado). Florença, século XIII.
Fonte: adaptada de Pevsner (1976, p. 238).

Segundo Pevsner, de 1600 a 1800 não há nada de muito significativo para registrar, pois o desenvolvimento passa a se concentrar nas grandes cidades (metrópoles).

Lojas

O desenvolvimento do desenho das lojas mudou muito lentamente. Não há diferença significativa entre as lojas do Fórum de Trajano, no início do século II (o mesmo tipo de balcão separava a rua da loja na Roma imperial), e aquelas do século XVII, que abriam diretamente para a rua.

Arquitetura

A forma original de uma loja era o mercado onde os produtos eram espalhados pelo chão. Os estágios seguintes da estrutura de mercado incluíam bancas, tendas com uma mesa e uma cobertura de proteção, barracas desmontáveis, barracas permanentes e devidamente fechadas, e, por fim, fileiras de lojas divididas de acordo com o ramo de atividades. Esses passos foram dados em direção ao sistema de mercado institucionalizado pelas guildas e autoridades urbanas.

Os predecessores das lojas foram barracas com duas grandes pranchas de madeira dispostas horizontalmente que abriam para cima; uma servia como mesa, e a outra como cobertura. Consumidor e comerciante ficavam em lados opostos da mesa. Os terrenos para barracas fixas, no começo alugados, transformaram-se, posteriormente, em propriedades dos comerciantes. A concessão inicial tornou-se permissão para construção de uma edificação. Barracas de uma sala transformaram-se em uma série de salas (Geist, 1993, p. 36).

Quando o balcão passa para dentro da loja, o negócio passa a se realizar no interior. As mercadorias deixam de estar claramente expostas, e, para atrair os clientes, anúncios e propagandas são apresentados externamente, até o aparecimento das vitrinas.

A loja aberta passa a ser fechada, as pranchas de madeira tornam-se portas e vitrinas. Estas parecem ter sido inventadas na Holanda, no século XVII. O avanço na tecnologia do vidro, tornando-o liso e transparente a partir de 1688, iria colaborar para o aperfeiçoamento dessas grandes janelas.

Por volta de 1800, as vitrinas eram formadas por pequenos quadrados de vidro, emoldurados com divisões em madeira. Em 1828, apresentavam vidros planos, de largura não superior a 1,50 m. Em 1847, crescem para 2,40 m. Grandes panos de vidro eram ainda uma raridade em 1860 (Pevsner, 1976, p. 258).

É bom lembrar que as vitrinas são elementos que agem no sentido de induzir a compra por impulso, e não por uma necessidade natural, permitindo exposição das mercadorias mesmo quando as lojas estão fechadas, o que, no contexto brasileiro, atualmente, nem sempre é verdade.

Na sua inserção urbana, as lojas individuais na Idade Média tendiam a se aglutinar de acordo com a semelhança entre os produtos comercializados, o que refletia a necessidade de controle das Corporações de Ofício (guildas). As dos produtos alimentícios também apresentavam essa mesma forma de associação, tendo deixado a sua marca, até hoje, por meio do nome dado às ruas, sinônimo do tipo de comércio predominante naquela época, como: Rue du Marché du Fromage, des Herbes etc. (ver Figura 3.19).

Poderia a situação ser mais conveniente para o consumidor? Sim, eles poderiam ser protegidos da chuva (ou do sol). Assim surgem as ruas com arcadas da Itália, França, Insbruck e Berna. Mais convenientes e confortáveis serão as ruas reservadas para pedestres e inteiramente cobertas como aconteceu nos bazares orientais, nas arcadas comerciais e nos *shopping centers*.

A lógica do período

A leitura do desenvolvimento varejista ocorrido até as últimas décadas do século XVIII permite destacar algumas características importantes sobre a atividade comercial varejista, seu significado e imagem e seu relacionamento com o espaço físico.

Primeiramente, deve ser destacada a sua forte função social, ligada às questões de abastecimento da população e, portanto, das necessidades básicas de sobrevivência que crescem em diversidade quando excedentes de produção começam a surgir. A necessidade da troca induz ao encontro, o encontro acontece onde existe o fluxo de pessoas, que, por sua vez, cria o lugar do mercado. No entanto, esse fluxo pode ser estabelecido por razões outras, que não a simples necessidade de abastecimento, como na entrada das cidades, nos pontos de passagem obrigatória motivados por acontecimentos políticos ou religiosos, eventos esportivos e artísticos etc.

Todas essas atividades coexistem e criam um espaço propício ao aparecimento do mercado. Esse tenderá a ser, ao longo da história, um espaço com todos os atributos de um espaço público por excelência.

O outro tipo de espaço em que o comércio acontece refere-se ao estabelecimento varejista propriamente dito. Embora, inicialmente, as mercadorias se espalhassem pelo chão, como ainda hoje acontece, pouco a pouco, barracas, bancas e tendas foram assumindo seus lugares. Estas, com caráter temporário, vão favorecer o aparecimento da loja, adquirindo a condição de estabelecimento permanente, que, por sua vez, passará a ser o espaço característico do desenvolvimento varejista que mudará suas técnicas de venda, seu formato e seu tamanho, mas jamais a sua essência.

Esse espaço de mercado tem como característica básica uma área central de circulação e encontros, rodeada ou não por arcadas com colunatas, onde as atividades sociais de toda ordem acontecem. Apesar da tentativa de marcar e proteger esse espaço central, a permeabilidade é um forte atributo que convida à exploração, à descoberta.

Juntamente com a venda de produtos, acontecerá a venda de serviços, como acontecia nas tabernas; manutenção e consertos; e os banhos públicos, que também vão apresentar estabelecimentos específicos. Ao mesmo tempo, a venda de serviços vai compor e gerar fluxos para manter a dinâmica do mercado.

Portanto, esse primeiro período da história do desenvolvimento varejista ocorre fundamentalmente por um movimento espontâneo que responde às manifestações e necessidades das sociedades a que pretendem servir. Isto é, as escolhas de onde devem localizar-se, como agrupar-se, como atrair seu público ocorrem de forma natural, sem planejamento e controle sistemáticos. Logicamente, não se pode esquecer algumas das estratégias de vendas (negócios): as utilizadas nos *bazaars* árabes, as de atração de mercadores, como as realizadas por ocasião das Feiras de Champagne (Vargas, 1992), ou uma série de outras atitudes ocorridas durante o período. No entanto, no que se refere ao projeto dos estabelecimentos e sua localização nos espaços de mercado, essas interferências são mais restritas e referem-se a um controle maior sobre usos incômodos e perigosos.

Será, pois, o avanço do capitalismo comercial responsável também pela decadência do sistema feudal, que iniciará um forte processo de mudança do conceito da atividade comercial como função social para uma função mais econômica.

Além das técnicas de comercialização que seriam inventadas e adotadas, a questão do espaço para o comércio como espaço público por excelência foi, pouco a pouco, assumindo o caráter de espaço privado, mudando a sua relação com a cidade. O leque de mercadorias vendidas foi expandido para além do que se considerava como necessidades básicas, passando a incluir as novas mercadorias que a indústria nascente começava a oferecer. A escala dos negócios se ampliou e, com ela, a necessidade de planejamento da atividade que seria realizada, isoladamente, por indivíduos que foram capazes de visualizar, incorporar e promover mudanças.

Quanto ao significado e imagem da atividade comercial, todos os espaços de mercado analisados no período reforçam a questão da diversidade e do congestionamento de imagens, sons, odores, mercadorias e pessoas que refletem a expressão máxima da vitalidade e do dinamismo do lugar. Desordem, confusão e multidão são fortes indicadores de sucesso do comércio, ou ao menos seus requisitos essenciais.

Desenvolvimento varejista no século XIX

O contexto socioeconômico no final do século XVIII promoveu mudanças no desenvolvimento da atividade comercial e no seu relacionamento com o espaço físico, quer do ponto de vista da inserção urbana, quer do ponto de vista do projeto do edifício.

A afluência e a moda no período barroco e o começo das monarquias absolutas no século XVII, juntamente com a ascensão de uma nova classe social, os comerciantes, implicou uma mudança no caráter das lojas e no ato de comprar. A loja ao ar livre, a venda direta da produção, do artesão nos fundos de sua casa, começou a ceder lugar para o comerciante que se transforma numa força econômica (Burns, 1959, p. 2).

As feiras, por sua vez, também perderiam importância, e os mercados tenderiam a se especializar em provisões apenas de alimentos, passando a se constituir numa grande preocupação dos governantes, pois o abastecimento alimentício continuava a ser uma atividade social. A praça de mercado nas grandes cidades deixa de ter como função principal a de ser o palco para os encontros semanais, conversas, diversões e compras. A porcentagem de mercadorias apresentadas para as compras diretas começa a superar aquelas por encomendas, e o dia especial do mercado diminui de importância, sendo substituído pela condição de: "todo dia ser um dia de compra". O mercado passou a ser o centro de atração para as compras das necessidades diárias, adotando formatos cobertos e grandiosos no início do século XIX.

Continuando a análise dos espaços varejistas ao longo do tempo, esse período que começa no final do século XVIII e fecha-se com a chegada do século XX mostrou a atividade comercial não apenas como uma atividade social (preocupação dos Estados e governos locais com o abastecimento da população com produtos básicos), mas também como uma atividade econômica fortemente especulativa, lançando mão de todas as estratégias para melhor acumular.

Os espaços físicos mais significativos de ocorrência do comércio perderam parte da essência de ser um espaço público por excelência, adotando algumas características de espaço privado.

Dentro dessa nova relação dois aspectos se destacam: o primeiro refere-se à apropriação do espaço urbano pelo capital imobiliário e não mercantil (embora possam estar juntos), criando localizações privilegiadas, isto é, novas centralidades. Esses empreendimentos usam o comércio e os serviços varejistas como elementos do seu empreendimento e os submetem a sua lógica de acumulação ou especulação. Nessa categoria incluem-se as galerias ou arcadas comerciais que nascem nesse período; o outro aspecto dessa evolução refere-se a um desenvolvimento varejista voltado à elaboração de novas estratégias de venda, com melhorias nas suas técnicas e formas de organização do negócio e que usa o espaço físico do próprio estabelecimento como um elemento a mais para a otimização de suas atividades, representado pelas grandes lojas.

As inovações surgem por meio da passagem da pequena loja (*shop*) individual para o grande estabelecimento (*store*), ou mesmo para grandes organizações. Nessa categoria incluem-se: *magasin de nouveautés* (lojas de novidades), o *grand magasin* (grandes lojas), *department stores* (lojas de departamentos), *multiples* (cadeias de lojas), *variety store* (lojas de variedades).

Como uma evolução das mudanças ocorridas no início do século XVIII, que se constituíram em propostas de vitrinas e interiores bem decorados, com finas cortinas e mobiliário, em que uma nova forma de excitamento fora introduzida na questão das compras, o século XIX foi mais promissor nas questões das mudanças, auxiliadas fortemente pelos avanços tecnológicos.

Essas mudanças acentuam-se no final do século XVIII por causa da melhoria na mobilidade e às novas invenções, como a do vidro e do aperfeiçoamento da tecnologia do ferro, que permitiram a ampliação das pequenas janelas do século XVI e XVII para as *bow-window*[15] do século XVIII, e abriram caminho para o aparecimento de mercados cobertos grandiosos, para o aumento no tamanho das lojas, criando as grandes lojas e fazendo nascer um empreendimento imobiliário comercial, característico do século XIX, as arcadas.

Os mercados cobertos

Desde o estabelecimento de um sistema moderno de governo local, depois da Revolução Francesa, e, na Grã-Bretanha, com o Ato do Governo Local, em 1858, houve uma tendência para

---

15. *Bow-window* ou *bay-window* é um tipo de janela curva ou em ângulos que se projeta para fora do limite das paredes.

institucionalizar os antigos mercados e diminuir as desvantagens dos mercados ao ar livre, criando espaços reservados onde as barracas poderiam ser permanentes e onde fossem providenciados serviços para coleta de lixo e controle sanitário. O mercado coberto era, pois, um edifício capaz de acolher um grande número de lojas e público diversificado.

Dois aspectos assumiram importância considerável. O aumento numérico de mercados para abastecer uma população que crescia e se urbanizava fortemente, e a preocupação com as questões sanitárias dos espaços de mercado abertos. A população de Paris e Londres, entre 1660-1670, girava em torno de meio milhão (Paris alcançou 1 milhão, em 1850, e Londres, em 1820) (Pevsner, 1976, p. 238).

Maxime du Camp (apud Pevsner, 1976, p, 238), em seu livro *Paris, ses origines, ses fonctions, sa vie*, escreveu:

> Em 1848, Paris tornou-se inabitável. Sua população cresceu muito, e deslocada pelo movimento incessante das estradas de ferro [...] amontoa-se nas ruelas insalubres [...] onde permanecem confinadas. Tudo é reflexo deste estado de coisas, a higiene, a segurança, a rapidez de comunicação e a moralidade pública.

Em Paris, o programa de renovação implementado por Haussmann criou uma grande quantidade de facilidades para esses mercados,[16] tanto abertos ao longo dos bulevares como fechados em novas praças de mercado. Esse trabalho estabeleceu a distribuição atual dos mercados varejistas na cidade. A força desses mercados tem sido a política deliberada da cidade de Paris, bem como de outras cidades francesas, por mais de 170 anos, em que a distribuição de alimentos é considerada como uma forma de serviço público.

---

16. Nesse processo foram criadas 53 ruas de mercado que ocupavam posições ao longo das ruas radiais de entrada em Paris e coincidiam com a concentração de comércios fixos, enquanto 16 mercados cobertos e 52 abertos estavam, geralmente, distantes do centro principal, no meio de grandes avenidas (Gosling e Barry, 1976, p. 118).

Na Inglaterra,[17] o desenvolvimento de mercados cobertos, no final do século XIX e, novamente, depois da Segunda Guerra, ocorreu, sobretudo, na região norte, provavelmente por causa do clima (Gosling e Barry, 1976, p. 118).

Arquitetura

A forma original desses mercados foi comumente um perímetro sólido fechado por lojas faceando um espaço central, coberto com um forro leve sustentado por uma grande estrutura em ferro. Dentro desses espaços, as mercadorias eram vendidas em barracas, sem coberturas individuais ou divisões (Gosling e Barry, 1976).

Novos mercados[18] começaram, então, a ser construídos na França entre 1800 e 1850. O maior deles foi o St. Martin, projetado pelo jovem Peyre entre 1811 e 1816, e o St. Germain, por Blondel (Figura 3.24), entre 1813 e 1816. Somente nos anos 1830 o ferro começou a entrar lentamente nessa arquitetura (Pevsner, 1976, p. 238).

Segundo Pevsner, arquitetonicamente superiores aos mercados de Paris foram o Alexander Paris's Granite Quincy Market, em Boston, de 1824 a 1836 e, superior a este, o mercado de carne de Japelli, de 1821, em Pádua.

Na Inglaterra, em 1827, Charles Fowler foi contratado pelo Duque de Bedford para construir o Covent Garden Market (1830), com a intenção de regularizar o confuso mercado existente nessa praça desde 1670. Em decorrência da importância conseguida pelo Covent Garden, Fowler foi indicado em 1829 para projetar o Hungerford (Figura 3.25), construído entre 1830 e 1833. Nesse projeto, fez-se uso da proximidade do rio e do desnível existente criando

---

17. Em 1971, havia 275 mercados em operação, alguns nas suas estruturas vitorianas originais, outros em novos espaços ou fazendo parte do desenvolvimento do centro de compras principal. Alguns exemplos dessa categoria são: o Victoria Center, em Nottingham, onde o Victoria Market ocupa 11.000 m² numa posição central, e o St. John's Precinct, em Liverpool, cidade que construiu um dos primeiros mercados cobertos, como o St. John's Market Hall, em 1822 (Gosling e Barry, 1976, p. 119).
18. Entre esses mercados encontram-se: Marché du Temple (1809), Marché Saint Honoré (1810), Marché San Martin (1811), La Halle aux Vins (1811-1818), Marché des Carmes (1813-1819) (Pevsner, 1976, p. 238).

FIGURA 3.24 – Mercado Saint Germain, por Blondel, 1813-1816. Fonte: Pevsner (1976, p. 239).

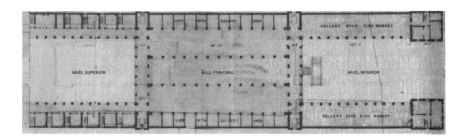

FIGURA 3.25 – Planta do Mercado Hungerford, por Charles Fowler, 1830-1833. Fonte: Pevsner (1976, p. 240).

espaços em dois níveis, com três *halls*. O *hall* central coberto ficava no nível mais alto e fazia uso de elementos arquitetônicos semelhantes às basílicas, ocupando as galerias, assim formadas, com lojas. O *hall* do lado esquerdo era aberto e acompanhava o mesmo nível do *hall* central, fazendo a ligação com a rua Hungerford. Também era rodeado por lojas com colunatas. O terceiro *hall*, no nível do rio, foi destinado para o mercado de peixes. Uma escada monumental conduzia ao *hall* principal. *Pubs* (bares) foram, aí, estrategicamente localizados. Posteriormente, Fowler foi chamado para projetar uma cobertura para este terceiro *hall*, e a fez em estrutura metálica, conforme mostra a Figura 3.26 (Pevsner, 1976, p. 238).

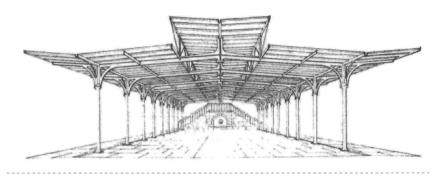

FIGURA 3.26 – Cobertura do Mercado Hungerford, por Charles Fowler, 1830-1833. Fonte: Pevsner (1976, p. 240).

Ainda segundo Pevsner, o *hall* transformou-se em local de apresentações em 1851, incendiou-se em 1854 e, em 1862, a companhia da estrada de ferro comprou a área e construiu a Charing Cross Station.

Outro espaço terciário em que essas estruturas de vidro e ferro começaram a ser utilizadas foram os centros de exposição.

Na França, havia uma tradição, não adotada na Inglaterra, de organizar frequentemente exposições para a indústria nacional (talvez por analogia às grandes feiras da Europa na Idade Média). A primeira ocorreu em 1798, sempre buscando diferentes espaços, incluindo o Champ de Mars, o pátio do Louvre, a Place de la Concorde, Champs Élysées etc. Podem ser destacados dois centros de exposição significativos, objetos de concursos. O Crystal Palace, em Londres (Figura 3.27), e o Les Halles Centrales, em Paris (Figura 3.28).

FIGURA 3.27 – Crystal Palace durante a Exposição Universal de 1851. Dickenson's comprehensive pictures. Disponível em: https://en.wikipedia.org/wiki/Joseph_Paxton#/media/File:Crystal_Palace_from_the_northeast_from_Dickinson%27s_Comprehensive_Pictures_of_the_Great_Exhibition_of_1851._1854.jpg. Acessado em: 14 ago. 2017.

FIGURA 3.28 – Halles Centrales, por Victor Baltard. Paris, 1853. Fonte: Pevsner (1976, p. 243).

O Crystal Palace, projetado por Joseph Paxton e construído em seis meses, em 1851, teve o grande mérito de criar, virtualmente, o método de pré-fabricação na construção civil: peças padronizadas, produção industrial e montagem no lugar.

Animada com o sucesso da London Exibition em 1851, a França buscava fazer de Paris o centro da civilização e cultura europeia, e realizou sua grande exposição em 1855. O projeto de Victor Baltard para les Halles Centrales, iniciado em 1851, consistia em 14 pavilhões conectados por túneis abobadados, cada um dedicado à apresentação de um tipo de produto – qualquer semelhança com o Grand Bazaar (ver Figura 3.3), em Istambul, não pode ser mera coincidência.

Segundo Lancaster (1995, p. 17), existe certa relação entre esses centros de exposição e o aparecimento das lojas de departamentos. Conta a lenda do comércio varejista que o comerciante Aristides Boucicaut perdera o seu rumo durante a exposição de 1855. Mas, em vez de estar confuso, Boucicaut fora envolvido pelo espetáculo que a exposição das mercadorias proporcionava e ficara maravilhado com as surpresas que encontrava a cada volta. Embora seja difícil de confirmar essa lenda, a conexão entre as exibições de Paris e o desenvolvimento dos *grands magasins* (cujo mérito lhe é imprimido) é inegável.

Em 1971, todo conjunto Les Halles Centrales foi demolido para dar origem a um centro de compras, o Forum Les Halles, junto a uma estação de metrô. Em 2016, foi novamente reformulado, ganhando novas formas arquitetônicas.

Segundo Pevsner (1976), outros centros de exposição dignos de nota foram o Crystal Palace de Nova York, em 1853, e o Galspalast de Munique, em 1854, com 230 metros de comprimento.

Concomitantemente à construção desses mercados cobertos grandiosos que pretendiam também marcar a atuação dos novos governantes e que assumiam a característica de locais públicos, o setor privado desenvolve um novo espaço para o comércio varejista: as galerias ou arcadas comerciais.

Arcadas: a passagem para o século XX

Vários fatores conspiraram para o nascimento das arcadas como um empreendimento imobiliário comercial, e o contexto socioeconômico e político em Paris, no final do século XVIII, forneceu o cenário ideal. Além disso, a estrutura e o tecido urbanos lá existentes, assim como a evolução da tecnologia do vidro e do ferro, contribuíram para moldar o seu padrão arquitetônico.

No entanto, o fato pontual que forneceu a ideia central de uma arcada comercial, unindo oportunidade de negócios, demandas sociais e arquitetura, aconteceu no Palais-Royal.

Philippe d'Orléans, mais conhecido como Philippe Égalité, pressionado para encontrar recursos para manter seu estilo de vida libertino, decidiu dividir o seu jardim, no Palais-Royal, em lotes de butiques. Beneficiando-se da existência de um pátio coberto que permitia também o acesso noturno, estas arcadas de pedra serviram como ruas de compras e passagens cobertas. Quatro fileiras de lojas foram construídas com material temporário com duas alas paralelas, nascendo assim a Galerie du Bois (Figuras 3.29 e 3.30), que foi o ponto de partida de muitas outras. Mais do que sua forma arquitetônica, o sistema multifuncional que institui recria o espaço urbano central, encorajando a exposição social, intelectual, artística, e a vida política, avançando noite adentro, com seus clubes, salões de jogos e lojas, atraindo também a marginalidade, como batedores de

FIGURA 3.29 – Palais-Royal, Galeries du Bois, 1786-1788. Fonte: Geist (1993, p. 455).

FIGURA 3.30 - Palais-Royal, Galeries du Bois, 1828. Fonte: Geist (1993, p. 455).

carteiras e prostitutas. O Palais-Royal tornou-se o modelo de arcada (Jodogne, s/d(b), p. 6).

A luxuosa Galeria d'Orléans (Figuras 3.31 e 3.32), que substituiu a Galerie du Bois, em 1830, não teve o mesmo sucesso, talvez pela campanha de moralidade que exigia a expulsão das prostitutas ou, posteriormente, pela concorrência das mais recentes galerias.

FIGURA 3.31 - Galerie d'Orléans. Paris (em construção). Fonte: Geist (1993, p. 526).

FIGURA 3.32 - Galerie d'Orléans. Paris, 1830. Fonte: Geist (1993, p. 525).

A estrutura e o tecido urbanos das cidades medievais, no final do século XVIII, estavam longe de oferecer ao pedestre o conforto do caminhar. Paris conservava características medievais, com suas ruas estreitas e irregularmente pavimentadas, sem calçadas nem esgotos, onde caminhar transformava-se numa grande aventura.

Embora a calçada fosse uma estrutura natural para os romanos, ela desapareceu quando Roma foi conquistada pelos bárbaros. Com exceção de Veneza, nas demais cidades a calçada tornou-se um elemento urbano desconhecido por séculos. Somente na metade do século XVIII a iniciativa privada começou a construir calçadas em Paris (Geist, 1993, p. 62).

A estrutura de Paris era ainda a do *Ancien Régime*. Isto é, uma cidade constituída de casas altas e estreitas ou de hotéis assobradados. As ruas eram tortuosas, e os espaços mais abertos eram formados pelas praças reais, dentro de um ordenamento clássico, ou por bulevares que marcavam, à época da revolução, os limites da densa urbanização.

Ainda que não voltada à atividade comercial inicialmente, a criação de acesso por dentro das quadras de edifícios construídos nas suas bordas foi um procedimento muito utilizado pelas cidades medievais. As muralhas defensivas que limitavam as áreas compeliam a população a explorar espaços internos das quadras. As cidades da liga hanseática ocuparam esses espaços internos às quadras por meio da abertura de passagens, porém, com a finalidade residencial.[19]

Quanto à equiparação das arcadas com empreendimentos imobiliários, a situação fundiária de Paris pós-revolução foi altamente promissora. Conta Delorme e Dubois (1996, p. 14) que a distribuição gratuita ou o leilão de 400 hectares de bens nacionais recuperados do clero e dos governantes responderam pelo aparecimento de uma grande empresa urbana, na primeira metade do século XIX, governada mais pela especulação imobiliária do que pelo Estado.

Passado o primeiro momento, o fenômeno de especulação imobiliária entra em estabilidade, e os primeiros adquirentes, não tendo como construir, desfazem-se de suas propriedades. Ao mesmo tempo, os preços são multiplicados por cem ou mesmo por trezentos. "Para recuperar seu capital num tempo recorde, com mais-valia máxima, os especuladores adquirem o hábito de subdividir os imóveis". O sistema de abertura do interior da quadra possibilitava, então, a construção de um grande número de apartamentos e lojas em solos mais baratos (Delorme e Dubois, 1996, p. 16).

Entre 1820 e 1847, a fortuna dos parisienses mais do que dobrou. Investindo essencialmente nos imóveis, os proprietários mais avisados conseguem fortunas consideráveis. "Esse enriquecimento favorece, sobretudo, os comerciantes e os banqueiros, que

---

19. Em Lubeque, estas alamedas idílicas e pátios internos datam do século XIV. Cerca de 100 ainda existiam em 1996. Viúvas e órfãos foram os primeiros habitantes, mas os artesãos e marinheiros com suas famílias também tiveram seu espaço (Lubeck, s.d.).

iniciaram a construção de ilhas inteiras perfuradas por essas famosas passagens como forma de celebrar sua própria glória" (Delorme e Dubois, 1996, p. 17, tradução da autora). De todos os métodos de abertura do interior ocioso de quarteirões, a arcada foi a mais revolucionária.

Ainda, segundo Delorme e Dubois (1996, p. 18, tradução da autora), do ponto de vista do negócio varejista, o aparecimento das passagens e dos *magasins de nouveautés* (lojas de novidades) anunciam uma mudança na tradição dos pequenos comércios, "com suas lojas sumárias e oficinas barulhentas de artesãos nos fundos. As barracas herdadas da tradição medieval avançando sobre as ruas, já devidamente cheia de escombros, não deixam para o pedestre a possibilidade de escolher suas compras", nem de sentir prazer no caminhar.

No final do século XVIII, o comércio varejista vai encarregar-se de seduzir os novos clientes, ricos e gastadores, inventando, também, conceitos como os *grands magasins*, onde *o meio torna-se o argumento de venda*. Seu efeito cênico deve funcionar como elemento de atração do cliente.

Ambiente excepcional, direcionado para uma clientela selecionada, a passagem coberta aproveita-se da evolução da tecnologia do ferro, com qualidades superiores à madeira em termos de durabilidade e resistência estrutural e ao fogo, e do vidro, inundando os edifícios de claridade. Os bancos, os correios, as prefeituras, as igrejas e as estações são os locais onde o ferro e o vidro transformam realmente a arquitetura.

Assim, o nascimento das passagens cobertas tornou-se possível pela convergência de vários fatores: a disponibilidade pós-revolucionária de grandes parcelas de terreno (no caso de Paris), ou a atuação do capital imobiliário em associação com o Estado (como aconteceu em Bruxelas); a afirmação de uma nova burguesia, voltada para as finanças e o comércio, com novos valores e novas necessidades; e os avanços tecnológicos do vidro e do ferro.

As arcadas rapidamente se transformaram num importante centro de atividade local e marcaram o começo de um fenômeno desconhecido até então: *a vida noturna*.

Arquitetura

Em qualquer estudo sobre arcadas (galerias, passagens etc.), o pesquisador estará numa posição ambígua. Passagens de pedestres cobertas ou arcadas com coberturas de vidros que não pertencem, exclusivamente, nem a um espaço privado nem a monumentos públicos.

Etimologicamente, o termo *passagem* vem do latim, *passus*, que quer dizer *passa* e induz a noção de movimento, a ação de atravessar um espaço. É o movimento através do espaço físico e do tempo (Geist, 1993, p. 3).

Geist (1993) sugere que o Mercado de Trajano, em Roma, datado de 110, seja o mais antigo ancestral das arcadas, ao apresentar uma rua de mercado coberta com abóbodas, antecipando-se, talvez, ao próprio *bazaar* oriental coberto.[20] Como conceito, a origem pode estar no domo central vazado da antiguidade ou nas altas janelas das basílicas, ambos exemplos de iluminação zenital. Mas foi preciso esperar o avanço tecnológico do vidro e do ferro para viabilizar a construção de grandes tetos de vidros. A madeira era um material fácil de apodrecer, e o bronze muito flexível e caro (Durant, 1983).

Conforme mencionado anteriormente, a primeira construção cujo uso deu origem ao conceito de arcadas, passagens ou galerias comerciais foi feita em madeira, no Palais-Royal: La Galerie du Bois (ver Figuras 3.29 e 3.30).

Mas é a Passage Panoramas,[21] construída em 1800, que é considerada a primeira passagem verdadeiramente coberta. Foi erigida para ligar o Palais-Royal e a rotunda, coberta apenas por um teto de madeira, permitindo alguma penetração de luz. A invenção da arcada coberta com iluminação zenital é imputada ao senhor Delorme, então proprietário da passagem Delorme, construída oito anos depois da Panorama. Foi seguramente ele quem inventou o teto de vidro contínuo (Jodogne, s/d(b), p. 5).

---

20. A. C. Cressel, em seu livro *Early Muslim Architecture* (1969 apud Durant, 1993), demonstrou a influência de Roma sobre os mais antigos construtores islâmicos.
21. Geist (1983) também considera a Passagem Panoramas como a primeira verdadeiramente significativa.

Em Paris do século XIX, as arcadas eram as casas dos *flâneurs*.[22] Walter Benjamin, no capítulo sobre o *flâneur* em Charles Boudalaire (1973), "A Lyric Poet in an Era of High Capitalism", mostra certa afinidade entre o *flâneur* como tipo humano e as galerias como tipo de edifício. Walter Benjamin diz que o *flâneur* sente-se em casa entre as fachadas das cidades tanto quanto um cidadão entre quatro paredes. Para o *flâneur*, os brilhantes e dourados desenhos nas fachadas para identificar os negócios são, pelo menos, um bom ornamento de parede, semelhante ao que uma pintura a óleo representa para um burguês na sala de estar (Durant, 1983, p. 94).

O pedestre entra num mundo à parte, imerso na luz natural que penetra pela cobertura envidraçada, ou por muitos postes com iluminação a gás, protegido do rumor infernal da rua, e deixa-se ser *flâner*. Deslizar de uma loja à outra, para um café ou ler um jornal nos vários espaços para isso destinados. As passagens eram os únicos lugares iluminados durante a noite, e suas lâmpadas a gás refletiam-se ao infinito nos espelhos das lojas, oferecendo um espetáculo perpétuo (Delorme e Dubois, 1996, p. 19).

Delorme e Dubois (1996, p. 19) continuam a descrever esse lugar como aquele que visava à forte concentração de pessoas, oferecia toda a espécie de comércio de luxo ou de comodidades, inclusive locais para banhos. As passagens cobertas traduziam uma mudança de mentalidade, pois sua urbanidade ostentatória era, essencialmente, dirigida para os segmentos mais livres da sociedade: aqueles que amam apreciar seu próprio espetáculo.

A utilização intensa do vidro, esse elemento mágico, apagava o limite entre o interior e o exterior, imprimindo-lhe um caráter híbrido. Era o meio caminho entre o espaço interior fechado (privado) dos *halls* dos hotéis e a rua, totalmente aberta (pública) (Delorme e Dubois, 1996, p. 20).

O grande elemento arquitetônico que se destacava nas arcadas era a sua cobertura de vidro. No início, as coberturas eram em duas

---

22. Segundo o dicionário *Le Robert*, *flâneurs* são pessoas que passeiam sem destino, abandonando-se à impressão e ao espetáculo do momento.

águas (de Bois, Feydeau, do Caire, Panoramas, Delorme, Opéra, Vivienne, de Choiseul, du Grand-Cerf, Vero-Donat, du Saumon). A abóbada em ogiva é utilizada, em 1847, na passagem Verdeau. Depois, passam a apresentar um lanternim no topo que permitirá a ventilação. O terceiro tipo será a cobertura em curva, projetada para cobrir a Galeria d'Orléans, em 1828. A cúpula é o último tipo utilizado em Paris, que aparece na Galeria Vivienne e Colbert, para marcar a articulação dos segmentos das passagens (Figuras 3.33).

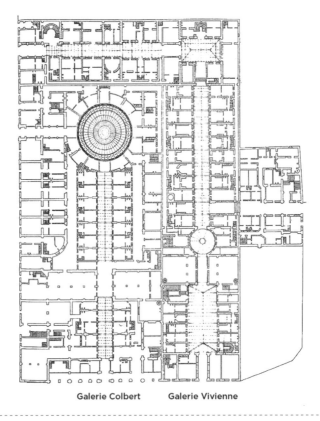

FIGURA 3.33 – Planta das Galeries Colbert e Vivienne. Fonte: Delorme e Dubois (1996, p. 94).

Geist (1993, p. 41) apresenta um desenho esquemático do processo evolutivo das arcadas, tanto em termos do formato das coberturas como do tamanho, conforme pode ser observado na Figura 3.34.

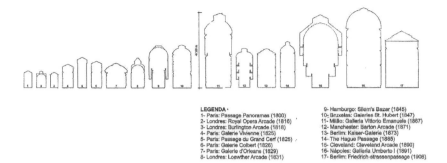

FIGURA 3.34 – Evolução do formato das Arcadas. 1800-1908. Fonte: Geist (1993, p. 100).

O traço essencial que as define é a repetição regular dos módulos comerciais, que adota o ritmo que marca o deslocar do caminhante. A origem do modelo é o pátio monástico, no qual as colunatas e os arcos colocam ritmo no deambular dos religiosos, o mesmo acontecendo com as naves regulares das igrejas romanas e góticas que determinam a marcha dos peregrinos. "As passagens inscrevem-se dentro dessa tradição antiga de marcar o caminhar no espaço; a novidade reside na cobertura de vidro" (Delorme e Dubois, 1996, p. 41) e na diferença dos objetivos.

De maneira geral, nas galerias, o módulo comercial é composto por uma loja no andar térreo com um andar elevado com janelas retangulares. O ritmo das fachadas das vitrinas é uma regra. A porta de entrada das galerias permite seu fechamento e marca sua condição de espaço público durante o dia e privado durante à noite.

O comércio realizado nas passagens ou através das sobrelojas participa de um mesmo fenômeno varejista. Ambos visam aumentar a área comercial do centro sem aumentar o seu perímetro. É uma intensificação do comércio varejista no centro: um é horizontal, por meio da criação das passagens, e o outro, vertical, pela criação das sobrelojas.

Hantschik (1970/71) definia uma passagem comercial como sendo direcionada ao pedestre, fechada à circulação do automóvel e acessível após o horário comercial. A geografia comercial ensinava que um eixo visual contínuo é muito importante, pois as passagens em linha reta atrairiam mais o pedestre, principalmente se fosse considerado o ganho de tempo que ela poderia oferecer aos mais apressados. Como a passagem não se constitui apenas num atalho, ela deve oferecer outros estímulos para tirar o pedestre das ruas.

Ainda para esse autor, passagens estreitas, muitas vezes, criam a sensação de dinamismo, ainda que apenas psicologicamente. Todas as lojas devem ser facilmente acessíveis e visíveis, devendo evitar-se qualquer assimetria que divida o fluxo de clientes, pois cria diferenças no valor comercial (Hantschik, 1970/71), além de criar *pontos micados*.[23] A iluminação zenital é vista como uma forma de possuir mais paredes cegas e dessa forma aumentar a área de exposição de quadros em museus e, posteriormente, de criar mais vitrinas nos espaços comerciais[24].

Uma vintena de passagens e de galerias ainda existentes em Paris pertence a duas épocas estilísticas: aquela do neoclassicismo, que vai até 1830, e a do período eclético, que corresponde ao reinado de Louis Philippe (1830-1848).

Em Paris, a decoração das primeiras passagens e das suas lojas assume, basicamente, o estilo neoclássico (até 1830). Esse momento fez da Roma republicana um ideal. Os arquitetos Percier e Fontaine[25] (os dois grandes mestres que orientaram a arquitetura francesa no início do século XIX) animaram-se pelo espírito romântico e por obras monumentais. Seus projetos experimentam um gosto pelas vastas colunatas, pelos efeitos de grandeza, pelas perspectivas com repetição dos mesmos elementos, colunas, frontões e pilares. No período napoleônico utilizava-se o classicismo como utopia estética,

---

23. Na linguagem dos administradores do setor varejista, pontos micados significam os locais que não conseguem atrair consumidores.
24. Vivant Denon, diretor do museu do Louvre, em 1804, pretendia dispor de uma maior dimensão possível de paredes para expor as obras e desejava que toda a iluminação da galeria fosse proveniente das abóbodas do teto. Os arquitetos Percier e Fontaine, chamados por Napoleão para propor uma solução para o museu, discordavam dessa intenção, por alegar que se privaria os visitantes da vista para o Sena. Chegaram a uma solução intermediária, em que se ocultaram algumas janelas verticais e criaram-se outras zenitais. Dessa forma, Vivant Denon pôde impor aos arquitetos sua concepção museográfica de iluminação zenital, permitindo dobrar a superfície de exposição. Mas foi preciso esperar o Segundo Império para ver a Grande Galeria dotada de uma tal abertura sobre toda a extensão da abóbada (Delorme e Dubois, 1996, p. 48).
25. Em Paris, Napoleão lhes confia a realização da Rue de Rivoli, em 1801, da Rue de Castiglione, da Rue de La Place des Pyramides. Eles definiram também o modelo de ruas de colunatas cobertas e serão os autores da Galeria d'Orléans (Delorme e Dubois, 1996, p. 35).

assim como a expressão de um ideal cívico e de uma nova moral social (Delorme e Dubois, 1996, p. 48).

A decoração neoclássica enobrece a atividade comercial, legitimada pela harmonia das proporções e pela regularidade do traçado. A necessidade de parecer monumental explica o uso de material suficientemente imponente, como o granito e o mármore.

Dentro das arcadas, é o térreo que comanda a atenção, com suas vitrinas com inscrições brilhantes e luminosas e cores como o dourado, o vermelho e o preto, que dão um toque moderno para essas relíquias da arquitetura clássica. Entretanto, conforme aponta Jodogne (s/d(b), p. 33), "a dona da festa aqui é a luz, continuamente pintando o interior das arcadas com suas figuras em movimento, colocando toques de acabamento para o espaço clássico, livrando-se da influência da perspectiva e transformando a arcada num ambiente acolhedor", (tradução livre da autora) como pode ser vivenciado nas Galerias Royales Saint-Hubert (Figuras 3.35 e 3.36).

FIGURA 3.35 – Galeries Royales Saint-Hubert, 1995. Foto: autora.

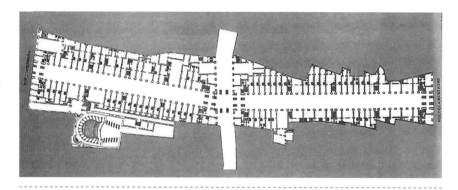

FIGURA 3.36 – Planta das Galeries Royales. Saint-Hubert, 1846. Fonte: Jodogne (s/d(b), p. 27).

Negócios

Com suas raízes no fenômeno de concentração urbana, que ocorre em muitas capitais europeias, no tempo da I Revolução Industrial (têxtil, do carvão e do aço), ou seja, no final do século XVIII, a peculiaridade desse tipo de monumento foi a de oferecer tantos serviços e comércio quanto possível no andar térreo e um ou mais andares residenciais.

Conforme nos informa Delorme e Dubois, 1996 (1996, p. 21), as butiques, ao lado dos *magasins de nouveautés*, ofereciam modistas, curiosidades, bonecas de porcelana antigas e brinquedos que se acomodavam na atmosfera das passagens. Os estabelecimentos de alimentação também tinham lugar certo, conservando as decorações luxuosas. Foram as confeitarias ou salões de chá e café que tiveram seu momento de glória. As livrarias e salas de leitura foram sempre um grande elemento das passagens, muitas delas chegando a incluir editoras. A passagem do Cairo até se especializou nesse ramo de atividades.

Os usos encontrados na Galeria Saint-Hubert incluíam um subsolo para estocagem, o térreo com lojas com mezaninos, dois andares de apartamentos e um ático escondido pela cobertura de vidro da arcada (Figuras 3.35 e 3.36).

Os membros da sociedade anônima que responderam pela construção das Galerias Royales Saint-Hubert trabalharam no sentido de excluir os comerciantes que vendiam alimentos com odores fortes, privilegiando as lojas que se destinavam à venda de livros, joias, luvas, chapéus e serviços pessoais, como alfaiates (Jodogne, s/d(b), p. 22).

Em Bruxelas, a Passage du Nord incluía um grande número de salas no andar superior, além de um restaurante, jardim de inverno, sala de leitura, sala de conferência, salas de antiguidades, novidades e curiosidades, salas de diversões, museus e teatro infantil. Além da diversidade dos estabelecimentos, promoviam uma série de eventos. Os programas da época anunciavam shows de sombras, shows de bonecos etc. Incluiu, posteriormente, um museu de cera (Museu du Nord), depois um teatro que desaparece em 1908, sendo este espaço incorporado ao Hotel Metrópole (Jodogne, s/d(b), p. 45-46).

As arcadas eram construídas nas proximidades de salas de espetáculos, ou então as tinham incluídas no seu programa. Passage Choiseul, Feydeau, Jouffroy, Panoramas, Opéra, todas, sem exceção, tiveram as suas (Delorme e Dubois, 1996, p. 32).

Aliás, o fato de grande parte das galerias de Paris ocuparem os espaços de antigos hotéis permitiu que usufruíssem, naturalmente, dessa relação de proximidade, sempre existente, entre vida cultural e hotelaria. Assim, a articulação urbana entre lugar de espetáculo e de comércio já era uma relação deveras conhecida e planejadamente praticada no início do século XIX.

Difusão e expansão do modelo

Geist (1993) distingue seis estágios na história das arcadas: o de inovação até 1820; o da moda de 1820 a 1840; o de expansão de 1840 a 1860; o da fase monumental de 1860 a 1880; o do movimento em direção ao gigantismo e à imitação de 1880 a 1900; e, finalmente, o declínio do conceito a partir de 1900.

No entanto, é possível concentrar esses seis períodos em quatro, fazendo uma analogia ao ciclo de vida do produto.[26] Isto é, a fase da inovação até 1820; a fase de crescimento e expansão, de 1820 a 1860, em que se verifica a proliferação das arcadas de forma generalizada; no final desse período e início do seguinte, 1860 a 1880, chamado de fase de amadurecimento e consolidação, embriões de outros formatos varejistas começam a surgir, como os *grands magasins* na França e as lojas de departamentos nos Estados Unidos, anunciando novos produtos em seus períodos de inovação; a fase de declínio, a partir de 1880, dando início a descaracterização do conceito de galerias, no qual outros tipos de estabelecimentos exerceram o domínio sobre o sistema de distribuição varejista.

Inovação (1796-1820)

Primeiramente, as passagens e galerias foram construídas com seus tetos em madeira e vidro. No Palais-Royal (ver Figuras 3.29 e 3.30), depois da tentativa em 1796 de construir galerias em pedra, foi construída uma cobertura com vigas de madeira, sob as quais existiriam quatro fileiras de lojas servidas por dois corredores paralelos, cobertos por um teto muito mais alto do que o das lojas. A luz entrava por essas janelas. Esse conjunto de barracas de madeira, previsto para ser provisório, não desapareceu senão em 1829, quando Percier

---

26. Geist (1993, p. 124-129) apresenta um catálogo com cerca de 300 arcadas no mundo, construídas no período de 1796 a 1938. Indica ainda a cidade, a data de construção e a situação atual dessas arcadas. A leitura desse catálogo permite a seguinte análise com relação ao ciclo de vida do produto: das arcadas apresentadas, 84 não possuem informação sobre datas. Entre as restantes, apenas nove foram construídas até 1820 (período de inovação), concentradas em Paris. Entre 1820 e 1860, mais 61 foram construídas, também concentradamente em Paris, mas Londres também mostrava certo desenvolvimento do formato (período de crescimento e expansão). A partir desse momento, Paris parece encerrar esse processo que, então, se espalha pelo mundo, incluindo outras cidades francesas. Será o momento em que a escala das arcadas se amplia, alterando inclusive o seu significado. Essa fase mostra 42 novas arcadas (período de maturidade e consolidação). A partir de 1880, e incorporando um período de quase 60 anos, surge mais uma centena de arcadas dispersas pelo mundo. Nesse período, a média de construção de arcadas fica em torno de 30 arcadas a cada 20 anos, mostrando um claro declínio do modelo. É necessário observar que as galerias mais recentes têm suas datas mais facilmente encontradas e que aquelas que não apresentam datas no catálogo provavelmente encontram-se dentro do período anterior a 1880. Isso apenas reforçaria a situação de declínio após essa data.

e Fontaine o substituíram pelas galerias em pedra, criando a Galerie d'Orléans (ver Figuras 3.31 e 3.32) (Delorme e Dubois, 1996, p. 49).

Do mesmo modo, as primeiras passagens cobertas de Paris, Passage Panoramas (1800), Passagem Feydeaun (1791) e a Passage du Caire (1799), foram cobertas de madeira.[27]

Em termos de passagens cobertas, foi a Passage Delorme, construída em 1808, que introduziu a cobertura de vidro com ferro. Coube a essa galeria o início da utilização de espelhos e da decoração dos vidros. O arquiteto Antoine Vestier também foi o autor da Rue des Colonnes, o que demonstra uma relação entre a rua com colunatas e a passagem coberta. Mas será a Galeria Orléans que substituirá a Galeria du Bois, agora em pedra, ferro e vidro, em 1831, que servirá de modelo para as mais famosas galerias, como a Saint-Hubert, em Bruxelas, e a Vittorio Emanuelle, em Milão (Delorme e Dubois, 1996).

Crescimento e expansão (1820-1860)

Se Paris inventou as passagens cobertas, este novo modo de organização comercial expandiu-se, a partir dos anos 1820 até 1825, para as principais cidades da Europa. Foram os ingleses,[28] com a Royal Opera Arcade (1816-1818) e a Burlington Arcade (1818-1819), que difundiram a invenção francesa.

A maior parte das galerias surgiu a partir da demolição total ou parcial de hotéis, como as passagens Choiseul, Colbert, Vivienne, Grans-Cerf, ou foram construídas em seus jardins como a Panoramas. Sendo Paris também o palco da sua grande expansão a partir de 1820, de forma concentrada nessa década.

A Galerie d'Orléans colocou-se à parte da maioria das arcadas de Paris, com relação às suas proporções, e, em 1831, ano de sua finalização, inaugurou-se um novo tipo de tetos de vidro em *half-barrel vault* (meia abóbada de berço) (ver Figura 3.32). Em Bruxelas,

---

27. A madeira e o vidro nas coberturas estiveram presentes na construção de numerosos mercados cobertos de Paris, como mencionado anteriormente, implementados por um Napoleão desejoso de reorganizar o mercado de gêneros alimentícios.
28. Londres abriga ainda hoje mais de 20 passagens, e a maioria das cidades inglesas tem as suas (Delorme e Dubois, 1996, p. 59).

a Galerie de la Monnaie, construída em 1820, inicia a série de sete galerias que serão construídas até 1880.

O florescimento das arcadas como resultado da atuação do capital imobiliário também foi verdade em Bruxelas. Elas foram resultado da iniciativa privada, e os fundos provinham de grupos privados, usualmente *joint-stock companies*. Segundo Jodogne (s/d(b), p. 17), essas companhias permaneciam por trás desse "processo de planejamento urbano". Foram as primeiras arcadas construídas com permissão de desapropriação, garantias financeiras (do banco Hauman e De Mot) e suporte da autoridade estatal. Seu projeto foi retardado por conta de medidas impopulares decorrentes da necessidade de desapropriação. O discurso do arquiteto das Galerias Saint-Hubert, Cluysenaar, era de mudar a imagem da cidade como capital e criar um monumento que pudesse rivalizar com aqueles da mesma espécie em Paris e Londres. Cluysenaar acentuou que "o que torna uma cidade, verdadeiramente, uma grande capital é a vida noturna e o entretenimento, como encontrado em Paris, no Palais-Royal" (Jodogne, s/d(b), p. 17).

Em dezembro de 1837, Jean Pierre Cluysenaar submeteu o projeto das Galerias Saint-Hubert (ver Figuras 3.35 e 3.36) ao Conselho Régio de Bruxelas. Mas somente em 1846 a construção foi iniciada, tendo sido inaugurada em 1847. O Rei Leopol I também colocou um olhar sobre o projeto. A independência da Bélgica acrescentou prestígio às arcadas, que podiam funcionar como um símbolo de sucesso nacional (Jodogne, s/d(b), p. 17).

Milão fez a sua primeira em 1831: a Galeria de Cristoforis. Essa galeria reagrupava 70 lojas acima das quais se encontravam 30 apartamentos, bem como um teatro e um hotel (Delorme e Dubois, 1996, p. 59).

Nota-se, a partir de então, o embrião de uma geração de passagens cobertas monumentais, inaugurada pelo Sillem's Bazar de Hamburgo, em 1845 (Figura 3.37).

Além do efeito da monumentalidade, que provoca a perda do efeito de intimidade existente nas galerias, outras transformações do conceito passam a ser introduzidas como a Galeria Havre (Figura 3.38), também de 1845. O espaço deixa de ser exclusivamente um

FIGURA 3.37 – Sillem's Bazar. Hamburgo, 1942-1945. Fonte: Geist (1993, p. 279).

FIGURA 3.38 – Galerie Havre, 1845. Fonte: Delorme e Dubois (1996, p. 172).

espaço de sonho e adquire a condição de espaço de consumo (Delorme e Dubois, 1996). Ambas as transformações as aproximam do formato dos futuros *shopping centers*.

A Galerie Bortier, por sua vez, em Bruxelas, do mesmo arquiteto das Galerias Saint-Hubert (Cluysenaar), inaugurada em 1848, teve uma proposta diferente com relação à revitalização das áreas centrais, integrando-se ao Marché de La Madeleine. Ambos, mercado e galeria, fazem parte dos trabalhos de embelezamento da cidade, fruto também de um interesse imobiliário de um indivíduo de nome Bortier (Figuras 3.39 e 3.40).

A originalidade do projeto de Cluysenaar foi o aproveitamento da diferença de nível do terreno, com acesso por ruas diferentes. Sobre o subsolo onde as mercadorias seriam descarregadas, o novo mercado seria construído em dois níveis. O espaço de venda disponível no térreo foi dobrado acrescentando galerias atrás da parede curva, uma das quais ganhou mais um andar. A Galeria Boutier foi inaugurada, juntamente com o mercado, em 1848 (Jogdone, s/d(b), p. 38).

A Passage des Princes, criada em 1860, é a última coberta de Paris, pois as transformações da capital realizadas com Napoleão III modificariam profundamente a estrutura e afetariam sensivelmente

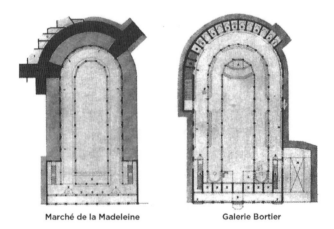

FIGURA 3.39 - Marché de la Madeleine e Galerie Bortier, 1848. Fonte: Jodogne (s/d(b), p. 36-37).

FIGURA 3.40 – Interior do Marché de la Madeleine. Fonte: Jodogne (s/d(b), p. 37).

as passagens. Depois da Passagem des Princes, somente em 1907 aparecerá, novamente, uma galeria envidraçada no coração de um imóvel residencial, La Cité Argentine, com uma especialização voltada para comércio de alimentação.

Na medida em que as passagens em Paris apresentavam sinais de esgotamento como modelo, entrando numa fase de amadurecimento e de forte concorrência entre elas, fora de Paris o modelo assume dimensões monumentais, como a Galeria Vittorio Emanuelle, caminhando para o início da descaracterização das passagens quanto aos princípios que as criaram.

Consolidação e monumentalidade (1860-1880)

Depois do desenvolvimento da construção metálica e da criação das sociedades de promoção, cada vez mais importantes, juntando capital público e privado, a escala das passagens cobertas transformou-se completamente.

Durante todo o século XIX, a passagem foi o local do comércio varejista, mudando o seu domínio na segunda metade desse mesmo século, em que passa do domínio da especulação privada para a esfera pública. A ideia de dar à cidade um toque cosmopolita leva o Estado a participar financeiramente dos investimentos. Crescem as proporções das passagens e elas tornam-se verdadeiras ruas, assumindo, no final do século XIX, a condição de símbolo do progresso da civilização, servindo aos desejos das novas nações em busca de legitimação (Geist, 1983).

A fase monumental tem como exemplo típico a Galeria Vittorio Emanuelle, inaugurada em 1867. Foi a primeira arcada construída pela municipalidade e a primeira a ser projetada a partir de um concurso de arquitetura. Segundo Durant (1983), por meio de concursos, pode-se descobrir o ideal de uma geração. A Galerie Vittorio Emanuelle foi um importante símbolo de Milão como capital moral da Itália e símbolo do seu progressivo ressurgimento.

Em 1870, Berlim afirma-se como capital em virtude dos grandes centros comerciais, como a Kaisergalerie (Figuras 3.41 e 3.42), e Genova constrói a Galeria Mazzini, em 1875.

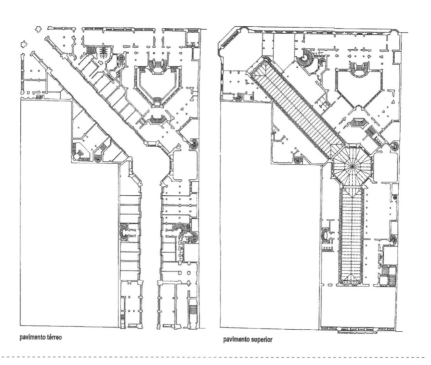

FIGURA 3.41 - Planta da Kaisergalerie. Berlim, 1871-1873. Fonte: Geist (1983, p. 455).

FIGURA 3.42 – Kaisergalerie. Berlim, 1871-1873. Fonte: Geist (1983, p. 152).

Em 1880, a Galerie du Parlement, em Bruxelas, no distrito de Notre-Dame-aux-Neiges, surge para coroar o desenvolvimento da parte superior da cidade, a qual compreendeu a construção de um circo, um teatro e uma casa de banho.

Ainda em Bruxelas, a Passage du Nord, 1881, ocupa o segundo lugar depois da Galeria Saint-Hubert. Possuía ligações orgânicas com o Hotel Metrópole. A construção da passagem, conduzida por Henri Rieck, foi completada com uma velocidade não usual, usando cimento Portland e areia do Rhine, em vez de pedra. O progresso feito pela Revolução Industrial também se refletia nos tetos de vidros curvos, conectados por um sistema de articulações soldadas ou parafusadas (Jodogne, s/d(b), p. 43).

É interessante observar que a passagem Panoramas, com 3,65 m de largura por 5 m de altura não pode, jamais, ser comparada à Galeria Umberto I, em Nápoles, 1891, com 12 m de largura e 21 m de altura, com uma cornija a mais de 28 m sobre a cobertura de vidro. Enquanto as primeiras são frutos da iniciativa privada, as monumentais, como a Galeria Vittorio Emanuelle, são resultado da necessidade de afirmação de uma vontade política e expressão monumental de uma capital. As galerias cobertas de Milão, Nápoles e Gênova são um símbolo da rivalidade das cidades, que desejam ser a capital do novo Estado italiano (Delorme e Dubois, 1996, p. 57).

Num momento em que a grande onda começa a perder volume, a América recebe a sua mais fina galeria, em Cleveland, Ohio (Figuras 3.43 e 3.44), construída entre 1888 e 1890. Essa arcada pertence a um tipo diferente. Tem uma cobertura de vidro no *hall* central com três andares de galerias, alcançadas por proeminentes escadas de ferro. A inspiração para os arquitetos John Eisenmann e George H. Smith, segundo Pevsner (1976, p. 265) não foi buscada nem em Londres, nem em Paris. Parece ter vindo da Barto Arcade, em Manchester, com três galerias de ferro construídas em 1871; da Lancaster Arcade, de 1873, com duas galerias de ferro; ou ainda da Sailor's Home, em Liverpool, de 1846-48, com cinco galerias.

Na verdade, olhar para a Cleveland Arcade (Figuras 3.43 e 3.44) nos conduz aos *grands magasins*, estabelecimentos contemporâneos às arcadas, e nos leva também rumo ao futuro, anunciando o formato dos *shopping centers*.

As passagens deixam de se referir a um lugar de circulação, que facilita a travessia, e se transformam em verdadeiros pedaços de cidade[29] onde são valorizados o poder de um Estado e a prosperidade do capitalismo desse final de século XIX.

Esse é o princípio do fim. Início do declínio do formato das arcadas, que passam a adotar, cada vez mais, o formato de grandes estabelecimentos multifuncionais referindo-se mais às novas técnicas de venda num só empreendimento imobiliário focado na atividade comercial e de serviços do que à qualidade do espaço construído, onde o meio passará pouco a pouco a ser o argumento de venda.

---

29. O impulso dos *grands magasins* sob o Segundo Império, 1850 – Le bon Marché, Le Louvre, La Belle Jardinière –, poderia inspirar, como será visto, a mesma reflexão. Esses novos templos perseguiam, portanto, o espírito do negócio "moderno".

FIGURA 3.43 – Cleveland Arcade (1888-1890). Foto: autora (2002).

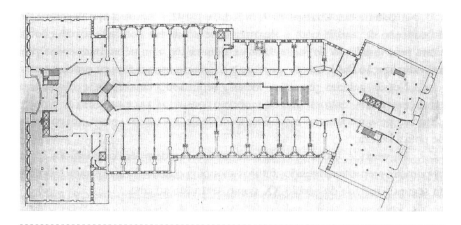

FIGURA 3.44. Planta da Cleveland Arcade, 1888-1890. Fonte: Geist (1983, p. 242).

Descaracterização e declínio (a partir de 1880)

Foi em Moscou, onde haveria uma dezena de passagens construídas de 1888 a 1893, que surgiu *le grand passage du monde*, acabando por criar o Grand Magasin Universal (GUM) (Figuras 3.45 e 3.46), um vasto complexo comercial em concreto armado, numa área de 47 mil m². Compõe-se de 16 imóveis, cada um com escadas que serviam a um conjunto de galerias, unidas entre si por passarelas metálicas. O complexo monumental é uma verdadeira cidade dentro da cidade.

Em Berlim, a maior passagem é a Friedrichstrassenpassage, construída em 1908, cuja estrutura é em concreto armado, assim como as nervuras da vasta cúpula, com diâmetro de 28 m (Geist, 1983; Delorme e Dubois, 1996). Embora tenha sido a primeira a utilizar concreto protendido em vez de aço para a estrutura do teto, essa galeria, segundo Delorme e Dubois (1996, p. 60), marcou o final da evolução desse tipo de arcada do século XIX, que "ao abandonar o caráter de rua abriu mão da sua essência".

Les Galerie des Champs-Élysées, Lido, em 1926, completam a degeneração do conceito de arcada com o desaparecimento da luz natural e a redução das alturas com a incorporação de forros falsos e iluminados com néon, bem como pela individualização das lojas, que perdem a coerência formal e o seu ordenamento. Nessas galerias, a monotonia é a característica dos centros comerciais, nos quais o consumo é valorizado em detrimento da qualidade ambiental, nos quais o espírito do negócio enche-se de pouca beleza (Delorme e Dubois, 1996).

Na verdade, todos esses últimos modelos podem ser considerados como os primeiros representantes dos futuros *shopping centers*, formatos característicos da segunda metade do século XX, como será visto adiante.

Um conceito sempre contemporâneo

As arcadas comerciais, como visto, foram objeto da especulação imobiliária, tendo, portanto, o risco como elemento inerente ao próprio negócio, o que podia ser reduzido por meio de um estudo preciso

FIGURA 3.45 – Grand Magasin Universal (GUM), 1888. Fonte: Geist (1983, p. 410).

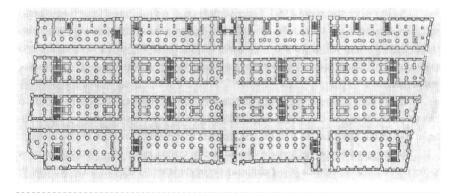

FIGURA 3.46 – Planta do Grand Magasin Universal (GUM), 1888. Fonte: Geist (1983, p. 404-405).

de localização. Dessa forma, a ausência desses estudos e a grande concorrência transformaram muitas arcadas em empreendimentos mal-sucedidos, levando seus proprietários à ruína. Pela sua condição de um empreendimento imobiliário e não apenas um estabelecimento comercial, elas não podiam mudar, significativamente, com a moda ou com o humor da sociedade, nem se deslocar no espaço e no tempo.

Além disso, antes da racionalização haussmaniana,[30] a passagem reunia numa mesma unidade urbana os apartamentos, as lojas e os artesãos, que a elas imprimiam o caráter de multifuncionalidade, característico dos centros urbanos, e essencial ao desenvolvimento do varejo, como intensamente demonstrado nos formatos anteriores a 1800.

No entanto, as grandes artérias viárias haussmanianas começaram por separar as residências das atividades comerciais. Essas últimas estariam situadas nas fachadas das ruas, no perímetro das quadras, sendo que os seus interiores seriam privatizados e interditados à toda a circulação. O coração das quadras seria apenas utilizado para serviços de apoio. As atividades artesanais foram realocadas para os quarteirões periféricos, e a quadra de Haussmann seria o reduto da residência burguesa. O comércio perdeu a sua centralidade e se dispersou com a cidade.

Os grandes trabalhos de Haussmann iniciaram um processo revolucionário na cidade tradicional, em benefício de uma máquina urbana em que se podia fazer circular rapidamente as mercadorias e melhor controlar o espaço público. Os setores industriais deviam ser independentes dos setores habitacionais e estar separados por uma zona verde. Teorizando a separação de funções, segundo Delorme e Dubois (1996, p. 28), o movimento moderno exclui a quadra como forma urbana e oficializa a explosão da cidade do século XX.

A abertura de estações de trem[31] foi outro elemento que contribuiu para a agonia das passagens parisienses. De fato, a escala da

---

30. O barão Georges Eugène Haussmann foi nomeado prefeito de Paris em 1853 por Napoleão III, respondendo pelo plano de embelezamento da cidade, que teve como princípio norteador a abertura de grandes avenidas.
31. A construção das estações parisienses, em meados do século XIX, como a Gare du Nord, em 1845, e Gare de l'Est, em 1849, cujas estruturas em vidro e ferro tinham uma escala bem mais majestosa, fez as arcadas parecerem minúsculas. Aliás, as fer-

passagem é a quadra, e seu traçado relativamente curto se inscreve no cenário da cidade antiga, de construção heterogênea. Já o novo urbanismo veio introduzir a partir de 1860 as grandes artérias viárias, arrasando quarteirões. Segundo Delorme e Dubois (1996, p. 24), inverte-se o sentido de leitura da cidade: o que era chique e central passa, de agora em diante, a ser considerado indesejável e um obstáculo aos fluxos urbanos.

Enfim, as passagens foram vítimas dos novos valores e da mudança dos costumes, que implicaram novas regulamentações, como a proibição da circulação de prostitutas nas passagens, jardins públicos e bulevares ou o fechamento de casas de jogos. Algumas se transformaram em microcosmos (como a Brady) ou se especializaram (como a do Cairo, que concentrou espaços de confecção). Essa especialização coloca distante o pedestre que não pertence ao seu mercado segmentado. Outras arcadas, situadas em quarteirões de negócios, eram animadas apenas nas horas de pico, usadas como passagem para encurtar caminhos, ou na hora do almoço, pela existência de locais para alimentação. "Da Flâneurie nada restava [...]. De brilhantes, muitas passagens tornam-se sujas, deterioradas, lugar petrificado onde a forma está (quase) intacta, mas a vida social eliminada" (Delorme e Dubois, 1996, p. 63).

A Cité Argentine, em 1907, representou para o arquiteto Henri Sauvage, o primeiro exemplo de utilização do interior das quadras para um equipamento social. Esse projeto foi, segundo o próprio arquiteto, o precursor do movimento moderno e, de acordo com Delorme e Dubois (1996, p. 62), Le Corbusier[32] se apropriou muito dessas ideias. A Cité Argentine, uma realização atípica num quarteirão de imóveis burgueses, trabalha o conceito de passagem coberta, adaptando os princípios construtivos e a sua utilização moderna, articulando habitações, comércio e escritórios num espaço único.

---

rovias suplantaram em 30 anos as "companhias de mensageiros", cujos terminais localizavam-se nas proximidades de certas passagens e contribuíram muito para o seu dinamismo (Delorme e Dubois, 1996, p. 24).
32. Le Corbusier (Charles-Edouard Jeanneret) é um dos mais importantes arquitetos do século XX, propagador de uma arquitetura nova, moderna, que buscava promover uma transformação da sociedade.

Se os grandes trabalhos de Haussmann, como parte dos procedimentos do urbanismo progressista, e o princípio de Zoneamento da Carta de Atenas,[33] defendidos por Le Corbusier, colocaram por certo tempo o conceito de espaço público coberto em situação secundária, assiste-se, no momento, a um real renascimento das galerias em *lato sensu*.

As passagens cobertas parecem sempre atuais: a arquitetura contemporânea testemunha a recuperação do uso de grandes coberturas de vidro nos museus, estações, aeroportos e dos imensos centros de compras. Um pouco, por toda a parte, reaparecem as grandes estruturas envidraçadas que permitem caminhar ao abrigo das intempéries, e onde o comércio instala-se, usufruindo dessa concentração de pedestres, atividades e das oportunidades do encontro. Nascidas como passagens, abrem-se para o entorno, reforçando a sua alta permeabilidade e unindo a estratégia do capital imobiliário às estratégias dos negócios varejistas.

O nascimento das grandes lojas

Para Gosling e Barry (1976, p. 7), assim como Le Corbusier apontou como início do movimento da arquitetura moderna as proximidades do ano de 1790, pode-se dizer que, simbolicamente, esse mesmo ano marca o início do varejo moderno, se considerarmos que um ponto decisivo tinha sido alcançado na França, ou seja, a

---

33. A Carta de Atenas é um manifesto doutrinal elaborado pelos arquitetos do Congresso Internacional de Arquitetura Moderna (CIAM), em 1933, como parte do movimento do urbanismo progressista (Haruel, 1990). Entre alguns dos conceitos urbanísticos defendidos na Carta e que de certa maneira interferem na vitalidade dos centros urbanos e no comércio, destacamos: o plano com elemento definidor da cidade (o projeto, impondo-se à dinâmica urbana); formas simples e formas tipos, fachadas homogêneas, modelos, módulos para um homem tipo; imóveis coletivos gigantescos, formando a unidade habitacional (superquadras) com vários serviços coletivos e com ruas internas; construções altas, distantes umas das outras isoladas no verde e na luz; abolição da rua tradicional pela separação entre o circular e as demais atividades urbanas, propondo uma hierarquia viária; zoneamento monofuncional com separação das funções urbanas (morar, trabalhar, recrear e circular), o que impedia o reforço da centralidade tão necessária ao comércio e a vitalidade dos centros urbanos.

transformação da economia em urbana baseada na manufatura e no comércio.

Esses autores apontam também outro evento simbólico, ocorrido cinco anos mais tarde, como elemento propulsor do varejo moderno. Foi a premiação patrocinada pelo governo francês para quem inventasse um método prático de conservação de alimentos, como uma maneira de enfrentar melhor as guerras. Essa aplicação, que levou ao aparecimento do processo de condicionamento em latas, responde pelo aparecimento da indústria moderna de distribuição.

A independência do campo, cuja população migra para as cidades para trabalhar nas manufaturas, cria o mercado de massa que teria de ser atendido por uma produção mais mecanizada, mais rápida e mais barata, no início do século XIX, principalmente com referência ao vestuário.

A febre de luxo e vaidade se instala entre todas as classes sociais, fazendo-se sentir, principalmente, nas profissões industriais e comerciais. Altera-se a forma de vender. A preocupação em fortalecer o nome (marca), com respeito e estima, cede à força da decoração de luxo com vidros e mármores. A aparência basta-se a si mesma (Renoy, 1986, p. 24-25).

O início das estradas de ferro, por volta de 1830, promove uma maior velocidade na distribuição e intensifica a urbanização. As cidades cresceriam no entorno dos pontos de distribuição, portos e entroncamento de ferrovias e desenvolveriam novos tipos de edifícios para servir a estas funções, como os grandes silos ou grandes edifícios de empacotamento de carnes, de açúcar e fumo. O segundo efeito do avanço das comunicações nas cidades foi o reforço do transporte urbano suplementar às ferrovias. Em 1832, em Nova York, e depois por volta de 1860, na Inglaterra, aparece o bonde puxado por cavalos. O primeiro trem subterrâneo aparece em Londres, em 1863, e o bonde elétrico em 1883. Esse sistema, que torna os centros acessíveis por uma série de pessoas, criou a condição para aparecer uma nova forma de estabelecimento varejista, a grande loja, que começa como *magasin de nouveautés* e transforma-se em *grand magasin* e *department store*.

No século XIX, comprar foi mudando de caráter, e as lojas cresceram em número e tamanho.[34] As pequenas lojas, a partir do final do século XIX e boa parte do século XX, não apresentavam nenhuma evolução significativa. (Pevsner, 1976, p. 260) aponta apenas duas lojas[35] distantes cerca de 50 anos como contribuições diferenciadas: Adolf Loos's shop (Figura 3.47), por Goldman & Salatsch, em Viena, 1898; e a loja de 1948 projetada por Frank Lloyd Wright, a V. C. Morris's Gift Shop, em São Francisco (Figura 3.48). Esta tem a peculiaridade da total ausência de vitrinas a fim de convidar o cliente a adentrar a loja, o que se considera ser a sua melhor propaganda.

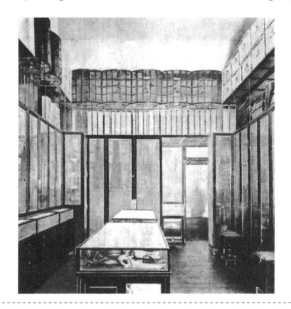

FIGURA 3.47 – Adolf Loos's Shop por Goldman & Salatsch. Viena, 1898.
Fonte: Pevsner (1976, p. 260).

34. Este período da história pode ser caracterizado descrevendo-se, brevemente, o maior tipo de loja de roupas. Um grande edifício (sem uma loja na frente) que os consumidores costumavam visitar duas vezes ao ano com toda a família. Os consumidores não deveriam apenas procurar um único artigo de roupa, mas sim um guarda-roupa completo para cada membro da família. Nos tempos iniciais, poderia ser um grande excitamento essa visita, porque a moda ainda não era uma força do comércio, e compravam-se peças de vestuário para um longo período. Mas, quando a moda se tornou importante, a expedição de comprar mudou de caráter, deixando a frequência das compras incorporar a sazonalidade (Burns, 1959, p. 3).
35. Estudos posteriores mostram outras importantes contribuições para o projeto de lojas no início do século XX: Dos arquitetos Morris Lapidus (Desdilets, 2010) e Victor Gruen (Wall, 2005; Hardwick, 2004).

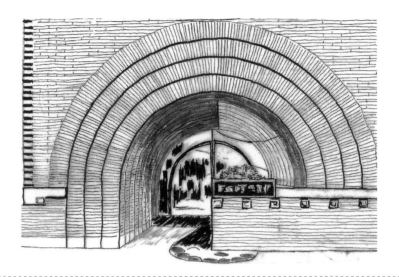

FIGURA 3.48 – V.C. Morris's Gift Shop. São Francisco, 1948. Fonte: desenho da autora com base em MacCarter (2001, p. 307).

O que marca uma forte alteração nesse tipo de estabelecimento é o aumento do seu tamanho. A grande loja (*store*) passa a vender uma maior variedade de mercadorias, embora algo mais especializado do que as futuras lojas de departamento.

Para traçar essa origem é preciso ir à revolucionária França e ao seu *magasin de nouveautés*. Eles aparecem na França quando a revolução torna o comércio livre no final do século XVIII, mudando de caráter por volta dos anos 1830. Paul Lacroix (1885 apud Renoy, 1983, p. 15-16) exclamava:

> Se o alto comércio estava em crise, se as grandes operações de troca e o transporte marítimo ressentiam-se da instabilidade das colônias, o comércio de luxo tinha adquirido proporções espantosas que contrastavam com as dificuldades financeiras que a penúria de dinheiro não parecia restringir. Todas as indústrias voltadas para o vestuário, mobiliário, conforto e bem-estar da vida não faziam mais do que prosperar. O comércio de exportação nunca estivera tão ativo para estes milhares de objetos de luxo, monopólio da indústria francesa. Os comerciantes de Paris, através de vários

mecanismos, como créditos ilimitados, empurravam a sociedade para um exagero de despesas. As lojas transformavam-se em salões esplendidamente decorados, brilhantes com vidros e brilhos, iluminadas todas as noites como palácios de sonhos. (Tradução livre da autora.)

Esse momento também foi promissor para o aparecimento da primeira arcada de Paris, Le Galerie du Bois, no Palais-Royal, conforme visto anteriormente (ver Figuras 3.29 e 3.30). As galerias, esse novo lugar da moda, onde as butiques seriam alugadas em vez de terem um proprietário fixo, constituíram-se no epicentro da transformação da loja do mercador para o *grand magasin*.

Os assim chamados *magasins de nouveautés*,[36] onde se vendiam novidades ao público que se recusava a comprar em outros lugares, eram grandes lojas que vendiam tecidos e seus acessórios, sapatos e também, logo depois, vestidos prontos.

Esses estabelecimentos aumentaram durante o reinado de Louis Philippe (1830-1848), engolindo os pequenos. Os preços do comércio aproximaram-se, cada vez mais, do preço de produção; e o comprador, do produtor, pela redução do número de intermediários (Renoy, 1983, p. 16).

Pode-se dizer que Paris foi a primeira cidade da Europa a ter seu *grand bazar*, em 1825, por um senhor de nome Becker. Na metade do século XIX, a cidade luz encontrava-se bem servida por esse tipo de estabelecimento,[37] e o nome *bazaar* desaparece.

Segundo Renoy (1983), Bruxelas teve seus bazares desde as primeiras horas da independência e anunciava na última página das colunas dos quotidianos. Nesses bazares, as mercadorias ficavam expostas juntamente com seus preços. O comerciante tinha seguro contra incêndios e as lojas abriam das 9 às 19 horas.

---

36. A completa ausência de produtos manufaturados era o que diferenciava um *bazaar* árabe de um *magasin de nouveautés* (Renoy, 1983).
37. Bazar d'Industrie, 1827; Bazar de Boufflers, 1829; Bazar Montesquieu, 1830; Galeries du Commerce et de l'Industrie, 1837; A la Ville de Paris, 1843; A la Chaussée-d'Antin, 1844 (Renoy, 1983).

Jarry, no seu livro *Les magasins de nouveautés*, menciona, entre outros: Le Petit Dunkerque, na Quai Conti, mostrando que L.S. Mercier, no Tableau de Paris em 1781-1788, escrevera: "*étincelle de tous ces bijoux frivoles que opulence paie (et) que la fatuité convoite*".[38] Muitos outros fizeram fama em Paris, cabendo destacar o Petit St. Thomas, na Rue du Bac, em 1830, onde Boucicaut, que fundou o Bom Marché, trabalhava.

A página de propaganda da Belle Jardinière, em 1824, referia-se explicitamente ao preço fixo, assumindo alguns princípios das lojas de departamento, o que seria uma das chaves das técnicas de venda no futuro (Pevsner, 1976, p. 266).

Na Inglaterra, também segundo Pevsner (1976), um desenvolvimento semelhante aconteceu em 1830. Kendal Milne começou em Manchester, em 1831, e a loja era chamada de bazar. As mercadorias tinham seus preços expostos. Essa e muitas outras técnicas surgiram, incluindo a possibilidade de troca das mercadorias e linhas de mercadorias em oferta. Outra loja que reclama o pioneirismo, segundo Lancaster (1995, p. 20), é a Bainbridge's, de Newcastle. Ambas expandiram os negócios de vestuário no final dos anos 1830.

Para Lancaster (1995), em muitos aspectos os *grands magasins* dos últimos anos do Segundo Império (1851-1870) estavam muitos anos à frente das *proto-department stores* do norte da Inglaterra. Mas é preciso ter em mente que quando Boucicaut fundou o Bom Marché, em 1852, ele era menor do que Bainbridge's ou Kendal, Milne and Faulkner.[39]

A verdadeira *department store*, o *grand magasin* para os franceses, é uma loja com várias seções vendendo tudo, "de alfinetes a

---

38. Em tradução livre: "brilho de todas as bijuterias frívolas que a opulência paga e a vaidade ambiciona". Jarry menciona Pygmalion, fundado em 1873, e outros famosos, em 1817, como La fille mal-gardée (a menina mal-cuidada); Le diable boîteux (o diabo imperfeito); Au masque du fer (máscara de ferro); Les deux magots (os dois tesouros). Esses nomes foram assumidos de ditos populares. Alguns outros, como o Grand Condé (1833) e os Trois Quartiers (1829), também eram bem conhecidos (Jarry, 1948, apud Pevsner, 1976, p. 266).

39. É interessante observar a disputa pelo pioneirismo das inovações, principalmente entre França e Inglaterra, claramente identificada na literatura sobre o assunto entre autores franceses e ingleses.

elefantes". A primeira foi o Bom Marché, criado em 1852 por Aristides Boucicaut, cuja origem, conforme mencionado, era de trabalhar numa loja de 1820 que vendia produtos de armarinho (de costura). Em 1869, ele contratou um projeto para construção de um *grand magasin* (Figura 3.49). Nessa loja, a escada em curva era o clímax. As janelas eram grandes, mas não excessivamente, e nenhum uso do ferro foi feito, pelo menos na construção inicial. A loja floresceu. As vendas se aproximaram de meio milhão de francos em 1852, 5 milhões em 1860, 21 milhões em 1969, 67 milhões em 1877 e 150 milhões de francos em 1893. O que tornou o Bom Marché um sucesso foram os princípios que ele adotou e que incluíam: a possibilidade da troca; preços fixos apresentados junto às mercadorias e pequeno lucro para assegurar rápido retorno (Pevsner, 1976, p. 267).

Na verdade, não só a ideia do *grand bazaar*, mas também a filosofia árabe de ajuda aos menos afortunados aparece com

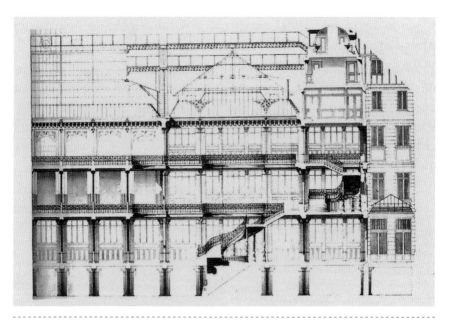

FIGURA 3.49 – Corte do Bon Marché. Paris, 1876. Fonte: Pevsner (1976, p. 261, a partir de Jeremiah O. Bragsyad).

Boucicaut.[40] Pevsner (1976, p. 267-271) indica a seguinte sequência de construção desses tipos de estabelecimento, para a Europa e para os Estados Unidos.

Na Europa, dois anos depois da criação do Bom Marché, em 1854-1855, nasce o Grand Magasin du Louvre, que, gradualmente, assumiu algumas lojas na periferia do hotel do Louvre e, posteriormente, o próprio hotel. Em 1867, seguiram-se dois novos edifícios: La Belle Jardinière, *magasin de nouveautés* (Figura 3.50) do arquiteto Blondel, e Magasins Réunis, na Place de la République, pelo arquiteto Trocadéro. Nesses projetos as grandes vitrinas já surgiam no andar térreo. Les Printemps (Figuras 3.51 e 3.52) veio em seguida, pelo arquiteto Sédille, apresentando uma estrutura metálica revestida em pedra, com uma cúpula de vidro e ferro sustentada por pilares metálicos aparentes. Finalmente, veio a Samaritaine, em 1867, que cresceu esplendorosamente. Pertencia a Ernest Cognac, também um "benfeitor social", como Boucicaut.

FIGURA 3.50 – La Belle Jardinière. Paris, 1867. Fonte: Renoy (1986, p. 22).

---

40. Quando Boucicaut morreu, sua esposa assumiu o controle. Eles acreditavam que o sucesso da loja também decorria de seus empregados. Criaram seguros e fundos de aposentadoria para eles. Madame Boucicaut ainda deu 150 mil francos para o Instituto Pasteur e criou o hospital Boucicaut, com 570 leitos (Pevsner, 1976, p. 268).

FIGURA 3.51 – Grand Magasin Printemps. Paris, 1882-1883. Foto: autora (1998).

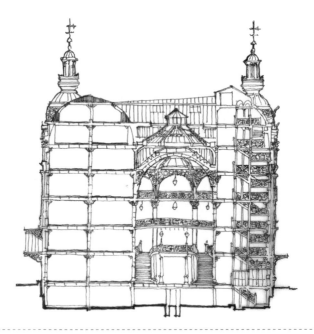

FIGURA 3.52 – Corte do Grand Magasin Printemps. Paris, 1882-1883. Fonte: Vargas e Bortolli Jr. (2016, p. 430. Desenho de Oreste Bortolli Jr.).

Ainda segundo o mesmo autor, os anos entre 1879 e 1910 presenciaram um espetacular crescimento dos negócios desse tipo de lojas nos Estados Unidos. John Wanamaker tinha iniciado na Filadélfia, em 1861, com uma pequena loja. Depois de dez anos, sua loja tinha uma fachada de 51 m, na rua 6. Novos edifícios foram construídos entre 1875 e 1876, e outro entre 1902 e 1910. Em 1896, ele comprava a Stewart em Nova York e, em 1903, construía um edifício vizinho de 15 andares.

Outras lojas similares na costa leste foram a Macy's (1858) e a Bloomingdales's (1872), ambas também em Nova York, mas, segundo Pevsner (1976), sem nenhum mérito arquitetônico. Em Chicago, as primeiras foram Potter Palmer e Marshall Field, primeiramente em concorrência e, posteriormente, em parceria.

Outra loja importante em Chicago foi a Carson, Pirie, Scott (inicialmente Schlesinger & Mayer Store) (Figura 3.53), com um sistema estrutural em ferro, orgulhosamente mostrado. Foi construída

FIGURA 3.53 – Carson, Pirie, Scott (inicialmente Schlesinger & Mayer Store), projeto de Louis H. Sullivan. Chicago, 1899-1904. Foto: autora (2001).

entre 1899 e 1904, na apoteose da Escola de Chicago. A estrutura metálica é revestida por ladrilhos cerâmicos nos andares superiores. Nos inferiores, placas de ferro são suntuosa e delicadamente ornamentadas.

Na Inglaterra, não é preciso ir muito além de 1900, mas os edifícios também não apresentam expressão arquitetônica digna de nota. Já na Alemanha, segundo Pevsner (1976, p. 271), alguns edifícios merecem destaque. A loja que Hermann Tietz construiu na Lipziger Strasse em Berlim (Figura 3.54), a mais antiga de todas e a mais corajosa, era tão arrojada que a fez ser raramente imitada. Na verdade, os arquitetos Sehring e Lachmann retiraram todo o apoio da fachada e colocaram-no internamente. Apenas a gigantesca área de vidro, de 27 m de comprimento por 17 m de altura, permanecia na fachada. Assim, nascia a cortina de vidro. Foi, posteriormente, adotada por Jelmoli, 1899, em Zurich, e na L'innovation (Figura 3.55), em Bruxelas, 1900-1991.

FIGURA 3.54 - Hermann Tietz, projeto de Shering & Lachmann. Berlim, 1898. Fonte: Pevsner (1976, p. 270).

FIGURA 3.55 – L'innovation, projeto de Victor Horta. Bruxelas, Bélgica, 1900-1901. Fonte: Pevsner (1976, p. 271. Foto de Zinger, cortesia de Jean Delhaye).

Negócios

Loja de departamento é definida em Londres, pelo Board of Trade, como "qualquer loja grande, fortemente engajada na venda de um grande número de mercadorias, uma das quais sendo roupas". Em 1948, a definição que se baseava no tamanho da loja, estabelecida nos Estados Unidos, referia-se ao emprego de no mínimo 25 funcionários. No entanto, a definição hoje aceita, de venda de uma série de mercadorias, distribuídas por departamento, não fazia parte da ideia inicial (Gosling e Barry, 1976, p. 8).

Como brevemente mencionado, Aristides Boucicaut tem o crédito dessa invenção, no início do século XIX, quando adotou novos métodos em sua pequena loja Bon Marché, em Paris. Esses princípios acabaram por se tornar os mandamentos mais importantes para um negócio bem-sucedido (Renoy, 1986, p. 29-31):

- De um pequeno benefício te contentarás.[41]
- Os intermediários suprimirás.
- Todos os preços marcarás.
- A cada um a entrada livre permitirás.
- Toda compra devolvida reembolsarás.

Esses *Grands Magasins* podiam ser considerados as catedrais do consumo, onde a religião a seguir tinha no Deus Mercúrio (Deus dos ladrões, viajantes e mercadores) o seu grande mestre (Renoy, 1983, p. 29).

A leitura feita por Renoy (1983, p. 29, tradução da autora) antecipa muito aquelas realizadas, hoje, sobre os modernos *shopping centers*. Ele afirma que "os fiéis seguidores dessa religião nada mais são do que fiéis compradores que chegam emocionados para agradecer aos céus pelas novidades recém-chegadas". Com essa intenção são utilizados os mais diversos artifícios para a sedução dos seguidores, ou seja, dos consumidores.

A filosofia dos *grands magasins* assumia que quando uma senhora adentra o seu espaço, não deve haver razão alguma que a faça sair. Depois de colocar o *magasin* dentro da cidade, era preciso colocar a cidade dentro dele. É assim que, sem sair da L'Innovation, a cliente poderia, entre duas compras, encontrar um salão de beleza ou descansar numa sala de leitura que colocava à sua disposição jornais e revistas ilustradas. Depois de ter enviado sua correspondência no posto de correio, estar informada sobre os melhores eventos da cidade para a noite, seria possível fazer uma refeição leve num restaurante ou salão de chá, sem deixar a loja. Durante esse tempo, e esta é uma das grandes criações da L' Innovation, as crianças teriam, no terraço, entretenimento para elas e até mesmo teatros de marionetes, já em 1930. Essas estratégias (serviços, eventos, promoções) passaram a ser absorvidas por todos os outros *grands magasins*, estabelecendo uma forte concorrência. Para quem não quiser fazer

---

41. Este mandamento significava que o grande volume de vendas era mais importante do que preços altos.

nada, ainda restava a possibilidade de se deliciar olhando as vitrinas. O manequim também foi outra grande invenção dos *grands magasins* (Renoy, 1983, p. 29).

As estações de modas e eventos sazonais também são antecipados. Tudo se planeja com um ano de antecedência, oportunidades da época, como o Natal ou abertura de caça. Vender é uma ideia tão fixa quanto o preço (Figuras 3.56 a 3.61).

FIGURA 3.56 - Informe publicitário de venda a crédito.
Fonte: Renoy (1986, p. 34).

FIGURA 3.57 - Informe publicitário promocional (Franchome & Cie).
Fonte: Renoy (1986, p. 89).

FIGURA 3.58 – Informe publicitário sazonal (Au Bon Marché). Fonte: Renoy (1986, p. 115).

FIGURA 3.59 – Informe publicitário sazonal (Grands Magasins de la Bourse) Fonte: Renoy (1986, p. 92).

FIGURA 3.60 – Informe publicitário (Le Parent & Roquencourt). Fonte: Renoy (1986, p. 22).

FIGURA 3.61 – Informe publicitário, menu a preço fixo (L'innovation). Fonte: Renoy (1986, p. 30).

Renoy (1983, p. 33) resume então suas ideias sobre os *grands magasins*: "*le retenir d'abord, le seduire ensuite, le convaincre enfin*".[42] Atrair o passante para torná-lo um comprador e, uma vez dentro da loja, obrigá-lo a passar e parar diante da mercadoria exposta é a base fundamental do comércio, a tal ponto que ela jamais variou e que hoje, como ontem, permanece na ordem do dia. Essa foi a técnica usada, com grande simplicidade, no programa de construção do *magasin* l'Innovation, em 1901, cujo arquiteto foi Victor Horta.

Na Europa, tanto tem Bruxelas como em Paris, uma nova profissão apareceu nos *Grands Magasins*: o ascensorista, espécie de guia turístico para os diversos andares. As ladainhas na ponta da língua a cada parada: roupas para senhoras, cavalheiros e crianças; perucas, tecidos e sapatos etc. (Renoy, 1983, p. 84).

Os *grands magasins* foram revolucionários pelos seus métodos de venda e pela organização de certa estratégia de atrativos que seduziam o consumidor, nesses atrativos estava incluída a sedução pela qualidade arquitetônica. As inovações da arquitetura e da engenharia faziam parte dos elementos de atração dos consumidores, como hoje também. Aliás, é o novo que os indivíduos curiosos não podem deixar de conhecer. Tanto o elevador como, posteriormente, a escada rolante fizeram parte desses elementos de atração, conforme mostrado nas Figuras 3.62 e 3.63.

Em 1862, quando o Bon Marché e o Louvre estavam em plena prosperidade, registraram-se as primeiras falências dos pequenos comerciantes. Em 1890, na França inteira, os *grands magasins* drenaram 5 bilhões de negócios, e o Bon Marché, sozinho, tomava o lugar de 6.400 pequenos comércios (Renoy, 1983, p. 39).

A imagem desses *grand magasins*, Bon Marché e Printemps, é percebida em uma citação de Zola, em "Au Bonheur des Dames", publicado em 1883:

> O arquiteto era um jovem apaixonado pela modernidade. Ele usou pedras apenas para o subsolo e os pilares de canto. O resto era

---

42. Em tradução livre: "reter primeiro, seduzir em seguida, convencer enfim".

FIGURA 3.62 – Informe publicitário (escada rolante nas Galeries Anspach). Fonte: Renoy (1986, p. 83).

FIGURA 3.63 – Informe publicitário (Elevadores Otis, no Magasin L'Innovation). Fonte: Renoy (1986, p. 83).

ferro. Era a catedral do negócio moderno, forte e leve. Dentro, os elevadores eram suntuosamente revestidos, mas o principal caminho para os andares superiores eram as escadas de ferro com duas espirais. Passarelas cortavam os andares superiores, com elementos de ferro ornamentados. Finalmente, templo das mulheres, que mantinha uma legião de balconistas para acenderem incenso para elas. (Zola, 1883 apud Pevsner, 1976, p. 269)

Essa citação, segundo Pevsner (1976), fazia parte de uma crítica às grandes lojas que começavam a interferir no desenvolvimento dos pequenos comerciantes. Uma reclamação, sempre contemporânea, a partir de então. Mas, antes que os pequenos comerciantes reagissem à essa devastação que acontecia sobre a cidade, fechando suas portas, uma certa clientela decidiu criar a sua própria rede de distribuição.

Ao *grand magasin*, a sociedade responde com a cooperativa, que vendia diretamente aos seus filiados com 25% de desconto. Em Paris, os nomes foram *egualitaire* (igualitária) e *alliance des travailleurs* (aliança de trabalhadores). Na Bélgica, chamava-se, simplesmente, *maisons du peuple* (casas do povo) (Renoy, 1983, p. 26).

Em 1937, surgia na Bélgica a lei Cadenas, interditando toda abertura ou ampliação de estabelecimentos com departamentos. Seu caráter antieconômico e artificial saltava aos olhos, mas, ao menos, o pequeno comerciante ficara satisfeito. Os grandes estabelecimentos só reencontraram sua liberdade em 1961, dois anos após a expiração da última lei Cadenas.

Arquitetura

Os *grands magasins*, segundo Renoy (1983, p. 79, tradução da autora), apresentavam-se "como uma estação envolvida por rampas de dois andares, cortadas por escadas suspensas, atravessadas por pontes volantes. Escadas metálicas com uma dupla revolução desenvolviam curvas audaciosas multiplicando os patamares. As passarelas, também metálicas, projetavam-se no vazio. Todo esse metal, sob a luz branca dos vitrais, uma arquitetura leve, era a realização moderna de um palácio de sonhos. Toda uma decoração sofisticada, colorida e brilhante, condizente com uma catedral do comércio, aliás no melhor de sua mitologia." E, nós acrescentaríamos, *para nenhum* shopping center *botar defeito* (Figuras 3.64 e 3.65).

Porém, não era possível apenas criar novos andares. Era necessário acessá-los. "No mundo louco dos *grands magasins*, onde nada se fazia pela metade, as escadas eram, na medida da sua construção, grandiosas. [...] Elas eram localizadas onde permitissem tudo ver e serem vistas por todos. [...] Qual o melhor símbolo para o sucesso do que subir ao topo? Não era apenas a cliente de um dia que a escala em direção à cúpula. Era toda uma classe social que se via triunfar" (Renoy, 1983, p. 82, tradução da autora).

FIGURA 3.64 – Les Grands Magasins du Pauvre Diable. Fonte: Renoy (1986, p. 80).

FIGURA 3.65 – Croquis da vista interna de um *grand magasin*. Fonte: Renoy (1986, p. 81).

Mas para subir e descer era necessário preparo físico, principalmente para a terceira idade. Foi em Nova York, na Broadway, que surgiu o primeiro elevador (Otis), colocado à disposição dos clientes de um *magasin*, Chez Haughwout, em 1857, seis anos após ter experimentado um monta-cargas de sua invenção, numa exposição em Londres. Paris só terá o seu em 1867 (Renoy, 1983, p. 82).

Como não há limite para a genialidade humana nem para o desejo do grande patrão de ampliar suas vendas, não lhe restou senão inventar a escada rolante. O americano G.H. Wheeler disto se encarregou em 1892, e Seeberger a aperfeiçoou em 1898. Essa escada fez a alegria e surpresa dos visitantes da exposição de Paris, em 1900. Imperdoavelmente atrasados, os *grands magasins* não fizeram o uso desse equipamento senão em 1920, juntamente com os metrôs (Renoy, 1983, p. 84).

No entanto, com o passar do tempo, a grandiosidade arquitetônica só se tem expressado pelo tamanho da edificação que se fecha para o exterior, eliminando as grandes vitrinas e aberturas. O grande apelo ao consumo exige que as atenções do consumidor se voltem apenas para as mercadorias. Nenhuma distração que se origine no exterior e que não possa ser devidamente controlada deve ser permitida.

Aqueles espaços amplos e suntuosos desaparecem, e a qualidade espacial, por si só, não consegue aumentar o tempo de permanência do cliente na loja. Apenas estratégias de negócios encarregam-se de manter a rentabilidade.

As cadeias de lojas (múltiplas)

Na verdade, o século XX presenciou uma reversão em muitas das vantagens competitivas que encorajaram o crescimento das lojas de departamento. Sua localização, primeiramente central em relação às redes de ferrovias, ficava agora distante da população suburbana, principalmente nos Estados Unidos. Seus serviços especiais, como entrega em domicílio, crédito e berçário tornaram-nas estabelecimentos de maior custo operacional. Seus edifícios, exposição de mercadorias e propaganda foram superados por novos formatos (Gosling e Barry, 1976, p. 13).

Essas tendências, no entanto, não se tornaram evidentes rapidamente, e durante as primeiras duas décadas do século XX elas continuaram crescendo. Alcançaram o seu pico em 1929, atingindo em torno de 10% das vendas no varejo, e então começaram a decair.

O declínio desse formato de lojas de departamento, segundo Gosling e Barry (1976, p. 14), foi ocasionado por pressões decorrentes da mais espetacular e bem-sucedida organização varejista deste século, as lojas múltiplas ou cadeia de lojas. Essas são definidas como tendo pelo menos dez estabelecimentos, e sua origem foi a Great Atlantic and Pacific Tea Company, em 1858. Em 1928, cerca de 1.718 companhias nos Estados Unidos possuíam e operavam 87.800 lojas, um número que dobrou em 1954.

Na Inglaterra, Thomas Lipton abrira uma mercearia em Glasgow, em 1872. Em 1898, tinha 245 lojas. Marks & Spencer começou em 1884 e, em 1960, tinha 240 lojas. Hoje é uma marca internacional (Pevsner, 1976, p. 27).

Outra que se tornou internacional foi a Woolworth's, fundada sob o princípio de mercadorias de baixo custo, abrindo sua loja em 1879, em Lancaster, Pensilvânia, onde nada custava mais do que cinco centavos. Uma segunda loja foi aberta no mesmo ano, em Nova York. Sofreu um brutal crescimento, invadindo a Inglaterra e o continente europeu. Acabou por construir em 1912-1913 o maior edifício do mundo (Pevsner, 1976, p. 27).

As cadeias de lojas começaram por servir a um mercado diferente daquele da loja de departamento. Esta, oferecendo variedade mais do que vantagens de preço e serviços como benefícios, atendia às necessidades das classes médias ascendentes. As múltiplas, por sua vez, destinavam-se ao estreito mercado da classe trabalhadora, para o qual preço e conveniência tinham maior importância (Gosling e Barry, 1976, p. 14).

Por causa das economias de escala conseguidas por essas lojas, elas começam a verticalizar suas atividades. Faziam grandes compras retirando o atacadista do circuito, influenciando os produtores. A confirmação desse controle é comprovada pelo uso da marca do varejista, mais do que a do produtor (grandes supermercados, como o Carrefour, no Brasil, utilizam essa mesma estratégia).

Diante dessa situação, para tentar romper o ciclo do produto que já entrava na fase de declínio, as lojas de departamentos implementaram uma série de ações. Conforme descrevem Gosling e Barry (1976), em 1924-1925, surgiram as cadeias de lojas de departamentos reforçadas pela entrada das gigantes Sears Roebuck e Montgomery Ward. Entre 1929 e 1950, essas cadeias de lojas de departamentos aumentaram sua participação no total do setor de 1 para 6%. Depois de um processo de fusão de empresas para tornarem-se maiores, durante os anos 1950, abriram filiais na periferia para servir as populações suburbanas.

Outra técnica de venda adotada, surgida ainda no final do século XIX, refere-se à *mail order houses*. Esse tipo de negócio faz parte de outra vertente do varejo, bem tradicional, que não precisava de um estabelecimento de venda, da mesma forma como os ambulantes, barracas móveis e as máquinas de venda. Esse sistema visava atender uma população que se estabelecera em cidades menores ou mesmo nos subúrbios das grandes cidades e que, embora desejosas dos produtos da nova era, eram precariamente servidas em virtude dos custos de transporte elevados para o varejo nas pequenas cidades. Apesar da resistência dos pequenos varejistas, a *mail order house* floresceu com Montgomery Ward, em 1872, e Sears Roebuck, em 1893 (Gosling e Barry, 1976, p. 10). Fenômeno também observado no Brasil, nas décadas de 1960 e 1970, em que a loja Sears Roebuck, em São Paulo, mantinha um sistema de *mail order* para o interior paulista.

A lógica do período

A lógica desse período tem como elemento fundamental *a perda da espontaneidade* no ato da troca, passando a troca a ser eficientemente pensada. Tanto as arcadas comerciais como as grandes lojas são fruto da *inventividade e criatividade individual* de homens com perfil empresarial, que transformam o comércio numa *atividade econômica por natureza*.

O desenvolvimento varejista em seus dois formatos, como agente do capital imobiliário por meio das arcadas, ou como estabelecimento comercial, propriamente dito, por meio das grandes lojas, busca a grandeza no tamanho, no luxo e na fama, e transforma-se numa atividade econômica por excelência.

De qualquer forma, ambas as manifestações varejistas perceberam a importância das demais atividades terciárias e as exploraram de forma a dar vitalidade ao comércio.

Aquele espaço aberto, porém enclausurado, das praças medievais, fóruns, ágoras etc. no período anterior, foi reproduzido e explorado no interior das quadras (no caso das arcadas), ou no interior dos edifícios (no caso das grandes lojas), com requinte que a tecnologia do momento permitira realizar.

Com certeza, aquela condição de espaço público por excelência começa a perder sua força. O luxo e a ostentação atraem, ao mesmo tempo que intimidam os menos favorecidos. E só essa condição é suficiente para indicar a perda do caráter de espaço público existente nos formatos varejistas desse período.

Mas é necessário ressaltar que as atividades desenvolvidas foram, em essência, as mesmas: trocar, conversar, comer e beber, informar-se, divertir-se, fazer negócios e política, ou apenas deixar-se levar. Deve-se destacar ainda que a maioria das modernas técnicas de venda aparece nesse período. No entanto, todas as mudanças observadas foram fruto de pequenas inovações introduzidas paulatinamente e adotadas por indivíduos cuja grande vantagem era o senso de observação e criatividade analógica, apropriando-se, muitas vezes, das ideias de outros campos de atuação, como conta a lenda existente sobre Boucicaut, na origem do *grands magasins*, para citar apenas um exemplo.

Embora gradativamente diminuída, a intenção de inserir-se adequadamente no entorno urbano também era outra verdade, sobretudo no caso das arcadas, que aproveitaram espaços edificados preexistentes, situação que irá se repetir no final do século XX. Embora muitas delas venham a ser destruídas pelo movimento de modernização da cidade.

No caso das grandes lojas, o isolamento do edifício para garantir o consumo é apenas o embrião dos modernos espaços de compras, que, de certa forma, reproduzem para o comércio (unidade comercial) a unidade habitacional do movimento da arquitetura e urbanismo, isolado das demais funções urbanas.

No entanto, o que é necessário ressaltar, nesse momento, é a *grande importância da arquitetura* como elemento de sedução. Os homens de negócios buscaram a genialidade dos arquitetos, que por sua vez também agiram como empreendedores para dar a esses novos estabelecimentos uma notável qualidade espacial. Espaço e negócio pareceram falar a mesma língua, e *o meio assume a condição do maior argumento de venda*.

Desenvolvimento varejista no século XX

O século XX será marcado por dois processos fortemente relacionados entre si e que se rebatem, diretamente, sobre o desenvolvimento varejista: o crescimento demográfico e a industrialização. Esses dois fenômenos, juntos, responderam pelo forte processo de urbanização e congestionamento das grandes cidades e pela deterioração ambiental e da qualidade de vida. Em um segundo momento, e como resposta a essa situação, a descentralização urbana materializa-se por meio da suburbanização ou periferização urbana. Logicamente, os avanços da comunicação e transportes favoreceram e incentivaram esse processo.

O desenvolvimento das técnicas de conservação de alimentos progredia com embalagens em vidros, latas, sistema a vácuo, etc., permitindo a exposição de mercadorias nas lojas, e não apenas a sua conservação.[43] Possibilitava, também, a padronização e definição de pesos e medidas simplificando a escolha por parte dos consumidores.

Embora a real exploração dessas invenções viesse a ser privilégio do século XX, seu uso confirmava, já no século XIX, a separação entre

---

43. Em 1880, a limitação da distribuição mundial de produtos foi superada com o primeiro navio para transporte de carne refrigerado, que viajou da Austrália para Londres (Gosling e Barry, 1976).

produtor e consumidor. No entanto, essa separação física viu-se reforçada por uma aproximação virtual. Isto é, as mudanças no comportamento do consumidor, graças ao crescimento do uso do automóvel e à conservação de alimentos, provocam uma mudança no sistema de distribuição que, associada ao desenvolvimento dos meios de comunicação, coloca o produtor, virtualmente, mais próximo do consumidor.

Algumas mudanças foram resultado daquelas estabelecidas no século anterior, mas, no todo, com uma possível exceção dos Estados Unidos, a indústria varejista foi fortemente marcada por uma lenta reação às mudanças.

Para responder, de um lado, às demandas do setor industrial (produção) quanto à distribuição dos seus produtos e, de outro, às necessidades do consumidor (mercado) quanto à forma de distribuição e localização, o desenvolvimento varejista sofreu fortes transformações.

Uma delas refere-se às técnicas de venda e de administração varejista, que introduzem um sistema revolucionário: o *self-service* e cria o super e o hipermercado. A outra vai culminar, novamente, em uma intervenção explosiva do capital imobiliário, que, através dos *shopping centers*, submeterá, mais uma vez, o capital mercantil, com um impacto significativo na estruturação urbana e no comércio tradicional independente.

O super e o hipermercado

As lojas de desconto, uma invenção americana, eram lojas que ofereciam preços mais baixos nacionalmente. Vendiam algumas linhas de produtos duráveis e semiduráveis, como equipamentos elétricos, e adotavam uma ampla prática com relação a facilidades financeiras para seus associados (Gosling e Barry,1976, p. 14) – a versão atual seriam os cartões de crédito dos grandes varejistas fornecidos aos seus fiéis clientes.

Quanto aos *magasins* populares, que surgiram nos anos de crises econômicas, é preciso considerá-los como uma variação sobre um mesmo tema.

Após 1929, por causa da crise, a caça ao preço aparece como o remédio milagroso, graças ao qual as multidões vão retomar o caminho dos *grands magasins*. Ter margem de lucro unitária pequena com grandes volumes de vendas parecia continuar a ser interessante. De fato, o preço fixo do século XIX aparece agora, nos anos 1920, como preço único.

Em Bruxelas, o novo papa da religião dissidente chama-se Jean Van Gijsel. Ele funda, em 1928, a Société Anonyme pour la Revente d'Articles en Masse (Sociedade Anônima para a Revenda de Artigos em Massa).[44] Uma multidão para lá se dirigia para ver de perto os artigos todos vendidos por 2,45 francos. A ideia não era nova, pois já havia ocorrido em 1879, na Inglaterra, e mesmo nos *grands bazars* belgas, que praticavam preço único. A importância estava em retornar no momento oportuno e em conduzir a ideia à beira do suicídio (Renoy, 1986, p. 35).

A partir daí, um grande número de associações vai surgir, como: Prisunic, Uniprix (alternativa do Bon Marché), Priba (alternativa de l'Innovation) e Monoprix.

Esses estabelecimentos populares conquistaram os quarteirões modestos onde o maior número de pessoas podia encontrar, a preços sem concorrência, os artigos básicos. Por exemplo, nada de luxo inútil e nada de serviços ao consumidor. São abandonados o envio de amostras, entrega em domicílio, empacotamento e crédito. As mercadorias são apresentadas, sem estilo, em condições semelhantes.

A necessidade de novas formas de venda fazia-se imperativa. Os *grands magasins*, definitivamente, não eram mais o formato ideal. Além disso, os altos custos envolvidos no atendimento ao consumidor deveriam ser diminuídos.

Segundo Renoy (1983), a velha Europa olha, mais uma vez, para a América, a qual descobre pela segunda vez. Lá havia nascido o supermercado, cuja tradução para o francês não apresentava nenhuma dificuldade: *supermarché*.

No entanto, entre todas as inovações nas técnicas de venda envolvidas com os supermercados, a mais revolucionária e a de maior impacto foi o *self-service*. Isto é, o próprio consumidor escolhia e

---

44. Outra invenção foi a Société Anonyme pour la Revente de Merchandises Avariées (Sociedade Anônima para a Revenda de Mercadorias com Defeitos).

separava os seus produtos que seriam pagos, conjuntamente, na saída. Essa técnica de *self-service* foi posteriormente utilizada em muitas outras atividades, incluindo o serviço de restaurantes.

O primeiro *supermarché* de grande escala, símbolo dos tempos modernos, na Europa, aproveitou o declínio de um cinema na Praça Flagey à Ixelles, em 1957. No ano seguinte, Antuérpia terá o seu. O resto será tudo uma questão de tempo e de nomenclatura. Depois do *super* virá o *hiper*, e os produtos não estarão mais restritos aos alimentícios (Renoy, 1983, p. 37).

Negócios

O mais radical desenvolvimento varejista foi o supermercado, que aparece em 1930[45] e tem como origem uma resposta à Grande Depressão de 1929.

Diferentemente das múltiplas, era um método de vendas mais do que uma organização varejista. Esse tipo de negócio colocou junto os aspectos social, econômico e tecnológico e revolucionou o negócio de vender. Foi uma revolução de processo, e não de produto, portanto, muito mais impactante.

O supermercado pode ser definido como um método operacional, com ênfase sobre o faturamento das mercadorias de baixo valor unitário, a preços baixos, exposição maciça de produtos, com *layout* para facilitar o movimento rápido de uma grande quantidade de consumidores e atendimento ao cliente realizado pela técnica de *self-service* (Gosling e Barry, 1976, p. 15).

Segundo esses autores, no funcionamento do supermercado destacam-se:

- O amplo uso de cabines refrigeradas, penúltima etapa no processo entre a produção e o refrigerador doméstico. Essa possibilidade incentivou o desenvolvimento de novas técnicas de conservação.

---

45. De acordo com Pevsner, o primeiro supermercado foi o King Kullen, em Nova York, inaugurado em 1930; o Big Bear, na mesma cidade, em 1932. O *self-service* consta ter sido inventado em 1930, em Los Angeles (Pevsner, 1976, p. 272).

- Exploração do *self-service* e de materiais de embalagem transparentes (pré-empacotamento) com informação.
- Uso de uma série de novos objetos: portas automáticas, catracas, carrinhos para compras, esteiras rolantes em pontos de *check-out*, caixas registradoras dando troco para trabalhar com um grande número de consumidores.

Uma evolução europeia para o supermercado foi o hipermercado, que se constitui em uma grande loja periférica que se dedicou, inicialmente, à venda de mercadorias de conveniência. Sua lógica locacional inclui: proximidade a entroncamentos viários importantes; afastamento em relação à área urbana mais densa (periferia); e grandes áreas de estacionamento. Seu principal elemento de venda era o preço, mais do que os serviços ou variedade de mercadorias. Seu nome veio do francês *hypermarché*, trazendo sua origem como um grande supermercado, utilizando-se das técnicas de *self-service* e acentuando a ligação entre produtor e consumidor com grande espaço para estocagem na própria edificação. O tamanho variava entre 10 mil e 50 mil m², com uma variedade de itens entre 25 mil e 35 mil.

O hipermercado Carrefour descrevia suas lojas como "vendendo alimentos como um supermercado; roupas como uma cadeia de lojas, e mercadorias para casa como uma loja de departamentos" (Gosling e Barry, 1976, p. 58).

Muitas vezes, o hipermercado inicia-se como uma célula única e transforma-se na âncora de um *shopping center* instalado posteriormente. O hipermercado pode ter sido uma variante americana dos *shopping centers out-of town*, pois havia forte resistência a esses empreendimentos periféricos na Europa, que drenavam parte do dinamismo das áreas mais centrais, concorrendo de forma desleal com os comerciantes independentes, em razão do seu grande tamanho e das economias de escala.

Na Inglaterra, o tardio aparecimento das grandes lojas (*superstores*, nome inglês do *hypermaché*) e dos *shopping centers out of town* deveu-se mais às restrições das legislações urbanas e ao longo tempo necessário para a sua aprovação (Howard e Davies, 1988).

A necessária aprovação dessas *superstores* pela comunidade fez com que elas se transformassem em centros comunitários, oferecendo facilidades de recreação e lazer para a população do entorno, dando assim maior credibilidade ao estabelecimento.

A pobre arquitetura comercial

Na parte inicial do século XX, os grandes projetos comerciais foram uma grande decepção. Na Europa, o envolvimento dos pioneiros da arquitetura moderna com edifícios de distribuição aconteceu em escala muito reduzida, restringindo-se a reformas internas de lojas e, muitas vezes, com caráter experimental.

Segundo Gosling e Barry (1976, p. 12), a arte moderna em Paris foi batizada de *art nouveau* por causa de uma loja com este nome, e o seu nome italiano, *stile liberty*, veio de uma loja de tecidos de Londres, nos anos 1890. Essas e muitas outras contribuições, no entanto, são seguramente periféricas para o grande movimento do varejo. O sucesso da *art nouveau* e sua relação próxima com lojas especializadas apontou, entretanto, para a existência de um novo mercado, o da classe média, com novos gostos direcionados para louças, vidros e mobiliário.

Para esses mesmos autores, qualquer um pode ler um trabalho-padrão[46] sobre a história do movimento moderno da arquitetura sem encontrar um único exemplo para a indústria do varejo, embora aquele outro tipo, o escritório de vários andares, com planta livre, tenha travado uma batalha significativa para o novo movimento, criando o estilo internacional.[47]

Quanto aos super e hipermercados, esses nada mais são do que imensos pavilhões, fechados sobre si mesmos, sem nenhum interesse arquitetônico. Aliás, a intenção de seus empreendedores é a de não desviar a atenção dos consumidores para fora do ato de consumo.

---

46. É interessante acentuar que Gosling e Barry referem-se a trabalhos-padrões do movimento moderno. Pois não se pode esquecer que nem todas as boas obras tiveram seus trabalhos reconhecidos e publicados. No caso de São Paulo, o Conjunto Nacional, situado na Avenida Paulista e projetado por David Libeskind, é um bom exemplo, com reconhecimento tardio. Sobre este tema ver: Pini (2000).
47. Para saber mais sobre os edifícios corporativos do estilo internacional, gênese e desenvolvimento, ver: Vargas (2014c).

Máquina automática de venda

Um sistema de vendas com o custo trabalhista de apenas um engenheiro de manutenção seria o ideal para os distribuidores, mas tem sido retardado por detalhes de ordem técnica e questões de segurança.

As primeiras máquinas desenvolvidas em 1880 para medir gasolina e, então, eletricidade e telefones não eram consideradas confiáveis, sendo que, por quase 50 anos, restringiram-se a vender itens de preço inferior a um *penny*. Essa barreira foi quebrada em 1926, com William H. Rowe's, para cigarros e pacotes de 15 *cents*, e outros 30 anos mais tarde, para o desenvolvimento de máquinas capazes de aceitar notas. As vendas automáticas tiveram, então, uma posição periférica, concentradas apenas em locais e produtos onde conveniência e impulso tinham significado, como as estações de trem, fábricas e bares (Gosling e Barry, 1976).

Se, de um lado, novas formas de embalagem, possibilidade de pagamentos em dinheiro e altos custos de leis trabalhistas tendem a contribuir para o avanço das máquinas, por outro lado, questões de segurança e de educação da população para utilização confiável dessas máquinas, aliadas às questões de desemprego estrutural, são fatores que tornam, e talvez devessem mesmo tornar, o seu desenvolvimento mais lento. Mas, atualmente, a velocidade da sua implantação e uso tem sido generalizada, estendendo-se a uma série de serviços e venda de produtos: da compra de ingressos ao pagamento de estacionamentos, entre muitos outros.

Como a compra por correspondência, as vendas automáticas não necessitam de estabelecimentos varejistas específicos e inserem-se oportunisticamente nos espaços, à medida de sua necessidade.

Os *shopping centers*

Os *shopping centers* (centros de compras planejados), conforme inicialmente concebidos, não resultaram de inovações do próprio sistema varejista. Pode-se dizer que sua origem remonta aos estudos de

Ebenezer Howard, em 1898, cujas ideias a respeito da cidade-jardim colocaram em pauta a problemática do planejamento territorial.

Essa preocupação surge quando a Revolução Industrial muda radicalmente a organização e o caráter da cidade, tornando-as congestionadas.

A influência das cidades-jardins pode ser observada nas cidades americanas de Radburn, em New Jersey (1928), Greenbelt, em Maryland (1935), Tapiola, na Finlândia (1952), e em uma série de outras cidades criadas a partir das políticas de descentralização das grandes aglomerações urbanas, iniciadas na década de 1940, na Inglaterra, Escandinávia, França e nos Estados Unidos (Merlin, 1969).

Embora com ênfases diferentes, conforme o país, essa política de descentralização na Europa visava: à desconcentração da população das grandes áreas urbanas, a um deslocamento da atividade industrial e ao estabelecimento de cidades sustentáveis (no sentido econômico), que pudessem atender à demanda de empregos de seus habitantes. Dessa forma, haveria um descongestionamento industrial e demográfico e uma diminuição dos deslocamentos pendulares residência-trabalho.

Sem dúvida, essas atividades varejistas estavam previstas nesses novos núcleos urbanos e distribuíam-se segundo todo um conceito de hierarquia de centros, semelhante àquele estabelecido por Christaller,[48] definido na década de 1930.

A princípio, esses centros de compras conservaram as mesmas características das ruas de compras tradicionais com lojas de ambos os lados das ruas, dando acesso ao tráfego motorizado. Em um segundo momento, começou a aparecer uma preocupação sensível com a separação pedestre-veículo, que em uma terceira etapa acabou por priorizar o caminhar. É preciso ressaltar que os centros de compras dessas cidades novas destinavam-se a abastecer apenas os núcleos urbanos para os quais tinham sido criados.

Na Europa, os Centros de Compras Planejados, construídos até 1968, fizeram parte de cidades inteiramente novas, edificadas por

---

48. Sobre Christaller, ver, no Capítulo 2, o item sobre teoria locacionais neoclássicas.

meio de políticas de descentralização urbana para fazer face a um crescimento da população, ou das cidades que haviam sido destruídas pela guerra, embora o número de cidades incluídas nesta última categoria fosse bem reduzido.

É isso o que diferencia o movimento de descentralização da grande Londres, bem como das capitais escandinavas, daquele ocorrido nos Estados Unidos. Neste país, a periferização do varejo realizou-se, também, pelo processo de suburbanização provocado pela necessidade de resolver o déficit habitacional que, segundo Bruna (1972), não estava orientado por nenhuma política de descentralização urbana.

A suburbanização americana, ocorrida fortemente entre 1950 e 1959, que, segundo o censo americano, cresceu 29 vezes mais do que as áreas centrais, coincide também com o fenômeno chamado de *baby boom*.[49] Nesses ambientes urbanos amorfos, o comércio tinha uma certa dificuldade de encontrar uma forma lógica para integrar a sua atividade no cenário local. O consumidor não tinha mais um ponto focal como a praça do mercado ou as estações de trem. As vias principais de tráfego mostraram-se, então, como o local mais promissor para o desenvolvimento do varejo (Gruen, 1962).

As lojas que aí surgiram ocasionaram uma disputa por áreas de estacionamento, fazendo surgir a cobrança para estacionar nas ruas (*parking meter*). Em seguida surgiram os estacionamentos privativos (na parte posterior e depois na frente das lojas), como forma de poupar os consumidores de gastos extras. A princípio, tudo acontecia de forma improvisada, sem planejamento. Contudo, com o crescimento dos negócios, do tráfego e, com ele, do congestionamento, nascem os centros comerciais periféricos[50] (*shopping center out of town*).

O sucesso desses centros, ao mesmo tempo que reforça o processo de deterioração dos centros tradicionais de compras das cidades americanas, já parcialmente desvitalizados, oferece uma nova

---

49. O *baby boom* americano refere-se ao grande nascimento de bebês, cerca de 64 milhões, ocorrido entre os anos de 1946 e 1964.
50. Para saber mais sobre o desenvolvimento dos *shopping centers*, ver: Bruna (1972), Garrefa (2010).

opção de revitalização quando a eles se associam, dando origem aos chamados *downtown shopping centers*, intensamente a partir da década de 1960.[51]

Esses centros de compras, então entendidos como um agrupamento de estabelecimentos comerciais varejistas em um dado local, evoluíram em várias direções, acabando por dar origem ao que chamamos de *shopping center* ou *shopping mall*.[52]

Mais do que uma localização de áreas comerciais aglomeradas, criou-se um empreendimento imobiliário onde as articulações das diversas empresas, tendo um objetivo comum, fossem dirigidas por um único empresário e onde o capital imobiliário passava a comandar e a submeter o capital mercantil, criando suas próprias localizações (Vargas, 1990).

Pode-se dizer, também, que essa inovação teve origem externa ao setor, como o ocorrido com as galerias e arcadas comerciais na Europa, no final do século XVIII. O sucesso desse tipo de empreendimento imobiliário e sua consequente proliferação provocou um forte impacto na estrutura urbana, bem como no funcionamento do setor varejista independente, gerando uma série de medidas de controle com relação à quantidade e à localização (Baldacci, 1980; Borchert, 1988; Carey, 1988; Copeland, 1968; Delfante, 1980; Howard e Davies, 1988; Lena, 1980; Vargas, 1992).

Segundo Gruen (1962), é significativo observar que o nome comum é *shopping center* (centro de compras) e não *selling center* (centro de vendas).

Isso torna claro que o desejo do consumidor tinha prioridade sobre o do vendedor (lojistas), reforçando a condição de empreendimento imobiliário, onde a satisfação do consumidor era mais importante para viabilizar o empreendimento do que os interesses dos comerciantes individualmente.

---

51. Para saber mais sobre esses processos de requalificação, ver: Vargas e Castilho (2006).
52. Sobre este conceito ver o item desenvolvimento varejista planejado e não planejado do Capítulo 2.

Arquitetura

A princípio, os centros de compras foram classificados de acordo com o tamanho da sua área de influência, incorporando os princípios estabelecidos por Christaller em: centros locais (mercadorias de conveniência, máximo 10 mil pessoas, caminhada a pé); distritais (40 mil pessoas, maior variedade de mercadorias); ou regionais (mais de 100 mil pessoas, todo tipo de mercadoria com competição por preço, com uma loja de departamento vendendo materiais duráveis). Cada centro maior na hierarquia assumia, também, as funções do menor (Gosling e Barry, 1976, p. 20).

Segundo Gosling e Barry (1976), essa classificação era suficiente para definir o tamanho, o sortimento de mercadorias, sua localização na cidade e seu padrão arquitetônico. No entanto, com o passar do tempo, outros elementos vão sendo incorporados nessa definição.

Com relação à localização, surge uma série de nomes, muitas vezes, sem clara diferenciação entre eles. Dentro dessa classificação, três tipos principais devem ser objeto de estudo mais detalhado, pela especificidade de relacionamento que mantêm com o espaço urbano: os *out of town* (periféricos), os *downtown* (centrais) e os *inner town* (fora do centro, mas dentro da mancha urbana), este último por representar, significativamente, a nosso ver, o modelo brasileiro em sua fase inicial, junto às grandes cidades.

Uma série de outras classificações costuma ser estabelecida com relação ao padrão construtivo (aberto, fechado, um ou mais pavimentos), tipo de integração com a cidade, usos diversificados ou especializados.

Toda essa terminologia existente, que muitas vezes acaba por se sobrepor, é fruto de inovações necessárias à ampliação do ciclo de vida do produto diante da proliferação e da competição entre os diversos centros de compras.

Shopping centers out of town (periféricos)

Existe uma forte relação entre os *shopping centers out of town* e as taxas de motorização da população. Para um centro ser viável, a taxa deveria ser de um carro a cada dez pessoas. Isso ocorreu, nos Estados Unidos em 1930, no Canadá e na Nova Zelândia em 1952. Dez anos mais tarde, juntaram-se a estes a Austrália e os sete países da Europa ocidental. Além disso, esse crescimento coincidiu com o segundo estágio de programas de construção viária que os países europeus citados empreenderam no século XX. Os 80 anos de construção de ferrovias iniciadas no século XIX haviam deixado o sistema rodoviário da Europa em um estado um pouco melhor do que os 2 mil anos anteriores, quando os romanos construíram 30 mil quilômetros de vias principais e 125 mil quilômetros de vias secundárias. Até 1940, as estradas existentes foram apenas melhoradas e timidamente ampliadas. Somente após as Segunda Guerra esse segundo momento foi iniciado (Gosling e Barry, 1976, p. 22).

O preço do solo nas áreas centrais também acrescentava mais um estímulo ao abandono do centro. A combinação de tamanho e baixo custo dos terrenos na periferia dava uma vantagem a mais sobre as áreas centrais, animando o setor imobiliário.

Nos Estados Unidos, a população suburbana triplicou de 27 para 76 milhões entre 1960 e 1973. Houve também um significativo aumento do padrão de vida e poder de compra que se destinou à aquisição de bens duráveis.

Diferentemente dos Estados Unidos, a aceitação tardia do modelo periférico na Europa deveu-se ao crescimento populacional e de riqueza limitados e a alta densidade demográfica existente nas cidades, bem como às baixas taxas de motorização. Somente após a Segunda Guerra Mundial é que a necessidade de reconstrução abriria espaço para esses novos formatos periféricos.[53]

---

53. Segundo Gosling e Barry (1976, p. 24), as altas densidades dificultam o aparecimento de centros periféricos. A Inglaterra, com a maior densidade bruta do mundo (3,5 pessoas por hectare, naquela época), foi, das nações industrializadas, a que mais lentamente adotou o modelo periférico. Nesse país houve ainda, entre 1959 e 1972, um aumento de 662% no preço do solo agrícola contra um aumento geral de 192%. Alemanha ocidental, por sua vez, com densidade próxima à do Reino Unido (2,39 pessoas por hectare), teve um desenvolvimento mais rápido devido à destruição da guerra. A França, com a mais baixa densidade da Europa (0,93 pessoas por hectare) e pouco desenvolvimento viário, teve desenvolvimento também tardio.

É preciso lembrar que, nos países europeus, a legislação buscava proteger os comerciantes independentes contra os grandes empreendimentos, e o controle sobre o desenvolvimento das cidades também era mais forte. Assim, as restrições eram mais severas ao avanço dos *shopping centers*.

Embora os primeiros *shopping centers* americanos[54] tivessem sido construídos como centros *out of town* já na década de 1930, seu real crescimento aconteceu depois da guerra. Em 1949, havia 49 *shopping centers* nos Estados Unidos, em 1965 já eram 11 mil, e no final de 1975 somavam 15 mil. No início de 1970, os *shopping centers* respondiam por metade de todo o varejo no país e cresciam a uma taxa de 20 milhões de m² ao ano. Um desenvolvimento dessa ordem não apenas imprimiu uma mudança no modelo existente do sistema de varejo, mas respondeu, também, por uma transformação no padrão urbano, retirando o elemento varejista do centro da cidade e recolocando-o, isolado de outras atividades, na periferia dessas cidades (Gosling e Barry, 1976, p. 28).

O edifício isolado compreendia lojas de departamentos, como *magnets*, unidas por uma via, ladeada por pequenas lojas. Possuía uma grande área para estacionamento no entorno e localizava-se junto à intersecção de rodovias, no limite da área urbanizada.

O conceito de usar lojas âncoras (lojas de departamentos) para atrair e direcionar os fluxos e aumentar o lucro de todas as lojas foi estabelecido logo de início. Posteriormente, apareceu a necessidade de definição do *tenant mix* (composição dos tipos de lojas).

Com o aumento da concorrência, a necessidade de definição de áreas de influência, poder de compra da população e hábitos de consumo passou a ser considerada. Mudanças constantes também se tornaram essenciais para a sobrevivência do negócio.

Gosling e Barry (1976) mencionam que para levar adiante esses *shopping centers* planejados e obter o retorno do capital esperado,

---

54. O primeiro *shopping center* regional, constituído apenas por uma rua de pedestre, foi construído durante a Segunda Guerra Mundial, perto de San Diego, em Linda Vista (Snaith, 1962).

um novo agente, o incorporador, entra em cena para conseguir o financiamento, a área, os varejistas e o arquiteto. Este podia ser um agente diferente do banqueiro, comerciante, proprietário da terra, arquiteto, embora pudesse ser exercido por qualquer um deles. Entre os incorporadores dos *shopping centers* americanos incluíam-se, por exemplo, as companhias de seguros, construtoras, arquitetos e, mais comumente, lojas de departamentos, individualmente ou em parceria, bem como companhias de desenvolvimento imobiliário.

Ainda segundo Gosling e Barry (1976), imaginava-se que o incorporador imobiliário deveria se tornar responsável pela vitalidade do *shopping center*, buscando utilizar-se de processos de análise envolvendo métodos estatísticos, estudos de tráfego e área de influência para justificar a localização, o tamanho e a composição do centro. No entanto, a decisão do incorporador vai permanecer, por algum tempo, especulativa e, de alguma forma, intuitiva.

Nesses novos edifícios ou grupos de edifícios que compreendiam vários tipos de lojas, visava-se à maximização da atração acumulada da unidade como um todo, a partir de uma série de vantagens oferecidas:

- Para o consumidor: compras comparadas e associadas, conforto ambiental, áreas climatizadas e protegidas das intempéries, facilidade de estacionamento.
- Para o fornecedor: diminuição de custos, por meio da distribuição entre os lojistas dos gastos com promoções, publicidade, segurança, aumento das vendas por impulso.

As primeiras lojas, baseadas no automóvel, tinham estacionamentos projetados atrás do imóvel, misturando os usos com carga e descarga e com a coleta de lixo. Logo foi percebido que o tempo dos motoristas tinha acabado e que o estacionamento tinha de ser também para o uso da mulher, sempre a grande consumidora.

Para Gruen (1962), quando o empreendedor transferiu o seu foco do carro para a mulher, ele chegou a conclusões lógicas, expressas por mudanças no desenho da loja e no planejamento do centro de compras. O primeiro passo em direção à mudança foi dado quando os serviços passaram a ser realizados por trás das lojas e o estacionamento de clientes na frente das rodovias, separando esses dois tipos de atividades. Depois, foi a vez do pedestre, e os estacionamentos foram enviados para o subsolo.

Há uma divisão clara entre as gerações de *shopping centers* até a formatação do modelo do *shopping center* regional, como nós o conhecemos no final da década de 1960, no Brasil. Alguns autores, como Bruna (1972), Gosling e Barry (1976), Carey (1988), Vargas (1992) e Garrefa (2010), indicaram as diferenças entre essas três gerações.

Os centros da primeira geração, década de 1950 (Figura 3.66), tinham dois elementos que se mantiveram presentes nas gerações seguintes: o tamanho, com área bruta locável de cerca de 100 mil m², de quatro a oito vagas para cada 100 m² de área bruta locável, terrenos de 40 hectares e a clara separação entre as várias formas de circulação: pedestres, automóveis, carga e descarga. Outras características eram o *mall* aberto, com toldos protegendo a frente das lojas e a carga e descarga em subsolo. Alguns apresentavam *mall* em dois níveis. Incluíam outros usos no empreendimento, como escritórios e bancos. Seu padrão de construção era o de edifícios isolados, mesmo que planejados em conjunto.

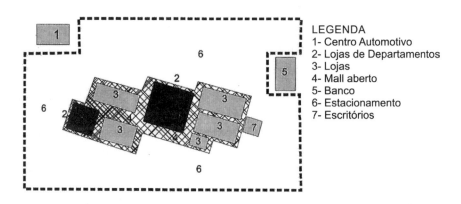

FIGURA 3.66 – Planta esquemática de um *shopping center* regional de primeira geração. Fonte: elaborada pela autora.

A segunda geração de *shopping centers* (1950-1960) foi marcada pelo fechamento do *mall*, lentamente incorporado, devido aos altos custos de manutenção e condicionamento ambiental (Figura 3.67). Onde as condições de clima eram difíceis, as ruas de pedestres passaram a ser cobertas e climatizadas, com preocupações de conforto para o consumidor. Novamente, um antigo e histórico modelo foi imitado: as galerias, as colunatas e as arcadas cobertas da Europa encontrariam a sua contemporânea expressão (Gruen, 1962).

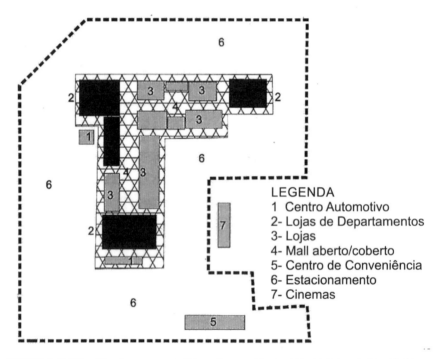

FIGURA 3.67 - Planta esquemática de um *shopping center* regional de segunda geração. Fonte: elaborada pela autora.

A relação entre as lojas e o *mall* mudou significativamente, transformando-se de um vazio entre edifícios em ponto focal. O ambiente externo se interrompe no perímetro do edifício e todas as lojas voltam-se para esse espaço que deixa de estar separado por portas e paredes de vidro, equiparando-se ao conceito de praça, fóruns e mercados. As lojas de departamento continuam a ter presença marcante e ainda conversam com o exterior por meio de suas vitrinas, condição abandonada pelas lojas menores, que se voltam para o *mall*. Apesar dos custos adicionais, esses centros se tornam mais atraentes, e os da primeira geração passam a sofrer reformas (Gosling e Barry, 1976, p. 33).

Ainda segundo Gosling e Barry (1976), nessa fase, o *layout* do centro simplifica-se em alguns modelos padrões. As duas ou três lojas de departamentos continuaram a atrair o fluxo, sendo que o comprimento do *mall* deveria estar entre 90 e 120 m para evitar o aparecimento de "pontos micados" no percurso entre as lojas âncoras. A solução de dispor as lojas de departamento em L emerge nessa fase, como mostra a Figura 3.67. Começam a ser criadas algumas praças com acessos direto aos estacionamentos com fontes e outros elementos da praça tradicional. O *mall*, com apenas um nível, apresentava-se largo (mais de 12 metros) e fortemente iluminado.

Na terceira geração (1960-1970), o *mall* em vários níveis é a característica principal, em que as praças de intersecção são mais importantes e a circulação vertical é feita por meio de escadas rolantes, a partir dessas praças. A luz natural começa a entrar em cena e os estacionamentos verticalizados passam a dar acesso aos diversos níveis de lojas. O tamanho, a forma e a variedade das áreas de pedestres são diversificados, sendo a principal rua de pedestre substituída por um sistema de ligações e espaços de várias amplitudes, proporções e caráter (Figura 3.68) e, segundo Gruen (1962), passam a ser chamados *malls*, praças, arcadas, etc.

Segundo Garrefa (2010), é nesse momento que se formata o modelo *shopping center*,[55] que será exportado para o mundo todo, cujo idealizador foi o arquiteto Victor Gruen.

Nessa geração, as lojas âncoras, como os supermercados (grandes lojas), não conseguem ter grandes margens de lucro como acontecera na primeira e segunda geração. Por sua vez, o potencial de atração das pequenas lojas especializadas começava a ser devidamente

---

55. Segundo Garrefa (2010), quanto à fórmula a ser seguida, o modelo é estabelecido em 1957, quando Victor Gruen projeta o *shopping center* South Dale, em um subúrbio de Minneapolis.

explorado pelos incorporadores. Alguns *shopping centers* passaram a incluir centros de saúde, como *spa* com piscina; rinques de patinação e cinemas em uma tentativa de se aproximar dos atributos de centralidade observados nos centros urbanos tradicionais. Também segundo Gosling e Barry (1976, p. 44-45), a grande atração dos *shopping centers* regionais contribuiu por viabilizar usos a princípio considerados secundários, como os cinemas. Na mesma direção, a competição entre os centros encoraja a introdução do lazer, recreação e serviços como atrações adicionais.

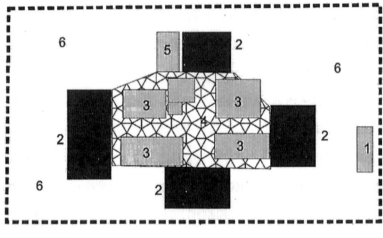

LEGENDA
1 Centro Automotivo
2- Lojas de Departamentos
3- Lojas
4- Mall Coberto em vários níveis
5- Rink de Patinação
6- Estacionamento em níveis

FIGURA 3.68 - Planta esquemática de um *shopping center* regional de terceira geração. Fonte: elaborada pela autora.

O aumento dos valores do solo gerado nas proximidades do centro regional encorajou os incorporadores a comprarem áreas do entorno para futuros empreendimentos, em uma escala cada vez maior. A incorporação de escritórios, hotéis e apartamentos promovia forte diversificação de usos externamente ao centro, enquanto o comércio junto com a diversão e o lazer promoviam o mesmo efeito internamente. Os *shopping centers* regionais passam a reafirmar a centralidade tradicional, então recriada como elemento indutor da urbanização, e esse equipamento urbano isolado, localizado oportunisticamente longe dos demais usos urbanos centrais, drena esses usos para ele. Assim, de acordo com Gosling e Barry (1976, p. 47), o termo *out of town centers* torna-se ambíguo e paradoxal.

Oferecendo facilidades para a vida social, recreação, funções cívicas e educacionais dentro de um ambiente protegido para o pedestre, os *shopping centers*, segundo Gruen (1962), puderam preencher o vazio existente. E nós acrescentaríamos, ironicamente, criar outros vazios.

Pelo fato de esses centros regionais incorporarem as melhores qualidades de um centro urbano, eles passaram a representar uma forte ameaça aos centros tradicionais, que já haviam perdido suas melhores características. Em 1954, Gruen afirmava, em um artigo publicado na *Harvard Business Review*, que a evolução dos centros regionais poderia ter dois fortes efeitos para os centros tradicionais: o primeiro, um impacto sobre os administradores da cidade e negociantes para que entrassem em ação; e o segundo, de servir como um trabalho experimental no qual ideias de revitalização poderiam ser desenvolvidas.

Temos de concordar, seguramente, com Gruen, ao analisar a situação das cidades brasileiras hoje, cujos centros urbanos em processo de deterioração passam a exigir a união dos nossos administradores com o setor privado e a utilização dos conceitos de *shopping centers*, no processo de revitalização do comércio nas áreas centrais (Vargas, 1998b; Fupam, 1999).

Downtown shopping centers (centrais)

Os *shopping centers* centrais, integrados, aparecem na Europa, no mesmo período em que os *out of town* se desenvolvem nos Estados Unidos. Surgem no cenário dos novos assentamentos urbanos e das antigas áreas centrais em processo de deterioração.

Nos novos assentamentos, as *new towns*, uma hierarquia de centros se estabelece (de vizinhança, distrital e regional), e é clara a separação entre pedestres e veículos. Contém, dessa forma, alguns dos princípios da primeira geração de *shopping centers* americanos. No entanto, o transporte de massa está quase sempre presente.

Alguns centros construídos na década de 1950, principalmente em Estocolmo, como Farsta, uma cidade nova, começaram com um *mall* aberto e com blocos independentes (Figura 3.69).

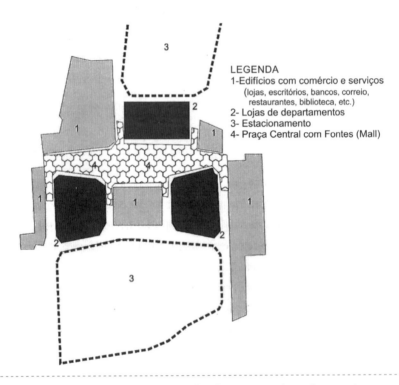

FIGURA 3.69 – Planta esquemática do *downtown shopping center* em Farsta New Town, Suécia. Fonte: elaborada pela autora.

O passo seguinte foi fechar o centro e torná-lo um edifício único. E, na sequência, transformá-lo em um conjunto multifuncional com edifícios de escritórios, lazer, livrarias, criando um verdadeiro centro comercial e cultural, como o de Rodovre Centrum, próximo a Copenhague, em 1966. Na década de 1960, nas *new towns*, conforme já mencionado (Merlin, 1969), centros de grande tamanho serão edificados, como o de Cumbernault, na Escócia.

Os *shopping centers* nas áreas centrais tradicionais participaram do processo de revitalização tanto na Europa como nos Estados Unidos (Vargas e Castilho, 2006). Tiveram como elemento diferencial a verticalidade, em decorrência da escassez de área e do alto preço do solo. Os estacionamentos passaram a ser subterrâneos para ocupar menos área. Exemplos desses *shopping centers* são o Lloyd Center (Portland, Oregon), Rockefeller Plaza (Nova York) e Midtown Plaza (Rochester, Nova York) (Gosling e Barry, 1976, p. 74).

Negócios

Poder-se-ia dizer que o comerciante, na nossa sociedade, tem um papel único no sistema econômico. Ou seja, além de aproximar o produtor do consumidor trazendo para este as mercadorias que aquele produz, tem como propósito revendê-las com lucro. Dificilmente atribui-se ao comerciante um papel social de abastecimento de gêneros para a população, como já mencionado.

No entanto, a função clássica do comércio varejista, através do tempo, foi a de oferecer um produto ou serviço que antecipasse e satisfizesse às necessidades individuais ou familiares.

É interessante observar que é o comerciante varejista quem decide quais produtos serão oferecidos em milhares de lojas na nossa economia. A escolha do produto pelo comerciante é feita, sempre, pensando que o consumidor irá comprá-la. A visita que um consumidor faz a uma loja tem, por sua vez, por motivação inicial, a intenção de encontrar o produto desejado. Os consumidores apreciam uma completa gama de produtos, com ampla seleção de marcas, tamanhos, cores, preços e desenhos, sendo, portanto, a diversidade da oferta um fator de maior importância na escolha dos fornecedores (Davidson, Sweeney e Stampfl, 1988, p. 5).

No entanto, graças à grandeza da economia, deixaram de ser apenas as pequenas lojas, os pontos de venda, a ter um lugar na sociedade, conforme visto anteriormente. Outros estabelecimentos varejistas aparecem e desaparecem, de acordo com as mudanças no contexto socioeconômico. Essa situação favorece o aparecimento de um mercado altamente competitivo em que o comerciante que não conseguir antecipar-se adequadamente à demanda do consumidor, e atendê-la prontamente, irá falir.

A grande função do comerciante, portanto, resume-se na palavra *merchandising*, traduzida como processo de criação e manutenção de um ponto comercial. A American Marketing Association define *merchandising* como: "planejamento direcionado para comercializar a mercadoria certa, no lugar certo, no momento certo, em quantidades certas e no preço certo" (Davidson, Sweeney e Stampfl, 1988, p. 14).

Essa definição foca o consumidor e enfatiza a tarefa do comerciante na sociedade. O sucesso da manutenção de um mercado varejista, através do tempo, é a essência da administração do varejo.

Por volta de 1965, as mudanças sociais, econômicas e nas próprias instituições varejistas promoveram uma revolução varejista a ser observada na década de 1980, que tiveram suas raízes no pós-guerra. Aquela situação confortável, previsível dos anos 1940, 1950 e mesmo 1960 desaparece, redefinindo as expectativas do consumidor e a maneira pela qual o comércio acontecia.

Embora o conceito de marketing (análise do mercado) tenha sido firmemente introduzido na filosofia de operação das grandes indústrias americanas, desde 1950, sua aceitação no varejo só acontece, realmente, no final da década de 1980. Isto é, a maioria dos varejistas era direcionada para o produto e para as vendas, apenas preocupando-se com *merchandise* (qual produto comprar?) e *merchandising* (como eu posso vender melhor o que eu comprei?) (Davidson, Sweeney e Stampfl, 1988, p. 61).

Essa aceitação tardia da análise do mercado por parte dos comerciantes pode ser inicialmente explicada pela dificuldade de aceitação de um especialista em administração na gerência dos negócios varejistas e, consequentemente, dos seus métodos e conceitos.

Segundo Davidson, Sweeney e Stampfl (1988, p. 15), o aparecimento do *off-price retailing*, promoções agressivas, *boom* de construção de espaços varejistas, compras sem precedentes, o surgimento de novas cadeias varejistas, novas formas de varejo como lojas de alimentos atacadistas, centros especializados em coisas para o lar, clubes de saúde e *shopping centers off-price*, somado à tecnologia de novos produtos, novas formas de comercialização, informação e serviços, banco eletrônico, *home shopping* via TV a cabo, etc.[56], introduziu um sistema de administração *compita ou desapareça*.

O ponto central é: mudanças às vezes quase revolucionárias em certos períodos são agora um fator constante no varejo. Os administradores do varejo devem reconhecer a mudança, adaptar-se e fazer disso um sucesso, senão os seus concorrentes seguramente o farão.

Diante desse quadro, a administração varejista deixa de centrar-se no produto (mercadoria) e passa a focar o mercado (marketing). Focar o mercado significa: analisar o consumidor, os concorrentes, a tendência mundial da economia juntamente com os aspectos conjunturais da mudança (Kloter, 1995).

Analisar o mercado significa entender alguns de seus aspectos fundamentais: a tendência mundial da economia e as mudanças que implica; conhecimento da concorrência; e comportamento do consumidor. Identificar qual o fator ou combinação de fatores que podem explicar as mudanças acontecendo em um determinado setor do mercado faz parte da arte de ser um comerciante. A análise das tendências mundiais e a consideração dos aspectos conjunturais são, então, fatores altamente importantes para ajudar a absorver as mudanças e manter o negócio em operação.

Davidson, Sweeney e Stampfl (1988, p. 17-19) demonstram a clara relação existente no desenvolvimento do comércio varejista com os aspectos conjunturais, seus impactos a curto e longo prazo, eventos, tipos de companhias, projetos e programas implementados em cada período, entre as décadas de 1940 e 1980. Ressaltam, portanto, a importância das análises demográficas (crescimento, faixa etária, gênero, migrações) e socioeconômicas, tendências do

---

56. Outras alterações no sistema – como planejamento financeiro, de viagem, serviços farmacêuticos e óticos, etc.; a substituição de serviços, antes oferecidos por profissionais ou pequenos comerciantes, como cabeleireiros e videolocadoras, por grandes cadeias de lojas; muitos outros tipos de serviços (hotéis, restaurantes, parques de lazer, firmas de aluguel e imobiliárias, saúde privada) passaram a adotar técnicas de mercado varejista semelhantes para vencer a competição com aquelas consideradas já consolidadas (Davidson, Sweeney e Stampfl, 1988, p. 15).

comportamento do consumidor, fluxos, tecnologias disponíveis, formas e formatos do comércio varejista.

Uma boa análise permitirá antecipar os impactos de curto e longo prazo sobre a atividade comercial, adiantar mudanças necessárias e antecipar o futuro. Quanto à análise da concorrência, a competição não é apenas com outros tipos de lojas semelhantes, como a maior parte dos varejistas costuma afirmar. Quando uma escola oferece merenda, ela retira alguns consumidores do mercado, ou quando empresas contratam firmas de limpeza, diminui a compra individualizada de produtos de limpeza e eletrodomésticos (Davidson, Sweeney e Stampfl, 1988).

O varejista consciente definirá a competição na base de quem está tentando atrair os seus consumidores, não apenas na base de venda de mercadorias semelhantes ou da existência de uma loja fisicamente similar.

Outros pontos[57] em que a competição acontece, segundo esses mesmo autores, são:

- **Mercado de insumos** – disputa pelo local, capital, mão de obra qualificada e produtos (exclusividade, restrições de importação); disputa pela facilidade de serviços, equipamentos, agências de publicidade, etc., ou ainda, procura por legislações urbanísticas, políticas de governo, restrições trabalhistas e serviços públicos favoráveis.

- **Organização administrativa** – nível de informatização e tecnologia, tanto internamente à administração, operação e promoção, como externamente, com as vendas eletrônicas.

- **Mercado de distribuição** – lojas do mesmo tipo que operam de forma diferente. Os supermercados concorrem com muitas outras lojas que vendem produtos semelhantes, embora tenham outra forma de operação.

Sobre o comportamento do consumidor, a teoria clássica da motivação humana de Maslow (1954), apresentada em 1940, indicava

---

57. Para maiores detalhes, ver o item sobre fatores locacionais no Capítulo 2.

que as necessidades humanas apresentavam-se, hierarquicamente, da seguinte forma.

- Fisiológica – alimento, água, sono e sexo.
- Segurança – proteção, abrigo, estabilidade.
- Social – afeição, amizade, aceitação.
- Autoestima – prestígio, fama, sucesso, respeito.
- Autorrealização – atingir um potencial, capacitação.

Quando as necessidades básicas são supridas, outras começam a aparecer. Na verdade, o homem tem necessidades e desejos. Os desejos tornam-se necessidades a partir do momento em que se vislumbra a possibilidade de satisfazê-los. Os desejos também dependem do repertório individual. Só se deseja o que se conhece ou sabe que existe (Vargas, 2000).

Na medida em que se adquire o conforto já se pode começar a buscar o prazer. Este, por sua vez, tem um caráter mais subjetivo, como segurança, privacidade, reconhecimento e afeto. Sobre esses valores, a questão da subjetividade envolve a maneira de cada um ver a vida, resultado do seu repertório socioeconômico e cultural. E talvez até genético.

O repertório socioeconômico e cultural reflete-se sobre o comportamento individual na medida em que se necessita da aprovação e reconhecimento do grupo. Dessa forma, nas teorias sobre influência do comportamento dos grupos, vale destacar o papel dos grupos de referência que ajudam na identificação do perfil do consumidor, conforme apontado por Davidson, Sweeney e Stampfl (1988, p. 83).

- Grupos aos quais se pertence em determinado momento: religiosos, políticos.
- Grupos nos quais se inclui automaticamente: sexo, idade, estado civil, etnia.
- Grupos aos quais se aspira: renda, educação, profissão.

- Grupos aos quais não se quer ser identificado: desempregados, donas de casa, etc.

Ainda segundo esses mesmos autores, outros elementos que interferem no nível de consumo e, portanto, no comportamento do consumidor, são:

- Inflação alta, níveis de desemprego, custo de energia, carreira dupla e trabalho feminino.
- Estrutura familiar, nível de consumo.
- Qualidade, funcionalidade e conservação do produto.
- Aquisição ou aluguel (*lisings*, *time share*), crédito.
- Uso do tempo (aqueles com tempo e os sem tempo).
- Novos valores e estilos de vida ou retorno aos valores tradicionais.

A análise do perfil do consumidor permite dividi-lo em públicos diferenciados, que passaram a ser identificados como mercados segmentados. Cada um desses mercados deve possuir tamanho grande o suficiente para ser considerado um segmento. Deve ser simples na sua estrutura, sem muitas variáveis, homogêneo e significativamente diferente dos outros segmentos.

Os estudos de marketing para o varejo, no entanto, contrariando as teorias clássicas da motivação,[58] afirmam que o consumidor toma uma decisão a partir de duas componentes interdependentes: a escolha do produto/marca e o padrão da loja. Seria, portanto, segundo esses estudos, quase impossível comprar um produto sem, implícita ou explicitamente, escolher o fornecedor, ao mesmo tempo em que é difícil escolher um fornecedor sem escolher o produto.

O Quadro 3.1 resume essa situação de passagem do foco da mercadoria para o foco no mercado nos seus diversos aspectos.

---

58. Para expandir a discussão sobre a motivação do consumidor, ver Vargas (2016a).

Quadro 3.1 – Orientação para o mercado *versus* orientação para o produto

Visão do comerciante	Orientação para o mercado	Orientação para o produto
Consumidor-alvo	É aquele pré-selecionado e definido conforme as oportunidades de um segmento de mercado.	É aquele que compra as mercadorias que a sua loja oferece.
Competidor-alvo	Lojas que fornecem alternativas de compras para o consumidor-alvo.	Lojas que vendem o mesmo tipo de produtos.
Objetivo e estratégia	Vendas e os lucros pensados a longo prazo por meio de uma posição competitiva protegida e penetração no mercado.	Vender mais do que no ano anterior.
Horizonte do planejamento	Tempo requerido para o desenvolvimento e penetração no mercado.	A próxima estação *versus* a do ano anterior.
Variedade de mercadoria	Escolha e seleção suficiente para expandir e satisfazer a demanda do público-alvo.	Representa a oferta "correta" com relação a marcas, estilos, cores e tamanhos.
Preços	Preços estabelecidos para otimizar a demanda pelo consumidor-alvo.	Maximizar a margem bruta buscando paridade com os concorrentes.
Propaganda	Comunicar e reforçar a posição do fornecedor no mercado para o público-alvo.	Mostrar os produtos e o preço, dirigir o tráfego dentro da loja.
Desenho da loja e apresentação	Reforçar a posição no mercado, encorajar e facilitar a compra.	Prover um palco para as mercadorias.
Papel do comerciante	Satisfazer o consumidor.	Obter receita.

Fonte: adaptado de Davidson, Sweeney e Stampfl (1988, p. 63).

É necessário apontar que uma das mais importantes impressões que os consumidores recebem de uma companhia varejista é a aparência, projeto e atratividade geral do estabelecimento. O maior desafio do varejista é convencer o consumidor de que a loja tem o nível de qualidade, variedade e modernidade consistentes com as suas expectativas, a ele se identificando. É o ambiente interno, o projeto e a imagem dos estabelecimentos que o auxiliam nessa dura tarefa. Projeto e planejamento passam a ser pontos fundamentais no âmbito das estratégias comerciais.

Depois da atração, o *layout* interno do estabelecimento pode contribuir para: facilitar o acesso às mercadorias desejadas pelo consumidor; utilizar estratégias para tirar partido das compras por impulso; criar pontos de atração e direcionar fluxos; facilitar a reposição de mercadorias; aumentar o tempo de permanência na loja. Tudo isso pode traduzir-se em aumento do consumo.[59]

Outro aspecto a considerar é a natureza da componente espacial do varejo, que envolve contratos imobiliários que variam de um tempo mínimo de 2 a 3 anos, até 10 a 25 anos, e a dificuldade de alteração do acordo, ou da introdução das mudanças necessárias para atender as novas demandas do mercado. A inércia do espaço construído significa uma restrição com a qual a empresa deve trabalhar.

Decisões para alterações do espaço físico têm sido, atualmente, mais frequentes, embora sempre signifiquem investimentos significativos. A loja representa capital imobilizado, com custos fixos sobre as contas da empresa e de despesas decorrentes dos custos de operação, como: iluminação, acondicionamento de ar, manutenção, depreciação, entre outros. Ultimamente, com o advento das *flaship stores*, a arquitetura tem reforçado o seu papel no âmbito da atividade de comércio e serviços, na qual o espaço físico é um espaço de experimentação sensorial, mais focado na veiculação da marca e na fixação de um conceito do que na venda direta de produtos (Vargas e Bortolli Jr., 2016).

A lógica do período

A lógica desse período incorpora o estudo do varejo como ciência. A sua localização, o mercado, o comportamento do consumidor, a administração dos negócios se constituíram nos elementos fundamentais de apoio ao desenvolvimento varejista.

---

59. Para saber mais sobre isso, ver: Underhill (2000).

Essa condição acaba por desembocar nas grandes empresas, nas quais acontece a separação entre o comerciante (dono de seu próprio negócio) e a condução do negócio, que passa a ser realizada por especialistas em administração e marketing.

Embora, conforme ressaltado, o projeto do estabelecimento seja um fator importante na otimização dos negócios, a ênfase na administração e operação (incluindo publicidade e propaganda) ocorre em detrimento da qualidade arquitetônica e da sua inserção na cidade. Parece que mercado, aqui usado como população com poder de compra, e mercado como espaço físico, perde a sua relação umbilical. A cidade, como espaço físico, parece pouco se importar com o avanço do grande capital imobiliário e, às vezes, mercantil.

Esse capital, por sua vez, pode prescindir da cidade, pois as novas tecnologias e os meios sofisticados de comunicação e transporte podem criar e recriar as localizações necessárias ao seu pleno desenvolvimento. O espaço público do comércio torna-se privado. Reforçam-se os códigos de comportamento e, indiretamente, seleciona-se o público-alvo.

Por outro lado, os avanços na tecnologia da informática trazem à cena o "fantasma" cada vez maior do comércio virtual, sem estabelecimentos, e inicia-se, timidamente, uma rediscussão do comércio como atividade social, preparando o ingresso no III Milênio.

A arquitetura do período (século XX) torna-se pobre, monótona e sem expressão, principalmente nas grandes lojas, super e hipermercados. A grande maioria dos *shopping centers* é semelhante, na forma e no conteúdo. As técnicas de vendas e as estratégias dos negócios são a força do seu sucesso que desprezam a importância do lugar. As arcadas comerciais emprestam a ideia do negócio, mas não a arte do edificar. As arcadas, por nascerem internamente às quadras, participaram da sua arquitetura. Os *shopping centers*, os mais significativos edifícios desse momento, nascem independentes, ignoram o lugar e marcam sua presença pela força do seu tamanho sem, no entanto, criar a diferença e o encantamento.

O modelo brasileiro

A história do comércio, até recentemente, nunca mereceu, da parte dos pesquisadores, a mesma atenção que mereceram a história da agricultura e da indústria. A menção às atividades de comércio e serviços aparece de forma subsidiária nos estudos sobre história urbana, sendo necessário um verdadeiro garimpo para se obter informações sobre essa atividade e seus edifícios. Somente a partir do século XXI o processo de terciarização de nossas maiores cidades tem alertado para a importância do estudo dessa área do conhecimento (Vargas, 1985), conforme mencionado anteriormente.

Logicamente, no Brasil, o desenvolvimento varejista só começaria a oferecer alguma oportunidade de comparação a partir do século XX, mas as políticas públicas de abastecimento, ainda que de modo muito incipiente, já se fizeram presentes desde meados do século XIX. De qualquer forma, o sistema varejista brasileiro foi fortemente influenciado pelo modelo europeu e, posteriormente, pelo modelo americano.

Algumas situações merecem destaque pelas especificidades que assumiram, apesar da tentativa de importação direta dos modelos internacionais. Ou seja, o contexto socioeconômico brasileiro, e principalmente de São Paulo, que assume a partir das primeiras décadas do século XX o comando econômico da nação, promoveu adaptações interessantes no âmbito do setor varejista.

Buscando apenas introduzir caminhos para comparação, ressaltando algumas das especificidades do modelo brasileiro da atividade comercial e de serviços varejistas, cinco momentos importantes devem ser lembrados: os edifícios de mercados públicos como equipamento para políticas de abastecimento; o papel pioneiro da loja de departamentos Mappin Stores, em São Paulo; o surgimento das chamadas galerias comerciais com o avanço do capital imobiliário, também em São Paulo; os centros de compras planejados nas cidades novas, tendo Brasília como representante exemplar; e o fenômeno *shopping center*, nem periférico nem central.

Os edifícios de mercados públicos

Também no Brasil, os mercados cobertos tiveram o seu espaço em meados do século XIX, acompanhando as políticas de abastecimento e controle sanitário que ocorriam na Europa, bem como reproduzindo uma arquitetura semelhante (Murilha e Salgado, 2011). O vigor econômico que se manifestava, ou se manifestara, em algumas cidades, assim como o crescimento expressivo das suas populações, na segunda metade do século XIX, contribuíram para o surgimento de verdadeiros exemplares arquitetônicos de edifícios de mercados em suas principais cidades, sendo que muitas delas coincidiam com o fato de serem capitais de províncias (Vargas, 2017).

Embora a história dos mercados públicos no Brasil ainda esteja por ser devidamente sistematizada, é importante marcar o pioneirismo ocorrido nas cidades do Rio de Janeiro (capital do Império à época), na cidade de Porto Alegre (Romano, 2004), Recife (Melo, 2011), Belém (Santos, 2015) e São Paulo. As quatro últimas cidades receberam seus mercados em decorrência da expressão dos diversos ciclos econômicos pelos quais o país passou: respectivamente, charque, açúcar, borracha e café (Vargas, 2017a).

O primeiro edifício de mercado público do Brasil foi o Mercado da Candelária, no Rio de Janeiro (Figura 3.70), inaugurado parcialmente em 1835 e concluído em 1841. Esse mercado foi demolido em 1911, depois da inauguração, em 1907, do novo Mercado Municipal da Praça XV. Considerado a maior edificação em ferro, importado da Europa, no território brasileiro, foi, por sua vez, demolida na década de 1960 para dar origem à construção de uma via perimetral dentro de um programa de intervenções urbanísticas, restando apenas um torreão, tombado em 1983 pelo governo estadual (Gorberg e Fridman, 2003; França e Rezende, 2012).

Ainda na primeira metade do século XIX, outras cidades receberam seus mercados públicos, ainda em funcionamento, como o de Porto Alegre, em 1844 (Figura 3.71); o da cidade do Recife, em 1875 (Figura 3.72); o Mercado de Carne de Belém, datado de 1867 (Figura 3.73); e o da cidade de São Paulo (Figura 3.74), com obras iniciadas em 1859, inaugurado apenas em 1867. Esse mercado paulistano, conhecido como o Mercado da 25 de Março (mercado velho), por se localizar nessa rua, foi demolido em 1907, reconstruído e demolido poucos anos depois, para dar origem, em suas imediações, ao Mercado Central da cidade de São Paulo. O novo mercado, projetado em 1926 pelo engenheiro-arquiteto Francisco de Paula Ramos de Azevedo, foi inaugurado em 1933, permanecendo ativo até o momento (Alves, 2003; Reis, 1994; Silva, 2017).

No entanto, não foram apenas as capitais de província que foram pioneiras em receber esses edifícios de mercados. Algumas cidades, principalmente no Sul e Sudeste, também foram contempladas com alguns exemplares, tendo em vista as respectivas dinâmicas econômicas (Vargas, 2017a), entre as quais se destacam a cidade de Pelotas (Romano, 2004) e a cidade de Campinas (Martins, 2005).

FIGURA 3.70 - Mercado da Candelária. Rio de Janeiro (foto anterior a 1906). Fonte: Gorberg e Fridman (2003).

FIGURA 3.71 – Mercado público de Porto Alegre. Foto: autora.

FIGURA 3.72 – Mercado Público de Recife. Foto: autora.

FIGURA 3.73. Mercado de Carnes no complexo Ver o Peso, 2014. Foto: autora.

FIGURA 3.74 – Mercado 25 de Março, final do século XIX. Fonte: Alves (2003).

O processo de construção de mercados públicos, disseminado pelo país, ao adentrar o século XX, não dará mais conta do abastecimento nas grandes cidades, que ampliam sua área urbanizada sem oferecer densidades mínimas que justifiquem a instalação de novos edifícios de mercados, recorrendo à institucionalização das feiras livres (mercados francos), como no Rio de Janeiro em 1904 e em São Paulo em 1914 (Vargas, 1993).

Todavia, algumas cidades como São Paulo, aqui tomada como exemplo, ainda receberam mercados municipais até a década de 1990, ainda em funcionamento em 2011, distribuídos conforme apresentado na Figura 3.75.

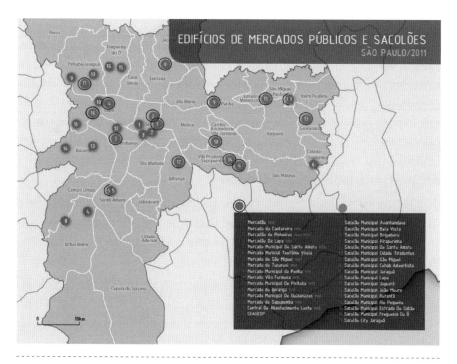

FIGURA 3.75 - Distribuição dos edifícios de mercados públicos e sacolões na cidade de São Paulo, 2011. Fonte: Edifícios de mercados públicos e sacolões, São Paulo/2011.

Paulatinamente, com o advento dos supermercados (1953) e hipermercados (1971), e auxiliados pelos processos de avanço na tecnologia de conservação dos alimentos (industrialização, refrigeração e congelamento), bem como pela conjuntura da economia nacional, o setor público vai perdendo a hegemonia sobre o abastecimento de gêneros perecíveis, principalmente nas cidades mais dinâmicas (Vargas, 1993, 2001). Embora em cidades como São Paulo tenham sido criados os famosos sacolões para atender a população de menor renda (Figura 3.75), nenhum desses edifícios apresentaram qualquer valor arquitetônico digno de nota, sendo que, muitas vezes, instalaram-se em edifícios preexistentes ou em galpões improvisados.

As lojas de departamentos

Um breve olhar para o início dos grandes estabelecimentos comerciais varejistas nos leva a São Paulo, tendo em vista a movimentação da sua economia, que retirava a cidade da sua condição provinciana, alçando-a, no início do século XX, a segunda maior cidade do país. É nela que as casas exportadoras de café vão adotar também a condição de importadoras. No entanto, diante de uma população ávida por bens de consumo, esse negócio passaria a ser interessante,[60] e a passagem do importador para o comércio varejista foi, portanto, praticamente inevitável.

Segundo Alvim e Peirão (1985, p. 33), um trânsito intenso entre importadores e distribuidores, financiadores e atacadistas, industriais e retalhistas correspondia ao retrato do comércio em São Paulo no início do século XX.

É interessante observar que a população da cidade de São Paulo salta de 65 mil habitantes em 1890 para 1,3 milhão em 1940, sendo que, em 1913, São Paulo recebeu a sua mais famosa loja de departamentos,[61] a Mappin Stores.

---

60. No período entre 1860 e 1914, o surgimento de lojas cujos nomes lembravam Paris foi uma constante, entre as quais se encontravam: Louvre, À Pygmalion; Au Paradis Des Enfants, na rua 15 de Novembro; Au Bon Marché e La Belle Jardinière, na rua São Bento; e Au Bon Diable e LaVille de Paris, na rua Direita, dentre várias outras (Barbuy, 2006).
61. Antes da Mappin Stores se instalar na rua 15 de Novembro, a rua Direita abrigaria a Casa Alemã, em 1893, considerada a primeira grande loja da cidade, cons-

Essa era uma filial da Mappin & Web inglesa, que abrira, primeiramente, uma filial em Buenos Aires no final do século XIX, por ali existir a maior colônia inglesa fora do Império Britânico. A segunda loja teve como local a cidade do Rio de Janeiro, capital do Brasil na época. Contudo, nenhuma dessas lojas, assim como a sua matriz inglesa, era, na verdade, uma loja de departamentos. Todas eram lojas que vendiam cristais e pratarias. A Mappin Stores, inaugurada em São Paulo em 1912, também começara como uma loja de cristais e pratarias (Alvim e Peirão, 1985, p. 22).

A loja de departamentos, propriamente dita, nasce um ano depois, quando seus proprietários perceberam que o crescimento da cidade de São Paulo, em decorrência da riqueza advinda da exportação do café, tornava o local mais promissor para esse tipo de estabelecimento. Instala-se ao lado da loja anterior, na rua 15 de Novembro, no triângulo comercial da cidade[62] (Figura 3.76). O momento era bastante promissor, já que São Paulo crescia e assumia a liderança do desenvolvimento do país.

Acompanhando esse movimento, a Mappin Stores muda seu endereço em 1919, tendo sido, então, localizada onde hoje é a praça do Patriarca, em uma das mais aristocráticas mansões da época, a casa do Barão de Iguape, projeto de Ramos de Azevedo (Figura 3.77).[63]

O momento da mudança introduziu na loja uma sofisticação não apenas arquitetônica e cênica, mas também dos serviços que incluíam desde a recepção na entrada da loja até o serviço de café e *petit-fours*.[64]

As vitrinas passaram a compor todo o andar térreo, inaugurando uma novidade para o comércio paulistano que até então empilhava as mercadorias na entrada das lojas como forma de exposição.

---

truída nos moldes das famosas lojas de departamentos europeias e estadunidenses (Fyskatoris, 2008).
62. Uma filial em Santos (1918) e uma no Rio de Janeiro (1920) foram abertas, sendo que apenas a segunda experimentou bons resultados (Alvim e Peirão, 1985).
63. Para a reforma do prédio, o próprio escritório de Ramos de Azevedo foi solicitado a desenvolver o projeto de adaptação.
64. A obra de Alvim e Peirão (1985) oferece uma oportunidade muito agradável de visualizar todo o requinte e sofisticação da época através de inúmeras imagens.

FIGURA 3.76 – Mappin & Web e Mappin Stores, Rua XV de Novembro, São Paulo, década de 1910. Fonte: Alvim e Peirão (1985, p. 24).

FIGURA 3.77 – Mappin Stores, Praça do Patriarca, São Paulo, década de 1931. Fonte: Alvim e Peirão (1985, p. 74).

Em 1939, mudanças na sociedade implicam mudanças no nome, aproveitando uma onda nacionalista que se instalara no país depois de 1930, passando, então, a se chamar Casa Anglo-brasileira S.A.

Apostando no crescimento da cidade na direção do centro novo, 1939, aproveitando a construção do viaduto do Chá, agora em concreto armado, de autoria de Elizário Bahiana, o Mappin cruza o vale do Anhangabaú e instala-se em um prédio novo, na praça Ramos de Azevedo (Figura 3.78). Tendo como autor do projeto da nova loja o mesmo Elizário Bahiana, constituiu-se em uma das primeiras expressões da *art déco* em São Paulo.

Segundo Alvim e Peirão (1985), a mudança foi muito significativa, pois funcionou como um forte indutor da urbanização, levando, atrás de si, uma série de outros estabelecimentos comerciais, assim como o próprio *footing* tradicional do triângulo comercial (rua 15 de Novembro, São Bento e Direita).

FIGURA 3.78 – Casa Anglo-Brasileira (Mappin), Praça Ramos de Azevedo, São Paulo, década de 1933. Fonte: Alvim e Peirão (1985, p. 107).

Essa mudança foi explorada com toda a sua força, inclusive nas propagandas (Figuras 3.79 e 3.80). Surpreende a expressão ímã, que atrai o progresso para o outro lado da cidade, que, traduzida para o inglês *magnet*, passaria a ser usado pelos *shopping centers* para definir as suas lojas âncoras.

FIGURA 3.79 – Informe publicitário da mudança do Mappin para a Praça Ramos de Azevedo. Fonte: Alvim e Peirão (1985, p. 107).

FIGURA 3.80 – Informe publicitário da mudança do Mappin para a praça Ramos de Azevedo com liquidação de encerramento. Fonte: Alvim e Peirão (1985, p. 105).

Essa atração foi tão verdade que essa nova área, principalmente a rua Barão de Itapetininga, foi palco também para o aparecimento das galerias comerciais e das passagens na cidade, embora muito distante do esplendor das arcadas comerciais do século XIX na Europa.

Como as suas irmãs europeias e mesmo americanas, o Mappin teve de enfrentar a concorrência das lojas de descontos e dos *magasins* populares, e teve de se adaptar.[65] Alvim e Peirão (1985, p. 136) nos relatam um pouco desse processo, mostrando que entre suas concorrentes vão surgir: A Exposição e A Capital,[66] vendendo roupas prontas ainda na década de 1940; e A Clipper, uma versão mais moderna d'A Exposição, inaugurada em 1944, que assume um formato mais próximo da loja de departamentos. Esta levou o crédito como um negócio muito sério, chegando inclusive a patentear o termo "crediário".

As autoras continuam informando que a Isnard e a Sears foram outras grandes concorrentes. A primeira, fundada em 1905 e voltada ao comércio de automóveis e acessórios, transforma-se, na década de 1940, em loja de eletrodomésticos e produtos para o lar, fazendo certa sombra ao Mappin. No entanto, o grande pesadelo esteve marcado pelas lojas Sears, abertas em 1949 em São Paulo.

Na tentativa de vencer a concorrência, medidas foram adotadas pela loja, criando novidades com o estacionamento dentro da loja, na Mappin Odeon, ou a união como a indústria nacional por meio

---

65. Como resultado da Primeira Guerra Mundial, além da necessidade de mudanças de nomes de algumas lojas que se identificavam com alguns países, a influência dos Estados Unidos passaria a ser mais significativa e estratégica no varejo, no sentido do enfrentamento desse momento de crise. Dessa forma, o setor perde sua ênfase no luxo para a elite e cria novas opções, dentre as quais se destaca o surgimento das Lojas Americanas, conhecidas pelo povo como "Casa dos Dois Mil-Réis" (Vargas, 2017b).
66. Outra loja de destaque foi a camisaria A Capital, de 1921 (depois Exposição), oferecendo roupas prontas e trazendo consigo o crediário. Em 1941, surge outra novidade, a loja Clipper, também em São Paulo, mas localizada fora do centro histórico, acabando por se fundir com a anterior, criando "A Exposição-Clipper". Foi a primeira loja no Brasil a ter escadas rolantes, posteriormente transformou-se na Garbo S/A (Disponível em: <http://www.garbo.com.br/colecao/calcas/19-si>. Acesso em: 24 abr. 2016).

das Mapps para vender a preços mais baixos com simplificação de serviços, em uma tentativa de implementar aqui o conceito das lojas de desconto.

Finalmente, nas décadas de 1960 e 1970, o Mappin vai aproveitar as medidas de expansão do crédito direto ao consumidor, transformando-se em um grande agente financiador, ampliando o seu sistema de crediário inaugurado em 1953.

Tentou sempre adaptar-se às mudanças, sendo bem-sucedido até recentemente, quando encerrou suas atividades. Seu prédio na praça Ramos de Azevedo é, então, alugado pelo Extra Supermercados, que assume ares de loja de departamento, distribuindo-se nos diversos andares do prédio, aí permanecendo por pouco tempo.

A Mappin Department Stores não deixou nada a dever às suas irmãs mais velhas, adotando todos os princípios[67] e mandamentos dos *grands magasins*, que, mais do que um lugar de compras, eram um ponto de encontro e lazer que incluía casas de chá, restaurantes e desfiles de modas.

De qualquer forma, a Mappin Stores ajuda a contar a história do comércio na cidade de São Paulo de maneira bastante expressiva e com um caráter empresarial, semelhante às primeiras grandes lojas europeias e americanas.

As galerias comerciais

No Brasil, o contexto propício ao florescimento das galerias será bastante tardio e não se aproximará do significado e do esplendor arquitetônico experimentado, conforme mencionado anteriormente.

---

67. Entre esses princípios que foram pioneiros no Brasil, contam-se: a prioridade à mulher; anúncios em jornais em várias línguas; modas sazonais e vendas de ocasião (Natal, Carnaval, Páscoa, etc.); promoções e até cartões de fidelidade. Outros serviços e atividades, como: casas de chá/restaurante com desfiles de moda, com área de influência incorporando todo o país; chás dançantes; salão de beleza; e salão de leitura junto a livraria especializada também faziam parte das estratégias da loja. A abertura além do horário comercial, até as 22 horas, e as liquidações arrasadoras foram outros elementos dignos de destaque (Alvim e Beirão, 1985).

Contudo, São Paulo,[68] embora com outro enfoque, em outro formato, também terá interessantes exemplares.

Durante a década de 1950, instala-se, definitivamente, a cultura urbana em São Paulo. Para que a metrópole se consolidasse enquanto tal, "era preciso criar também um aparato cultural que fizesse de São Paulo uma metrópole que, além de afluente, fosse também ilustrada" (Meyer, 1991, p. 35).

Esse aparato cultural significou a criação de museus, estações de TV e bienais de artes plásticas, além de induzir a um novo perfil dos cinemas nas áreas centrais. Outro aspecto dessa modernidade refere-se ao crescente número de edifícios de apartamentos, de escritórios e comerciais que vieram a marcar uma nova relação com o espaço urbano. De acordo com Meyer (1991), alguns desses edifícios tornaram-se símbolos da modernidade por abrigarem no mesmo espaço funções urbanas diversas e oferecerem um espaço privado com características de espaço público.

Apenas para iniciar a discussão sobre a arquitetura comercial em São Paulo, embora chamadas de galerias, elas, no que se refere ao formato, tipo de empreendimento e razão de ser, diferem significativamente das galerias europeias do século XIX.

Com relação ao que se considera como galeria comercial, na cidade de São Paulo, podemos identificar quatro tipos, conforme indicado por Vargas (1998b):

- **Edifício conjunto**: congrega no mesmo espaço múltiplas atividades (comércio, restaurantes, escritórios, cinemas, garagens, ruas internas, residências), tendo como exemplo o Conjunto Nacional, em 1955, de David Libeskind (Figura 3.81).

---

68. A única galeria ou arcada comercial, em São Paulo, construída nos moldes das suas congêneres europeias foi a Galeria de Cristal, cujo projeto inicial era de Jules Martin, datado de 1890, tendo sido aprovada, tempos depois, como Galeria Webendoerfer, nome de seu proprietário. Construída como uma passagem entre as ruas 15 de Novembro e Boa Vista, com projeto de Max Hehl, foi inaugurada em 1901, com cúpula de ferro e vidro (local do atual número 306) (Barbuy, 2006; Segawa, 2000). Não atingiu o *glamour* esperado e foi demolida em 1945.

FIGURA 3.81 - Conjunto Nacional, projeto de David Libeskind, Avenida Paulista, São Paulo. Fonte: elaborada pela autora.

- **Edifício galeria**: com lojas no andar térreo, adota características de ruas e permite a passagem de pedestres através delas, tendo como exemplo a Galeria R. Monteiro do Escritório Rino Levi (Figura 3.82).
- **Edifício comercial**: com todos os andares voltados ao uso comercial e de serviços, tendo como exemplo o edifício Grandes Galerias, que abriga a Galeria do Rock (Figura 3.83).
- **Passagem**: um caminho estreito cruzando as quadras, com lojas de um ou dos dois lados, tendo como exemplo a Galeria Itapetininga (Figura 3.84).

As galerias, nessa época (anos 1950), eram polos da cultura elitista paulistana. Abrigavam lojas de alto luxo, bares e restaurantes da moda e foram ponto de encontro de intelectuais, artistas e boêmios. A rua Barão de Itapetininga, desde a década de 1940, era a rua de

FIGURA 3.82 – Edifício R Monteiro, projeto de Rino Levi, Rua 24 de Maio, São Paulo. Fonte: elaborada pela autora.

FIGURA 3.83 – Centro Comercial Grandes Galerias, projeto de Silfredi Bardelli, Rua 24 de Maio, São Paulo (atual Galeria do Rock). Fonte: elaborada pela autora.

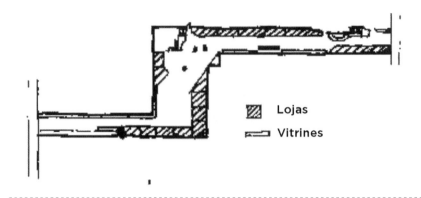

FIGURA 3.84 - Galeria Itapetininga, Rua Sete de Abril, São Paulo. Fonte: elaborada pela autora.

comércio mais sofisticado da cidade, e não é por acaso que aí se encontram as frentes de cinco galerias (ESP, 1974).

Os dois primeiros tipos de galerias começaram a ser construídos sem qualquer forma de imposição da legislação. Embora objeto de discussão desde 1952, apenas em 1957 a construção de galerias na área central acabou por tornar-se obrigatória nas edificações que possuíssem lotes lindeiros a determinadas ruas (São Paulo, 1957).

É possível imaginar que desde então muitas dessas galerias[69] nasceram da exigência da legislação urbanística, ditada por ideais

---

69. Outros edifícios, como o edifício Galeria Califórnia, de Oscar Niemeyer, não respondem nem à condição de passagem, cuja primeira função é encurtar o caminho, nem têm massa crítica de lojas para atrair público, daí muitas lojas vazias. O Edifício Itália tem uma concepção multifuncional mais ampla, integrando várias funções, como auditórios, clubes, restaurantes, lojas e escritórios, além de mirante, com apenas 20 vagas para automóveis. De qualquer forma, as lojas eram concebidas no térreo com mezaninos. Havia a preocupação de deixar muito espaço para tornar o *hall* majestoso sem, no entanto, assimilar que para a viabilidade do comércio, uma massa crítica mínima de lojas é fundamental. Ao contrário, as lojas eram consideradas acessórias do conjunto e, portanto, não sobrevivem. O Edifício Maximus (Galeria Metrópole), de Salvador Candia e Gian Carlo Gasperini, fora concebido em um período em que o automóvel era pouco importante. Oferecia apenas 131 vagas para automóveis, com 180 lojas, cinema com 1.200 lugares, três sobrelojas e uma torre de escritórios de 19 andares. Embora de excelente localização, avenida de tráfego intenso, praça e biblioteca municipal nas proximidades, teve sua função

modernistas e pela mentalidade elitizada da classe política e dos próprios urbanistas. Portanto, nem sempre as premissas do desenvolvimento varejista, sua lógica espacial e seu *mix* foram levados em consideração, levando a uma desocupação, constante, da área de lojas.

A Nova Barão, por outro lado, é um claro exemplo de aumento de áreas comerciais adotando princípios de empreendimento imobiliário lastreado na atividade varejista. Nem coberta ela é. Rompe o interior da quadra, criando uma nova rua para onde abrem-se prédios de apartamentos e escritórios.

Quanto às passagens, essas eram também regulamentadas por lei (São Paulo, 1955), que definia a largura da passagem, altura do pé-direito e condições de iluminação. As normas faziam referência, por exemplo, ao fato de que, quando essas galerias dessem acesso a estabelecimentos comerciais, deveriam obedecer a larguras maiores.

No entanto, essas galerias não aconteceram apenas na área central.[70] Embora o processo de expansão e descentralização das atividades urbanas até 1950 não tivesse conseguido interferir no dinamismo da área central da cidade, que continuou a absorver a maioria das atividades diversificadas e especializadas, a partir de 1960 essa situação apresenta sinais de mudança.

A necessidade de espaços para estacionamentos crescia proporcionalmente à quantidade de automóveis, e os comerciantes começaram a descobrir as conveniências de se estabelecerem fora do centro (Lima Filho, 1975).

Com o crescente ritmo da industrialização, a avenida Paulista tornou-se, pouco a pouco, o novo centro dinâmico da cidade, concentrando as sedes administrativas das grandes indústrias, das empresas multinacionais, dos escritórios e dos bancos. Mesmo assim,

---

alterada e seu público-alvo dirigiu-se para as classes de menores rendas. Sobre esses projetos, ver: *Habitat*. Galeria Califórnia. 1951, n. 2, p. 10-11; *Habitat*. Conjunto Maximus. 1960, n. 59, p. 3-9; Vargas (2014c).
70. A rua Augusta, em São Paulo, também foi contemplada com uma série de galerias em toda a sua extensão, tanto do lado do centro como do lado dos Jardins. Muitas delas funcionando precariamente, com espaço ocioso, buscando especializações, indicando um descolamento entre projeto, negócio varejista e gestão.

o centro da cidade ainda mantinha o seu dinamismo, considerando a avenida Paulista como sua área de expansão. Na região da avenida Paulista também apareceram as chamadas galerias, dentre as quais a mais significativa é, ainda, o Conjunto Nacional.

O centro de São Paulo passara a assumir um papel diferente diante da metrópole. Aos poucos, deixava de ser o polo cultural frequentado pela classe alta. Não era mais alvo principal de investimentos, pelo contrário, embarcava em um processo de degradação. Sofrendo o mesmo processo do centro, as galerias comerciais eram abandonadas tanto pelos comerciantes como pelos usuários. Muitas delas, criadas tardiamente, nunca chegaram a experimentar o sucesso. As lojas, quando não ficavam vazias, eram subdivididas, transformando-se em cubículos de um comércio de baixo nível, tanto em termos de adaptação como de lucratividade.

Como foi possível observar no decorrer deste capítulo, nada acontece por acaso. No momento, essa preocupação com o retorno ao centro, que vem sendo reclamada a partir do início da década de 1990 no Brasil e que se reflete diretamente sobre a preocupação em recuperar e requalificar as áreas centrais está, sem dúvida, sustentada por interesses de caráter imobiliário (Vargas, 1998b).

De acordo com Harvey (1994), essa tendência à revalorização do centro enquadra-se também em uma busca mais geral da especificidade do local, enfatizada como "antídoto" ao processo geral de homogeneização que investe, sobretudo, nos aspectos de consumo e de informação.

Esse único momento da economia mundial, caracterizado pelas firmas virtuais, produção flexível, com mercados altamente segmentados, reforçado por ideais pós-modernos, repleta de diversidade e comunicação dirigida por uma profusão de símbolos e signos, poderia encontrar nas galerias o formato varejista capaz de incorporar o verdadeiro sentido do lugar, *the sense of place*.

Apesar do lamentável estado físico de algumas galerias e do grande número de lojas vazias, muitas delas são conhecidas por oferecerem mercadorias diferentes, especializadas e raras, que não podem ser facilmente encontradas em outros lugares. O edifício

Grandes Galerias, conhecido como "Galeria do Rock", com uma elevada concentração de lojas especializadas no assunto, depois de um choque de gestão que a tornam um ponto de atração turística, o assim chamado "turismo de compras",[71] funciona como catalizador da revitalização do seu entorno.

Na verdade, a maior parte das galerias desse período tornou-se ponto de encontro de tribos urbanas e sede de um comércio exótico e variadíssimo, fato também observado na rua Augusta, em São Paulo, no trecho conhecido como Baixa Augusta.

Os centros de compras planejados na construção da nova capital

É interessante notar a influência dos vários conceitos de centro de compras planejado no plano urbanístico e nos edifícios comerciais de Brasília, uma *new town*, construída no modelo americano e pensada para o automóvel.

A avenida W3 apresentava-se com duas pistas, com canteiro central, sendo um dos lados de uso residencial e o outro de uso misto (comércio no térreo e residência no primeiro andar). Foi pensada como um corredor comercial em toda a sua extensão. O acesso dos consumidores às lojas deveria ser feito por essa rua principal, tendo como estacionamento o canteiro central.

A parte posterior dessas quadras comerciais é servida por uma rua mais estreita, com a finalidade de atender aos serviços de carga e descarga. Pode-se dizer que essa ideia foi completamente descaracterizada. O acesso do consumidor à loja passou a ocorrer pela rua de serviço graças à facilidade de estacionamento e de acesso à loja. As residências do andar superior cederam lugar aos serviços e mesmo o lado oposto da via de residências de padrão médio também entrou em processo de substituição de usos, pois o intenso fluxo de veículo tornou-se um incômodo para o uso residencial.

---

71. Para saber mais sobre turismo de compras, ver: Vargas (2016b).

Nas superquadras (Figura 3.85) aconteceu processo semelhante. Os centros de comércio estabelecidos entre elas tinham a característica de *mall* aberto. A frente das lojas foi pensada para ser aberta para as respectivas superquadras com o estacionamento eventual ou a carga e descarga acontecendo na rua de divisão entre as superquadras. Porém, acabou por acontecer o inverso. Os fundos das lojas transformaram-se na entrada principal, descaracterizando o conceito. A arquitetura desses centros de vizinhança, principalmente na Asa Sul, parte mais antiga, apresenta uma qualidade arquitetônica lamentável.

Outro aspecto interessante refere-se à hierarquia pensada para os centros. Os centros entre as superquadras, considerados de nível local, foram superdimensionados em termos de espaço reservado para tal quantidade de centros. Para enfrentar essa dificuldade, espontaneamente, esses centros acabaram por se especializar de forma a criar massa crítica para ampliar sua área de influência, atraindo consumidores a maiores distâncias. Na década de 1980, essas especializações eram evidentes, sendo de conhecimento geral a relação

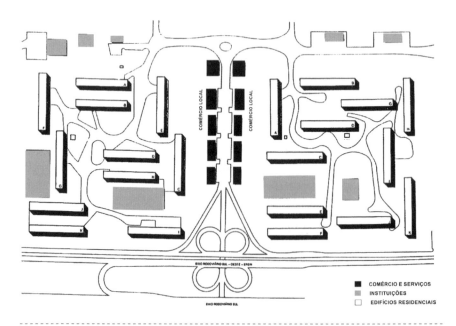

FIGURA 3.85 – Planta esquemática de uma superquadra, Brasília. Fonte: elaborada pela autora.

entre alguns produtos e suas respectivas quadras. Ainda hoje, podem ser observadas essas especializações (farmácias em frente ao Hospital de Base), embora o crescimento da população e o fluxo mais intenso de automóveis tenham contribuído para uma maior diversificação do comércio nas superquadras.

Outra situação interessante refere-se à tentativa do setor de comércio e serviços de se aproximar da dinâmica das cidades não planejadas. Como em Brasília não existem esquinas que propiciem o encontro, e a relação dos estabelecimentos com a calçada e a rua não acontece da mesma forma junto às superquadras, os restaurantes começaram a buscar uma localização na extremidade dos centros comerciais locais, passando a integrar a área verde pública contígua ao seu estabelecimento em troca da sua manutenção.

Finalmente, um outro centro comercial planejado para a cidade foi o Conjunto Nacional, construído na década de 1970, mais próximo ao modelo de uma loja de departamentos. Apesar da idade, ainda apresenta uma vitalidade de fazer inveja a muitos centros de compras atuais. Logicamente, boa parte desse sucesso tem como origem a sua localização altamente central (entroncamento rodoviário) e a existência de estacionamentos. Embora o aparecimento de *shopping centers* modernos, com apelos de lazer e diversão, pudesse tê-lo ofuscado, sua localização privilegiada, o seu projeto altamente permeável, com lojas no térreo integradas como entorno, o cuidado com a fachada e suas propagandas, que o transformaram em um cartão postal da cidade, parecem dar ao centro uma eterna contemporaneidade. Talvez uma das definições para uma boa arquitetura comercial seja a sua capacidade de resistir ao tempo, enfrentando as mudanças do varejo, facilitando as adaptações e mantendo a vitalidade do negócio.

A versão brasileira de *shopping centers* (*inner centers*)

A categoria de *shopping center* chamada de *inner centers* merece ser mencionada por representar a base do processo brasileiro de construção de *shopping centers*, principalmente na Região Metropolitana de São Paulo.

Ou seja, os primeiros *shopping centers* na cidade de São Paulo localizaram-se fora do centro principal da cidade, mas não na periferia. A observação da Figura 3.86 indica que quase todos os primeiros se localizaram junto a centros urbanos regionais da cidade de São Paulo, no interior da área urbanizada (Iguatemi, Eldorado, Center Norte, West Plaza, Penha) ou nas áreas disponíveis no limite da franja urbana (Continental, Morumbi, Interlagos, Aricanduva) (Vargas, 1992).

Na verdade, essa é uma característica do modelo brasileiro de *shopping centers*, que embora aceite o padrão arquitetônico dos *shopping centers* regionais americanos (*out of town*), fechado para o urbano, com grandes áreas de estacionamento ao redor, conforme apresentado anteriormente, tem como localização os espaços mais centrais da cidade, e não a periferia, ou os subúrbios, como ocorrido nos Estados Unidos.

Também vão adotar, seguidamente, todas as alterações com relação aos usos e atividades, introduzindo o lazer, as praças de alimentação, os serviços, os eventos, as academias, os conjuntos de escritórios e hotéis de modo semelhante aos *shopping centers* integrados nos centros das cidades (*downtown shopping center*) (Vargas, 1992).

Embora com difícil começo, provavelmente pela cidade não possuir os condicionantes básicos para o seu desenvolvimento, a segunda metade da década de 1980 vai presenciar um crescimento fabuloso dos *shopping centers* a partir da cidade de São Paulo, atingindo o país como um todo.

É nesse momento que começaram a surgir os *shopping centers* com características locacionais dos centros regionais (*out of town*) que vão se instalar nas cidades do interior do estado de São Paulo, junto a rodovias de tráfego intenso, como o Center Vale Shopping, em São José dos Campos, em 1987, que ocupou uma antiga fábrica; ou junto a entroncamentos viários para incorporar várias cidades na sua área de influência, dos quais se destaca o Parque D. Pedro Shopping, pela dimensão do empreendimento, em 2002. Na sequência vieram muitos outros.

A especialização também viria a ocorrer nos diversos centros, assim como um aumento do tamanho das áreas de construção envolvidas.

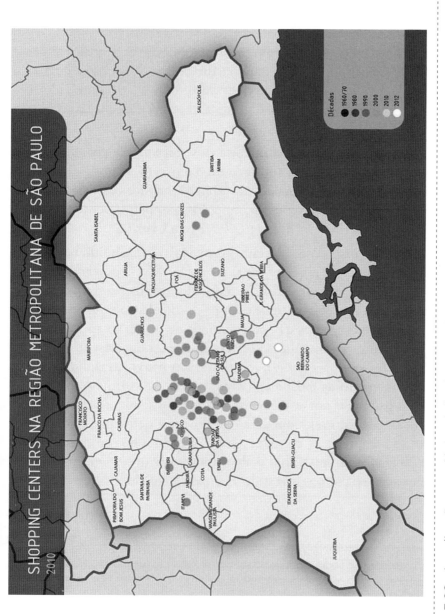

FIGURA 3.86 – Localização cronológica de implantação de *shopping centers* na região metropolitana de São Paulo, 1968-2012. Fonte: elaborada pela autora.

Uma característica que não aparecia mencionada entre os estudos de *shopping centers* na Europa e nos Estados Unidos até o final do século XX eram os diferentes padrões de acordo com a faixa de renda.

Em São Paulo, em princípio construídos nas áreas de maior renda da cidade (setor sudoeste), passaram a direcionar-se às classes de menor renda, tendo os super e hipermercados como a suas grandes lojas âncoras (Interlagos, Center Norte, Aricanduva, Penha, em São Paulo) (Vargas, 1992).

Embora, nessa época, a maioria dos *shopping centers* ainda estivesse voltada ao usuário motorizado, começam a surgir algumas iniciativas de incorporação dos transportes públicos associando-os com estações de metrô e ônibus, como os shoppings Center Norte (1984), Tatuapé (1997), Light (1999) e Santa Cruz (2001).

Shopping centers junto ao centro principal ou expandido também começaram a surgir, ainda no final do século XX. O *shopping* Light (1999), instalado em um edifício tombado, originário da primeira companhia de fornecimento de energia da cidade, sofreu fortes restrições de projeto, impostas pelos órgãos de proteção ao patrimônio histórico e arquitetônico, dificultando seu bom desempenho.[72] O Pátio Higienópolis (1999), localizado em bairro consolidado no centro expandido da cidade e adotando um novo formato, parcialmente ocasionado por exigências da municipalidade, assumiu uma temática mais cultural, com área de influência de menor raio, com poder de compra mais elevado. Também incluiu no seu *tenant mix* especificidades do seu público-alvo, transformando-se em um verdadeiro sucesso para os investidores e para a cidade.[73]

---

72. Logicamente, problemas com o *tenant-mix*, programas e *layout* do projeto também foram parcialmente responsáveis pelas dificuldades enfrentadas. Até 2002, uma visita ao *shopping* Light mostrava um grande sucesso na praça de alimentação em horário de almoço e pouco movimento no térreo. Os demais andares permaneciam praticamente vazios. Posteriormente, a mudança de proprietário incluiu atividades de ensino e novas circulações verticais foram criadas para garantir um aumento do fluxo de pessoas, entre outras intervenções, visando melhorar o desempenho do empreendimento que ainda continua enfrentando dificuldades.
73. Para saber mais sobre os *shopping centers* em São Paulo e Brasil, ver: Vargas (1992); Garrefa (2008); Vargas e Bruna (2008).

Os Quadros 3.2 e 3.3 dão uma ideia da evolução do número de *shopping centers* no Brasil (1966-2016) e sua distribuição regional em 2017.

Quadro 3.2 – Evolução do número de *shopping centers* no Brasil (1966-2016)

Ano	1966	1971	1976	1981	1986	1991	1996	2001	2006	2011	2016
N° de shopping centers	1	2	8	16	34	90	147	240	351	430	558

Fonte: Abrasce (1998); Abrasce (2017).

Quadro 3.3 – Número de *shopping centers* em operação por estado no Brasil – 2016

ESTADOS	SHOPPING CENTERS	ESTADOS	SHOPPING CENTERS
SÃO PAULO	178	RIO GRANDE DO NORTE	7
RIO DE JANEIRO	66	MARANHÃO	7
MINAS GERAIS	47	MATO GROSSO DO SUL	5
RIO GRANDE DO SUL	37	PARAÍBA	5
PARANÁ	33	MATO GROSSO	5
SANTA CATARINA	23	ALAGOAS	4
GOIÁS	24	PIAUÍ	4
BAHIA	22	SERGIPE	3
DISTRITO FEDERAL	20	TOCANTINS	2
CEARÁ	18	RORAIMA	2
PERNAMBUCO	15	AMAPÁ	2
AMAZONAS	10	RONDÔNIA	1
ESPÍRITO SANTO	9	ACRE	1
PARÁ	8		
TOTAL			558

Fonte: Abrasce (2017).

Percepções contemporâneas do desenvolvimento varejista

A mudança do perfil demográfico, dos valores, o surgimento de novos produtos, a tendência de fusão de grandes companhias, a sofisticação da tecnologia da informação e comunicação e a grande concorrência existente no setor, como mostrado anteriormente, têm afetado, significativamente, o desenvolvimento varejista. Diante da velocidade crescente com que essas mudanças vêm ocorrendo, é fácil imaginar a dimensão do impacto socioeconômico e cultural que acarretará e o consequente efeito do seu rebatimento no espaço físico, quer em termos de localização, quer em termos de formatos e atividades dos estabelecimentos.

Nesse sentido, quer sejam os espaços comerciais planejados ou não, dois pontos destacam-se fortemente: a quantidade e a qualidade dos espaços de troca no futuro. Sabe-se, ainda, que esses espaços estão adquirindo a qualidade de serem virtuais.

A quantidade refere-se, diretamente, ao crescimento da oferta desses espaços, sem o correspondente crescimento da demanda, cuja elasticidade começa a apresentar sinais de limitação.

A qualidade, por sua vez, refere-se à diferenciação dessa oferta, que busca seus caminhos na mudança de valores do consumidor e na oferta de experiências de consumo diferenciadas.

Excesso de oferta

Como acontece com os demais produtos, existe um período de inovação, crescimento, maturidade e declínio também para os estabelecimentos varejistas que se constitui no seu ciclo de vida. Ciclo esse cujos lucros encerram-se ou diminuem com o aparecimento de um grande número de exemplares semelhantes ou de novos formatos.

Segundo Davidson, Bates e Bass (1976), as lojas de departamentos, nascidas em 1860, precisaram de um período de 80 anos para atingir a maturidade (45 para as *variety store*, 35 para os supermercados,

20 para *discount department stores* e 15 para *home center*). Esse período de maturidade corresponde àquele em que a concorrência atinge o ponto máximo. A partir daí os lucros diminuem e o declínio se instala.

Os ciclos tendem a incorporar um período cada vez menor, devido aos avanços tecnológicos e à dificuldade de manutenção de sigilo por um período longo. A imitação surge rapidamente e, com ela, a concorrência e a diminuição dos lucros.

No entanto, conforme mencionado anteriormente, não se deve mais falar em ciclo do produto, mas ciclo do lucro, pois com pequenas alterações no produto pode-se continuar a manter um retorno promissor.

É isso que tem feito os *shopping centers* permanecerem mais tempo no mercado e contribuído para recuperação de antigos espaços varejistas, como as galerias e arcadas comerciais.

Em um curto período, a década de 1980 presenciou um importante desenvolvimento de *shopping centers*, em termos de padrão e formato, principalmente nos Estados Unidos.[74]

Segundo Beddington (1991, p. 6), deve haver um limite máximo, que é chamado de "massa crítica",[75] e a partir daí tal intensidade passa a ser dificilmente digerida e apreciada. Tudo se torna muito cansativo e muito confuso.

Alguns artigos de jornal, no final do século XX, mostravam que a falência do modelo *shopping center* já se apresentava como uma realidade no próprio país que o inventara. Segundo Robert J. Gibbs (apud Brockman, 1999), existiam milhares de *shopping centers* fantasmas nos Estados Unidos. Outros estudiosos, como Willian W. Hallo (apud Brockman, 1999), indicavam que a causa do declínio da própria Babilônia foi o aparecimento de cidades equivalentes muito próximas, o que retirou a sua base econômica. Quanto aos

---

74. Em 1989, havia 33 mil *shopping centers* nos Estados Unidos, totalizando cerca de 40 milhões de metros quadrados de área bruta locável, empregando cerca de 10% da população (Beddington, 1991, p. 6).
75. É preciso ressaltar que existe, por outro lado, uma "massa crítica" mínima (área ou número de lojas), com relação aos espaços varejistas, sem a qual não se consegue atrair um número de consumidores que os viabilizem.

shopping centers, Witold Rybczynski (apud Brockman, 1999) afirmava que estes haviam atingido seu ponto de saturação. Na verdade, acreditava que havia muito espaço de compras para os americanos, ou seja, excesso de oferta.

Garrefa (2010) oferece um excelente estudo sobre o aumento do número de *shopping centers* nos Estados Unidos e no Brasil e o enfrentamento do ciclo de vida deste tipo de estabelecimento. No Brasil, ainda deve ser acrescentado o fato de que o poder de compra da população é menor, embora o apelo ao consumo venha sendo cada vez maior.

Some-se a essa situação a existência de novos meios de compras que independem de estabelecimentos específicos e que, graças aos avanços tecnológicos, experimentam uma fase de crescimento significativo. Todavia, esse aumento da oferta é uma situação que merece ser olhada com cuidado. Naturalmente, todos acreditamos que somos capazes de vender qualquer coisa. Em uma situação de desemprego estrutural, como ocorre ciclicamente no mundo, abrir o seu próprio negócio passa a ser, muitas vezes, a única alternativa de sobrevivência, o que, por sua vez, aumenta ainda mais a oferta.

Diferenciação da oferta

Pelo que foi visto até agora, a essência do varejo é moda-lucro-mudança. No entanto, o que se tem observado, em termos de diferenciação dos espaços comerciais, é uma grande variação em torno do mesmo tema. Ou seja, é mais uma mudança de cenário, de decoração e de materiais de acabamento. Se vemos um *shopping center*, vemos todos.

O desenho externo também apresenta altos níveis de padronização. Predominantemente, os *shopping centers* não se abrem para o entorno urbano, mantendo a mesma filosofia de não retirar a atenção do consumidor para fora da intenção da compra. Estratégia já adotada pelos *grands magasins*.

Essa grande semelhança de padrão arquitetônico, oferta de produtos e serviços, promoções e atividades pouco auxilia os empreendimentos, diante de uma concorrência tão acirrada. Aberturas zenitais ou laterais trazendo a luz natural para o interior também foram gradativamente incorporadas. Contudo, no caso brasileiro, ainda em 2017, nada que tentasse uma real integração com a cidade, com o urbano.

Segundo Hiromoto (s/d), a questão do tempo de compras e da mudança de valores do "fato" para o "excitamento", principalmente enfatizando as questões do lazer, reforça o novo modelo de *shopping* de destinação[76] e aberto para a rua. Esses *shoppings* têm como objetivo facilitar as compras básicas e de conveniência, com estacionamentos na frente das lojas para economizar tempo. E o tempo livre, um bem que continua altamente escasso e precioso, deve ser reservado para atividades de maior excitamento e prazer.

Se for observado que em torno desses grandes estabelecimentos acontece uma intensificação de usos comerciais, quando a legislação urbana permite, isso significa que existe um público de passagem absorvido pelas lojas independentes, localizadas nas imediações, oportunidade que os *shopping centers* brasileiros "caixotes" têm demorado a absorver.

Para o enfrentamento do excesso de oferta, os *shopping centers* americanos, já no final do século XX, iniciaram um processo de derrubada das paredes externas, visando a uma integração com o entorno (Dejevsky, 1998, p. 15). Essa situação, se devidamente combinada com lojas de compras planejadas[77] e de conveniência, para quem

---

76. As lojas chamadas de lojas de destinação, mencionadas por Hiromoto (s/d), têm um caráter de especialização direcionado a determinados públicos-alvos, pois dirigem-se a determinados segmentos de mercado, como crianças, homens de negócio, donas de casa, divertimento, drogaria. Segundo Hiromoto, por serem orientadas para uma específica categoria de indivíduos, essas lojas de desconto são chamadas *category killer*. O fato de atraírem muitos consumidores e, portanto, serem geradoras de fluxos, faz com que sejam instaladas em shopping centers que se transformam em grandes centros de destinação, chamados de *power centers*. Além das *category killer*, lojas-chaves nesses *power centers* incluem lojas de desconto, como Wal-Mart e K-mart, clubes atacadistas, como Sams e Price Club, e centros de venda por catálogo (Hiromoto, s/d).
77. Na primeira edição, usamos o termo compras de destinação, que agora substituímos por compras planejadas, por entendermos ser este termo mais apropriado. Quando a motivação para compra tem um destino certo, é porque são planejadas, independentemente dos tipos de produtos buscados, diferenciando-se claramente das chamadas compra por impulso.

tem pouco tempo para gastar em compras, pode funcionar como um elemento a mais de vitalidade para o centro.

A alternância entre espaço fechado e aberto, buscando reproduzir o espaço urbano, é outra tentativa de padrão arquitetônico que vem sendo observada. Os *strip centers* também têm sido uma alternativa que vêm se reproduzindo intensamente nos Estados Unidos. Logicamente, em uma cultura em que o automóvel é parte essencial da vida, espaços de compras ao longo das vias, de fácil acesso e estacionamento para os veículos de passagem são opções promissoras.

Em cidades como São Paulo, onde o congestionamento do trânsito é uma constante, as compras realizadas no caminho de volta do trabalho também têm ocorrido com maior frequência, como uma forma de aproveitar o tempo e esperar o congestionamento diminuir.

Outro problema para o setor é a mudança de valores do consumidor que começa a estar mais interessado em "fazer", isto é, participar de atividades, divertir-se, aprender, informar-se, do que em "ter", ou seja, adquirir bens. Considerando que, cada vez mais, o sistema de telecompras aperfeiçoa-se, vai sobrar espaço ocioso nesses "templos de consumo". Essa situação tem levado à criação de inúmeras atividades que passaram a funcionar como verdadeiras âncoras, papel representado, inicialmente, pelas lojas de departamentos (Vargas, 1992).

O lazer, a praça de alimentação, academias de ginástica, atividades combinadas com conjuntos de escritórios, hotéis ou apartamentos, a chegada do verde bem como o desenvolvimento de atividades comunitárias, como já ocorria no shopping Interlagos, em 1998 (Gagete, 1998), são estratégias utilizadas para manter a diferença e aumentar a atratividade dos diversos centros.

Outros centros buscam, ainda, a oferta de alta qualidade, *mix* limitado, especialização ou *festival centers*, que já se proliferam nos Estados Unidos geralmente baseados em atrações específicas, mais do que no comércio (Hiromoto, s/d).

Na verdade, é uma forma de aumentar a venda por impulso, em que as pessoas compram sem perceber que estão consumindo desnecessariamente e sem a sensação de que estão sendo induzidas ao consumo. O ato de consumo tem sido cada vez mais incluído como uma atividade de lazer, ou seja, com motivação hedônica. Assim, observa-se uma clara divisão entre as atividades de compras que se incluem na categoria de obrigatórias, por serem necessárias, e as compras hedônicas, que são feitas como atividade prazerosa (Vargas, 2016a).

É preciso lembrar, novamente, que as inovações passam a ser sucessivamente imitadas e superadas rapidamente, dificultando a manutenção da rentabilidade dos diversos centros. O projeto de arquitetura, então, vai enfrentar um grande desafio. Deve tirar partido das especificidades do lugar para se tornar único e insubstituível.[78] Exemplos interessantes que não aproveitaram a especificidade do lugar foram o *shopping center* Villa Lobos, em Alto de Pinheiros, na cidade de São Paulo, inaugurado em 2000, e o *shopping center* do Lago, em Maracaibo, Venezuela, no final da década de 1990. O primeiro perdeu a grande oportunidade de abrir-se e integrar-se com o parque de mesmo nome, ou de pelo menos oferecer restaurantes como vista para o parque. O projeto simplesmente ignorou e deu as costas para o parque, deixando de adotar, por exemplo, o tema de *shopping center* ecológico, etc. Perdeu a oportunidade de ser um *shopping* altamente diferenciado, usufruindo, senão da vista, de um forte elemento gerador de fluxos, principalmente se for considerado o crescente número de eventos em espaços abertos que atraem multidões pelo seu caráter de lazer gratuito.

É preciso notar que, em momentos de fraco desenvolvimento econômico, em que as compras passam a ser devidamente planejadas, as compras por impulso têm nesses eventos, inicialmente despretensiosos, o seu maior aliado. O *shopping center* do Lago, em Maracaibo, poderia ter incorporado, indiretamente, o lago e usufruir

---

78. Nesta direção, surge o conceito de *localization* (Rigby e Vishwanath, 2006), para além do conceito de *location*, este último centrado fundamentalmente nas questões de acessibilidade e área de influência e traduzido como localização. Já o significado de *localization* ("lugarização", segundo tradução de Castello [2005]) envolve a inclusão no negócio varejista (arquitetura, serviços e produtos oferecidos, horários de funcionamento, etc.), contrariamente à padronização imposta inicialmente pela globalização, as especificidades da cultura local na qual o estabelecimento comercial se insere (Vargas, 2014b).

da chamada renda de monopólio, pelo menos até que não surgisse outro igual (Vargas, 1998a, 1999a).

Além dessas possibilidades de usufruir do lugar, a disponibilidade que algumas estruturas arquitetônicas, ao permitirem a reciclagem de usos, fornece para o turismo nacional e internacional é promissora. Entre essas possibilidades, segundo Beddington (1991, p. 5), podem ser apontados: o Faneuil Center em Boston, nos Estados Unidos; Covent Garden, em Londres; Prince's Square, em Glasgow; St Louis Union Station, nos Estados Unidos; e Tobacco Dock, em Londres.

O aproveitamento da arquitetura preexistente em áreas centrais deterioradas, onde o preço do solo tem se apresentado inferior e a oferta de espaço superior às áreas novas e mais periféricas, e onde já existe uma infraestrutura urbana e de serviços instalada, tem se apresentado como uma grande alternativa para o setor imobiliário e para o varejo. Acrescente-se ainda o fato de esses projetos promoverem a revitalização das tradicionais áreas de comércio e cultura das cidades, auxiliando na mudança da imagem e da qualidade de vida urbanas.

No entanto, a municipalidade deve estar atenta para verificar a viabilidade econômica do empreendimento, relacionada à sua economia urbana e aos interesses do município.

Outro aspecto a ressaltar é o papel que essas arquiteturas comerciais têm assumido no turismo urbano e na competição entre cidades, não apenas como espaço de compras e lazer, mas como obra arquitetônica a ser apreciada, ainda que seja pela excentricidade com a qual se apresenta. Presente e passado podem estar conversando integradamente, como no caso da área central de Hamburgo, onde os edifícios antigos mantêm a sua arquitetura principal e apenas o interior dos dois primeiros andares sofrem alterações para receber os espaços modernos de compra (Figura 3.87). Já em Amsterdã, o antigo prédio do correio foi transformado em *shopping center*. O moderno pode também se sobrepor ou se impor sobre o passado, demolindo o antigo ou desprezando o entorno, deixando o moderno substituí-lo em toda a sua amplitude, como o *Les Halles*, de Paris, ou o Galerias, em Frankfurt.

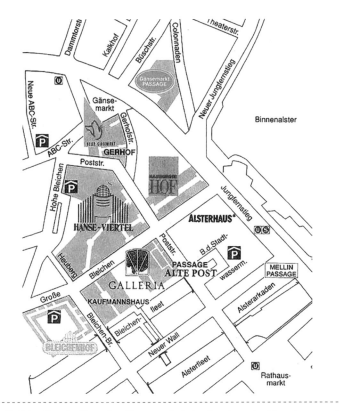

FIGURA 3.87 – Revitalização Comercial do Centro de Hamburgo. Fonte: recorte de panfleto publicitário, 1996.

Um trabalho conjunto entre o projeto de arquitetura e as estratégias de negócios, o que consideramos a essência da arquitetura de negócios, são elementos cada vez mais vitais para o sucesso duradouro dos empreendimentos de comércio e serviços varejistas. Na verdade, não é apenas o espaço físico que tem de ser pensado para ser flexível. Quando os centros são renovados, a possibilidade de mudança no *tenant mix* do centro deve ser possível. Isto é, o tema central do *shopping center* deve ser passível de alteração e, eventualmente, até mudar de natureza. Na verdade, é o conceito de resiliência comercial que começa a se impor na contemporaneidade.

As lojas de rua

Ao lado da vantagem de preço, o comércio de rua oferece maior variedade e diversidade, além do encontro com o inesperado. Pesquisas (Fupam, 1999) indicam que o consumidor já percebera essa condição aqui no Brasil no final do século XX. Além disso, o atendimento personalizado e diferenciado é outro fator que começa a ser, novamente, importante.

O que parece evidente é que as lojas de rua, os independentes, com relação aos espaços de compras modernos, continuam a ter o seu espaço no mercado. A concorrência é mais forte entre eles mesmos. Portanto, a forma como se apresentam (imagem, atendimento, produtos, tecnologia) começa também a mudar para torná-los mais competitivos e rentáveis.

Seus supostos grandes concorrentes, os *shopping centers*, usam técnicas e atividades combinadas que garantem maior atratividade. No entanto, quando existe uma grande oferta e redução da demanda, as necessidades de compras retornam aos patamares reais e os preços tendem a recuperar a importância no âmbito das compras. Na pesquisa realizada em Santo André (Fupam, 1999), o consumidor já demonstrara ter consciência de que as vantagens dos *shopping centers* se relacionam à segurança e ao lazer, e não às compras.

O mesmo ocorreu com a consulta realizada junto aos lojistas que disseram, na sua maioria, não estarem interessados em possuir lojas nos *shopping centers*. Para eles, o preço dos aluguéis e as novas exigências contratuais quanto, por exemplo, ao período de abertura das lojas, têm tornado as locações em *shopping centers* desinteressantes. O custo para o lojista no *shopping* é, muitas vezes, desestimulante. O mesmo acontece para o consumidor que vê esse custo repassado para o preço dos produtos.

Uma preocupação com relação ao impacto dos grandes estabelecimentos do tipo *shopping center* sobre o comércio de rua tradicional tem estimulado uma associação dos comerciantes no sentido de melhor atender aos consumidores (Lee, 1999; Rodrigues, 2012).

Nessa mesma direção, é necessário uma mudança no relacionamento entre os comerciantes e os administradores de *shopping centers*, pois a concorrência entre os próprios *shopping centers* e a retração da demanda sugerem melhor distribuição dos lucros para manter o negócio viável, evitando-se o êxodo constante de lojas (Chiara, 1999).

Essa condição dos *shopping centers* de serem empreendimentos varejistas de base imobiliária distancia o lojista do controle administrativo do empreendimento. Este passa a ser administrado por empresas contratadas pelos proprietários, muitas vezes compostas por investidores provenientes de fundos de diversas naturezas.[79]

Outro ponto importante com relação ao desenvolvimento varejista, principalmente no Brasil, é o crescente número de pequenos patrões que conduzem seus negócios no limite da sobrevivência, na sua maioria de caráter informal. O que se observa é uma oferta abundante de estabelecimentos, por toda a cidade, aproveitando todos os espaços possíveis.

Diante do exposto, o que fica claro é que o excesso de oferta varejista para os comerciantes apresenta-se como uma das maiores dificuldades, muitas vezes não devidamente assimilada.

O comércio informal

No âmbito do comércio considerado informal, aquele que não tem registro ou autorização para funcionar junto à municipalidade, encontram-se, atualmente, várias categorias que vão dos ambulantes às boutiques fechadas, aos bazares beneficentes ou não, e às vendas e trocas em redes sociais.

A mais antiga delas, o comércio ambulante, continua a coexistir com as demais formas de comércio, passando, cada vez mais, a reforçar a sua presença. As motivações para tal crescimento decorrem: do aumento da intensidade das aglomerações urbanas (fluxos); dos congestionamentos observados nas cidades; das altas taxas de desemprego; do baixo nível de investimento necessário para iniciar

---

79. Para saber mais sobre isso, ver: Garrefa (2010, 2014).

um negócio; e da falta de controle e fiscalização do poder público com relação à legalidade de funcionamento. Esses ambulantes, ou camelôs, como são chamados, não necessitam de edificação para o desenvolvimento da sua atividade e apresentam um grande senso de oportunidade, seja na escolha das localizações, seja no tipo de produto comercializado que acompanha a sazonalidade das demandas.

Esse comércio ambulante assumiu formatos diferentes através da história, na figura dos mercadores (pés poeirentos) ou dos caixeiros viajantes, indo de porta em porta ou reunindo-se em mercados temporários ou feiras, utilizando-se de barracas isoladas, panos estendidos no chão, carroças, veículos e do próprio ambulante perambulando em busca de consumidores. São considerados, muitas vezes, anacrônicos, desinteressantes ou até mesmo perigosos. Outras vezes fazem a alegria dos moradores, no atendimento de produtos de conveniência, ou dos turistas.

Muitas dessas feiras ou mercados acabaram sendo formalizadas, principalmente as de artesanatos e antiguidades, como também as feiras temáticas oferecem mercadorias diversificadas, criativas e inesperadas, o que as torna mais atraentes. Outras se voltam ao abastecimento diário da população moradora (feiras livres).

Contudo, existem aquelas categorias de feiras e aglomerações de ambulantes com alto índice de informalidade, que se dedicam à venda de mercadorias baratas, de diversas naturezas, incluindo mercadorias importadas e falsificadas. Outras manifestações do comércio ambulante ocorrem em pontos localizados junto a eventos esporádicos ou mesmo semanais, sempre atraídas pelo fluxo de pessoas. Sem falar dos lugares de frequentes congestionamentos de trânsito ou mesmo nos semáforos das cidades.

No âmbito dos serviços, encontramos a oferta de massagens em praias ou a atuação de *personal trainning* nos parques públicos, os serviços de alimentação e uma série de outros marcados apenas pela criatividade e pelo oportunismo.

De qualquer forma, a existência desses ambulantes só acontece porque há mercado para eles, pois cada vez mais atraem consumidores e turistas (os *shopping centers* já promovem as suas feiras e criam quiosques nas suas praças) em busca do inesperado e do inusitado. É uma verdadeira indústria do fascínio.

Outra forma de informalidade aparece junto às butiques (ou lojas) fechadas. Essa categoria acontece em edificações que, embora abriguem a venda de produtos e serviços, não têm identificação pública (identificação na fachada), estando, na maior parte das vezes, sem autorização de funcionamento. Acontecem em ambientes privados com controle de entrada sobre o público-alvo.

Já os bazares, beneficentes ou não, que têm se proliferado no âmbito da cidade de São Paulo, são abertos ao público. A princípio, sem fins lucrativos, esses bazares ofereciam mercadorias doadas para arrecadação de fundos para auxílio dos mais necessitados. A maioria dos produtos oferecidos era, na maior parte das vezes, confecções artesanais, e os bazares eram realizados em locais cedidos gratuitamente e em ocasiões específicas, como o período do Natal. No momento, o que se observa no âmbito da cidade de São Paulo é que, além da frequência com que têm ocorrido, os bazares passaram a incorporar toda uma série de produtos, perdendo seu caráter beneficente e assumindo a condição de espaço de comércio. A atração do consumidor é realizada pela sensação de menor preço dos produtos que o nome "bazar" insinua. Cabe, no entanto, a verificação do nível de formalidade existente nesses eventos que não mais trabalham como eventos "sem fins lucrativos".

No entanto, a grande evasão de impostos decorrentes da maioria dessas atividades, a falta de garantia das mercadorias vendidas, a ausência de condições sanitárias, o lixo gerado sem a responsabilidade, a apropriação indevida dos espaços públicos e a associação com atividades ilegais são apenas alguns dos problemas que devem ser considerados, situação que se agrava quando a oferta se refere a produtos alimentícios e refeições que adentram o campo da higiene e salubridade com impacto sobre a saúde pública.

Finalmente, quanto às vendas e trocas em redes sociais, é necessário iniciar com uma discussão sobre o comércio virtual, tratado no item a seguir.

O comércio virtual

Outra forma de comércio, o virtual, marcado inicialmente pelo teleshopping (catálogos, ordem por telefone, por correio, vendas a domicílio, por televisão, por rádio, máquinas de venda) e, mais recentemente, no final do século XX, intensificado pelo uso da internet, conhecido como *e-commerce*, e todos os seus desdobramentos, forneceu inúmeras possibilidades de troca, promovendo, inclusive, novas relações com o espaço físico, principalmente no que se refere ao contato do vendedor com o consumidor.

Esse tipo de comércio utiliza-se de um espaço virtual, com imagens e informações processadas a distância, e abre mão das outras atividades sociais, como o encontro presencial, inerente à atividade de troca. Na verdade, o encontro aqui é também virtual.

Se, por um lado, esse sistema evolui isoladamente das demais atividades sociais, por outro, essas atividades sociais passam a ser mais fortemente demandadas, constituindo-se em um elemento motriz das atividades varejistas tradicionais, fortalecendo-as, pois o computador ainda não consegue produzir o estímulo da sedução! E não conta com o vendedor para incentivar o fechamento da compra!

O *e-commerce* (comércio eletrônico), cuja origem é a compra a distância, é uma real evolução das casas de entrega (*house delivery*), cuja origem tem mais de um século. Pensando o comércio como atividade social, esse tipo de comércio (ainda que não desinteressadamente) sempre procurou atender aos consumidores, onde quer que eles estivessem. Se as casas de entrega buscavam satisfazer consumidores espalhados pelo território, que, mesmo tendo conhecimento dos produtos existentes, não podiam ser atendidos por estabelecimentos locais devido à baixa demanda que não os viabilizavam, o *e-commerce* vem colaborar, sensivelmente, nessa direção. Compras especializadas, produtos padronizados, compras repetitivas, compras obrigatórias e profissionais, compra e venda de produtos de segunda mão (estes de difícil aquisição e colocação no mercado) foram mais facilmente transferidas para esse novo tipo de comércio. Serve também às pessoas que apresentam dificuldade de locomoção.

O desenvolvimento de redes sociais, decorrência do avanço da tecnologia originária na internet, tem dado origem à formação de um "lugar do mercado virtual", pois para a troca ou comércio acontecer é necessário o encontro de vendedores e compradores que essas redes sociais possibilitam. Ou seja, qualquer um que tenha acesso a redes sociais pode participar desse mercado virtual, dando espaço à atuação individualizada. Pode-se perceber o aumento da venda de produtos usados ou novos, oferecidos individualmente, compra, venda ou aluguel de imóveis, oferta de hospedagem em residências particulares, aluguel de vagas de estacionamento, caronas solidárias, serviços de transporte individual, entre muitos outros serviços oferecidos e efetivados de modo virtual.

Além de retirar o intermediário do negócio, permite o crescimento de outros negócios, com baixo aporte de capital. Paralelamente a essa individualização dos negócios, as empresas já estabelecidas também usufruem da existência dessas redes, nas quais as promoções têm espaço garantido para incentivar o consumo, atraído pela ideia de "gastar para economizar", que, segundo Miller (1998), é uma das motivações para o consumo.

Além desse fato, "comprar porque está em promoção", pensando fazer bom uso do dinheiro, tem se transformado em um fim em si mesmo. As compras coletivas, realizadas em promoções pela internet, a oferta de cupons de descontos, as semanas promocionais, como a dos restaurantes (*weeks*), que oferecem menu definido pela metade do preço durante uma determinada semana, são um bom exemplo dessa condição. Misturam-se, assim, promoções com recreação (Vargas, 2016a).

O receio quanto ao impacto negativo do comércio virtual sobre o comércio presencial (*brick and mortar*) parece ser cada vez menor. Na verdade, o aumento do fluxo de mercadorias (entregas) e do consumo só vai agir como estimulador de novos negócios e novas oportunidades de emprego, fazendo a economia girar e trazer novos desafios à gestão urbana.

As atividades de compras que exigem envolvimento, escolha, experimentação, prazer e promovem o encontro continuarão a exigir seus espaços. E, para felicidade dos arquitetos, cada vez mais e com melhor qualidade. Haja vista o aparecimento cada vez mais intenso das *flagship stores*, projetadas por *star architects* (Vargas e Bortolli Jr., 2016).

Espaços de usos múltiplos, por sua vez, também passam a ser pensados no sentido de garantir o consumo, buscando melhorar a ambiência e retirando do consumidor a sensação de que está sendo induzindo a comprar. A intenção é que ele acredite que a iniciativa de comprar é dele, e apenas dele. Por isso o tipo de compras conhecidas como *recreational shopping*, ou seja, compra como forma de recreação, tem sido fortemente valorizado. Nessa categoria de compras recreacionais, os serviços de alimentação, agora não mais como item de sobrevivência, têm adquirido papel fundamental na experimentação gastronômica, na qual os produtos de alimentação passam a adquirir uma condição de bem elástico. Isto é, sempre estamos prontos para comer: dos *food trucks* às feiras populares da "alta gastronomia" (Vargas, 2016b). A transformação dos antigos mercados públicos, que, para além da oferta de produtos *in natura*, cada vez mais reforçam o seu papel como fornecedores de serviços de refeições cotidianas para os empregados terciários dos centros urbanos, ou de gastronomia turística para visitantes, também é um bom exemplo dessa situação mundo afora (Vargas, 2017a; 2016b).

Uma certeza que fica de toda essa análise é que as atividades terciárias de comércio e serviços varejistas, marcadas pelo encontro de fluxos, têm como essência a sociabilidade e, portanto, só acontecem com êxito em conjunto com as demais atividades sociais, presenciais ou virtuais. Essas atividades sociais, que formam a base do encontro de fluxos e que efetivam a troca em sentido amplo, precisam do espaço físico, qualquer que seja ele, para acontecer e se materializar, antes, durante ou depois...

De qualquer forma, essas inúmeras novas possibilidades têm desafiado as instituições públicas e privadas, e a gestão das cidades, na forma como elas se encontram atualmente, para além das questões do comércio e serviços. Pois, ao mesmo tempo em que promovem extrema liberdade de atuação, favorecem claramente a evasão de divisas e fragilizam, consideravelmente, os níveis de segurança individual e coletiva da sociedade atual.

4
A imagem do comércio

"A publicidade degrada o gosto público. Mas o gosto público já é vulgar e também tem o mérito da vulgaridade, isto é, a vitalidade. Limitar e restringir a publicidade não melhorará o gosto público, mas, simplesmente, matará a vitalidade [...]."
(Cullen, 1961, p. 153)

A questão da imagem do comércio introduzida neste capítulo continua a ter um caráter mais especulativo, na medida em que retoma algumas questões abandonadas na década de 1960 e introduz algumas discussões que estão na ordem do dia.

Uma primeira abordagem sugere uma divisão de enfoques de duas ordens: quanto ao meio de transmissão e quanto à forma de percepção da imagem. Quanto ao meio de transmissão, o veículo, este se dá a partir do estabelecimento varejista (loja) ou pela paisagem urbana com as marcas que o comércio espalha na cidade. Quanto à forma de percepção da imagem, a divisão acontece entre a imagem física e a imagem mental das mercadorias ou do próprio estabelecimento.

Troca como um conceito envolvendo equidade

A troca[1] entre comprador-vendedor envolve, tipicamente, mais do que um produto físico ou serviço por uma soma determinada em dinheiro.

A troca deve oferecer, regularmente, um mínimo de serviços para completar a transação, como o uso temporário da loja, a possibilidade de olhar o inventário de mercadorias e a aquisição da mesma. A oferta pode incluir ainda uma quantidade substancial de informação sobre a própria mercadoria, feita por vendedores experientes. Além disso, pode haver uma série de serviços ofertados, como crédito, entrega, ajustes de roupa, cursos de cozinha e outros mais para encorajar a compra (Davidson, Sweeney e Stampfl, 1988, p. 304).

Por sua vez, o consumidor oferece mais do que dinheiro na troca. Oferece tempo, esforço, a possibilidade de retorno ou de fazer propaganda boca a boca. Os dois últimos, é claro, somente

---

1. É importante destacar que a troca é um conceito que antecede o de comércio, propriamente dito, o qual passa a envolver um interesse monetário por parte do vendedor, o que não afasta a intenção da equidade no ato da troca, pois uma compra não se efetiva se ambos, comprador e vendedor, não estiverem satisfeitos.

Mercado Roque Santeiro, Luanda, 2005. Foto: Heliana Vargas.

acontecem se a troca encontrar ou exceder o nível de satisfação esperado após a compra.

Os varejistas deveriam sempre ser sensíveis à equidade na troca para não perder consumidores.

Imagem e posição (reputação) da loja

Em toda a cidade pode-se encontrar lojas em que, em uma só olhada, você pode reconhecer qual é a ideia dos proprietários e administradores sobre compras. Ideias por meio das quais eles tentam se diferenciar e nas quais o projeto e a decoração da loja tornam-se crucialmente importantes para a identidade da loja (De Boer, 1993).

Segundo Davidson, Sweeney e Stampfl (1988, p. 305), a imagem da loja realizada pelo consumidor acontece por meio da percepção da personalidade da loja e de seus vários atributos. Essa imagem, no entanto, é uma imagem composta. Ou seja, a imagem que os consumidores têm sobre a loja (firma, marca) está relacionada com as suas expectativas (imagem mental) e com a imagem física da loja.

A imagem mental da loja refere-se ao seu posicionamento no mercado. Isso pode ser conseguido por meio da variedade das mercadorias, sua forma de apresentação, papel da loja como agente de mudança (sempre oferecendo novidades), nível de informação sobre o produto e da sua utilização, além de vários outros elementos que podem ter construído a reputação da loja através do tempo, conforme demonstrado no Capítulo 3 no exemplo da Mappin Stores.

Portanto, o posicionamento da loja no mercado é a soma das imagens que o consumidor tem do varejista e de seu produto, mesmo a distância.

A imagem mental (reputação) da loja

Se você tentar lembrar como foi que conseguiu o nome de uma firma ou de um indivíduo para fazer algum trabalho na sua casa, ultimamente, ou para planejar uma viagem, ou mesmo ir a um dentista ou advogado, você confirmará que, como a maioria das pessoas, eles lhes foram recomendados por um membro da família, amigos, ou alguém em quem você confia.[2] Então, você o contratou graças à sua reputação (Fombrun, 1996, p. 1).

Uma boa reputação pode fazer diferença na escolha de produtos, serviços ou lojas, assim como na contratação de empregados, etc.

Os profissionais de propaganda e marketing sabem que a reputação de determinadas personalidades, devidamente relacionadas aos produtos, podem aumentar significativamente as vendas. Psicologicamente, cria-se uma imagem mental entre o produto, o rosto famoso e a companhia, o que justifica altos preços. Frequentemente, aceitam-se produtos pela promessa de qualidade e *status* (Vargas, 2004, 2014d).

De fato, o consolidação de uma reputação é útil, não apenas para indivíduos e produtos, mas também para grandes companhias. A reputação de uma empresa influencia a escolha dos produtos, onde fazer aplicações financeiras e qual emprego aceitar. Isso ocorre, em parte, porque a fama é um prazer intoxicante; a fama atrai para perto de quem a conquistou.

No entanto, uma reputação que costuma demorar muito tempo para ser formada pode ser destruída muito rapidamente.

Como a reputação tem funcionado como um elemento fundamental para a diferenciação entre firmas, companhias e indivíduos (políticos), esta passou a ser uma forte área de atuação dos estudos de marketing e publicidade.

Diante desse quadro, o varejista tem de procurar manter a sua boa imagem, não apenas em termos dessa imagem mental, mas também pelas características físicas do estabelecimento.

---

2. Atualmente, a busca de informações e comentários sobre a satisfação dos serviços e produtos oferecidos em sites da internet também é uma realidade.

A imagem física da loja

Quanto ao espaço físico, o ambiente participa do processo da troca, devendo refletir o humor da loja, o caráter, a qualidade, o tom e a atmosfera. O sortimento de mercadorias contribui para o ambiente, mas não se confunde com ele.

Segundo Davidson, Sweeney e Stampfl (1988), o ambiente é sentido mais do que medido. É sutil e artisticamente criado, mais do que conseguido por métodos administrativos. Outros elementos que podem influenciar nessa ambientação incluem a localização. Isto é, o local da cidade em que está instalada e também se está em uma rua ou em um *shopping center*.

Esses mesmos autores destacam que o planejamento da loja é importante por várias razões. Primeiro, o desenho da loja influencia a capacidade da empresa em atrair a atenção e o controle do seu público-alvo. Segundo, porque esse espaço construído é dispendioso e requer compromissos de longo prazo que não podem ser ajustados a cada ano. Terceiro, e talvez o mais importante no momento, é o fato de que as facilidades proporcionadas pelo ambiente da loja representam um dos aspectos mais significativos da rivalidade competitiva e um dos meios de atingir uma vantagem diferencial. Nesse sentido, o planejamento da loja é uma variável que pode influenciar fortemente o consumidor e a lucratividade da empresa. Em uma era de poucas oportunidades para novas localizações e altos custos das novas construções, muitos varejistas estão direcionando seus capitais para reformas. Com a finalidade de competir com sucesso é necessário modernizar a aparência, a eficiência e melhorar as facilidades oferecidas.

A exposição das mercadorias e as vitrinas, internas ou externas também influenciam. As vitrinas são uma amostra do que a loja tem a oferecer. Portanto, devem estimular o interesse da compra, assim como reforçar a posição institucional da loja no mercado. Formas de exposição que trabalham com mercadorias amontoadas induzem à exploração em busca de produtos diferenciados e baratos. As vitrinas podem indicar a modernidade ou mesmo a sofisticação das mercadorias e dos serviços oferecidos pelas lojas.

Essa forma de transmissão da imagem da loja é direcionada ao consumidor, que tem a sua própria percepção da mensagem. Perceber significa ver, ouvir, tocar, saborear, cheirar ou sentir, internamente, alguma coisa, evento ou relacionamento.

A percepção é uma matéria altamente subjetiva por envolver a compreensão de relações em um ambiente complexo. Como os consumidores têm personalidades, atitudes, educação e experiências de vida bastante diferentes, é compreensível que uma grande quantidade de formatos de instituições varejistas e apelos diferenciados de marketing seja bem-sucedida (Davidson, Sweeney e Stampfl, 1988).

Os consumidores interpretam e organizam esses estímulos como insumo para decidir sobre o produto e sobre a loja.

Segundo Stephenson e Ronald (1967, p. 45 apud Davidson, Sweeney e Stampfl, 1988, p. 78), oito são os elementos que contribuem para o consumidor formar a sua imagem pessoal e seletiva de uma loja:

- Característica geral da companhia – se é conhecida, se têm muitas lojas em operação e há quanto tempo está no mercado, e acrescentaríamos seu posicionamento no mercado.
- Características físicas – limpeza, atratividade, facilidade de encontrar os produtos, facilidade de movimentação interna, rápida finalização da compra.
- Localização – proximidade, facilidade de acesso, de estacionamento e proximidade de outras lojas.
- Produtos oferecidos – variedade e sortimento de produtos, estoque, interdependência entre produtos, qualidade, variedade de marcas, marcas conhecidas.
- Preços – comparação com outras lojas, valores dos produtos, quantidade de ofertas.
- Atendimento – amigável, solícito, com suficiente número de pessoas.
- Propaganda – informativa, eficiente no planejamento das compras, confiável, apelativa, facilmente visível.
- Seus amigos e a loja – conhecida, apreciada, recomendada, utilizada.

Direcionada para o varejo, conforme já mencionado no Capítulo 2, a psicologia tem estudado o relacionamento entre ambiente e consumidor. De acordo com Donavan et al. (1994), o estudo realizado por Mehrabian-Russell[3] para o estudo da atmosfera da loja possibilitou uma ressurreição, em outras áreas de pesquisa, do estudo sobre consumidores, envolvendo emoções, além de fatores como música e cores, já apontados por outros estudiosos. Suas aplicações têm incluído propaganda, preferência dos usuários e duração da experiência de consumo. Donavan et al. (1994) resumem essa relação entre consumidor e ambiente:

O estudo de Donovan e Rossiter (apud Donavan et al., 1994, p. 284) introduziu algumas medidas de comportamentos relevantes de aproximação e afastamento, como: o gosto pela loja, divertir-se comprando na loja, disposição de gastar o tempo na loja e de explorar o ambiente, sentimento amigável, desejo de voltar, vontade de gastar mais dinheiro do que o intencional.

Segundo hipóteses dos estudos de Donavan e Rossiter, as variáveis emocionais de prazer e excitamento, experimentadas na loja, poderiam contribuir para gastos de tempo extra e gastos não planejados, independentemente de variáveis cognitivas de percepção da qualidade da mercadoria, variedade, ofertas e valor do dinheiro.

3. O modelo M-R baseou-se no Paradigma Estímulo-Organismo-Resposta (SOR – *Stimulus, Organism, Response*), relacionando-o à aparência do ambiente (S), para comportamentos de aproximação e afastamento (R), sendo que dentro do ambiente esses estados emocionais podem variar de acordo com o estado emocional do indivíduo (O) provocado pelo ambiente. Mehrabian e Russell (1974) propuseram três estados emocionais básicos mediando o comportamento de aproximação--afastamento, em qualquer ambiente: prazer e desprazer; excitação e não excitação; e domínio e submissão (Mehrabian e Russell, 1974 apud Donavan et al., 1994, p. 284).

Outros autores, como Underhill (2000), também têm se dedicado a estudar o comportamento dos consumidores no espaço da loja buscando identificar os elementos que facilitam ou não a efetivação da compra.

No entanto, a vitalidade do belo na vida dos consumidores cria uma série de oportunidades para as empresas que podem apelar para uma variada gama de experiência sensoriais e beneficiar ambos, empresas e consumidores, por meio da satisfação e lealdade dos consumidores. Todas as empresas, e não apenas aquelas ligadas a produtos de moda, beleza e divertimento, podem usufruir do apelo ao belo.

Nesse sentido, o projeto do estabelecimento, da loja, do *shopping center*, das fachadas dos estabelecimentos comerciais, das placas de identificação na cidade, da publicidade e propaganda espalhadas pelo espaço urbano deveriam fazer, sempre, apelo à boa estética e ao belo.

Comércio e imagem da cidade

Se olharmos para o desenvolvimento da comunicação humana, ela segue uma linha muito simples: sons, gritos e, eventualmente, discursos. Símbolos deram formas visuais ao discurso, que, por sua vez, transformou-se em linguagem escrita.

Segundo English (1998, p. 6-7), nós evoluímos do culto para a cultura devido à comunicação. Áreas específicas de comércio têm desenvolvido linguagens e símbolos próprios que os identificam no mundo. O nome curto para esses símbolos é logos. Do grego, logos, que significa a palavra ou o caminho. Dessa simples origem, logos simboliza ou comunica um significado, uma ideia. De uma forma mais complexa e divina, ele sugere a essência divina.

As marcas, imagens, símbolos, logos, ou qualquer outro nome, quando conseguem atravessar o tempo, é porque realmente têm valor.

Hugh Dubberly, mencionado por English (1998, p. 8), primeiro gerente de projeto da Apple Computers, afirma: "Se fizéssemos uma pesquisa das medidas iniciais tomadas para a abertura de um negócio, provavelmente encontraríamos a criação da marca entre os dez primeiros". Clareza na definição da identidade e identificação pela singularidade são os fatores mais fortes para alcançar o sucesso e a sobrevivência do negócio. Segundo Sharon Poggenpohl,[4] "a identificação de objetos, marcas e entidades corporativas é uma estratégia de comunicação significativa na sociedade de consumo".

Muito antes de todos os possíveis profissionais que se encontram hoje envolvidos no desenvolvimento de um produto entrarem em cena, a comunicação visual, o desenho gráfico, já fazia parte do dia a dia e da razão de ser do setor do comércio.

Dinamismo ou poluição visual

Quantas vezes entramos em um restaurante ou em uma loja e dizemos: "Ih! Não deve ser bom, está vazio!". A grande quantidade de pessoas passa a sensação de que existe qualidade e interesse pelo local. As clínicas médicas e alguns médicos costumam sobrepor ou atrasar consultas para que os clientes tenham a sensação de que seus serviços são muito procurados. Assim, tudo o que dá a sensação de congestionado passa, imediatamente, a sensação de concentração de atividades interessantes e aguça a nossa curiosidade. Nesse sentido, muitas atividades trabalham com espaços menores do que o necessário de forma a dar sempre a sensação de muita atividade e, portanto, dinamismo, vitalidade.

Ficamos extasiados diante de todos aqueles letreiros luminosos da Broadway que nos indicam que estamos em uma área em que a atividade cultural e de lazer é a mais intensa do planeta. Na verdade, essa quantidade de anúncios superpostos e em excesso tem mesmo essa intenção. Ninguém pretende que daí se retire qualquer informação específica sobre eventos ou produtos. Guardadas as suas devidas proporções, existe uma grande simbiose entre vitalidade e congestionamento, não apenas de pessoas, mas de veículos, mercadorias e imagens.

4. Editor of Visible Language (apud English, 1998, p. 9).

Em 1971, a revista Progressive Architecture (1967) trouxe um artigo sobre *supergraphics* descrevendo um novo fenômeno de desenho. Esse fenômeno teve um grande impacto sobre o desenho de lojas nos anos seguintes, não apenas nos Estados Unidos, mas também no mundo. *Supergraphics* era, então, definido como o uso de objetos gráficos para produzir efeitos óticos que destroem planos arquitetônicos, distorcem cantos e explodem caixas retangulares que são construídos como salas. A escala discordante era a força fundamental dessa técnica gráfica.

Segundo Gosling e Barry (1976, p. 142-144), os desenhos interiores começavam a adotar materiais sofisticados, incluindo espelhos, plásticos e metais, buscando efeitos para aumentar os espaços e confundir experiências. Finalmente, *supergraphics* pode ser expandido para fora da escala da loja.

A revista referia-se a isso não como um objeto decorativo, mas como uma experiência espacial. Já a ideia de *supergraphics* como um objeto de publicidade podia ser vista no trabalho de Gordon Cullen (1961, p. 151). Segundo Cullen, havia uma moderna contribuição da publicidade na rua, à imagem da cidade. Inicialmente interessante em todo o local para o qual se olhasse, mas quase ignorado pelos planejadores urbanos. Para ele, essa teria sido a maior contribuição do século XX para o cenário urbano. À noite, foi criada uma imagem nunca antes vista na história. Cullen (1961, p. 151) diz:

> [...] é errado assumir que uma larga quantidade de propagandas são incongruentes e causam irritação. As pessoas ainda gostam de comprar, anunciar e observar, faz parte da nossa civilização. Publicidade é aceita como parte da vida urbana. É errado dizer que a publicidade degrada o gosto público.

E continua: "à noite, a publicidade cria um novo território, nunca visto antes na história".

Para Cullen, desprezar a publicidade nas ruas como um todo pode ser um retorno ao tempo em que os arquitetos e designers desprezavam tudo que não estivesse de acordo com o seu "gosto pessoal".

Segundo Burns (1959, p. 118), uma rua de compras, de subúrbio ou central, de veículos ou de pedestres, deve produzir uma sensação de vitalidade, mas também de intimidade. O sentido de vitalidade será parcialmente produzido pela grande quantidade de pessoas usando as ruas e pode ser enfatizado pela variedade de fachadas de lojas e suas vitrines. Tudo na altura do olhar deve estar concentrado em conseguir o efeito de vitalidade. Este pode ser também cuidadosamente controlado pela relação entre as alturas dos edifícios e os seus afastamentos laterais.

A intimidade vem da escala adequada, principalmente para o pedestre, que pode ser conseguida com recintos estreitos. Outro elemento que transmite essa sensação de intimidade é a capacidade de conhecer todos os espaços e facilmente deslocar-se através dele conseguindo o que se deseja. Atualmente, essa questão da intimidade pode ser mais bem desenvolvida junto aos estudos sobre hospitalidade urbana, conforme mostrado por Ferraz (2013).

Ideias sobre congestionamento de imagens via publicidade urbana nos conduzem à discussão do conceito de poluição visual. Como defini-la?

Limite a partir do qual o meio não consegue mais digerir os elementos causadores das transformações em curso e acaba por perder as características naturais que lhe deram origem. No caso, o meio é a visão, os elementos causadores são as imagens, e as características iniciais seriam a capacidade do meio de transmitir mensagens.

Nesse sentido, Maskulka (1999a) acredita que, a partir de determinado ponto, a quantidade de informações e mensagens passa a criar uma sensação de irritação que acaba por surtir efeito inverso. Ou seja, não permite a adequada absorção das mensagens.

Comércio e comunicação

A forma como o comércio se comunica com o consumidor, usando a cidade como meio, ocorre de três maneiras. A primeira refere-se à publicidade realizada nos próprios estabelecimentos varejistas (fachadas); a segunda refere-se ao uso da própria arquitetura como vitrina; e a terceira, à mídia exterior, representada por toda espécie de publicidade e propaganda realizada ao ar livre, não vinculada ao local de venda. Nesta última, incluem-se os painéis e outdoors, tanto os promocionais como os informativos.

Fachadas

Nos imóveis comerciais existiram, desde sempre, placas de identificação informando sobre os negócios aí realizados, podendo, muitas vezes, ser planejadamente projetadas. No entanto, nem sempre isso ocorre, e a situação mais caótica, nas cidades brasileiras, refere-se à arquitetura comercial de transição, ou seja, imóveis construídos inicialmente para outros usos e então adaptados para o comércio (Vargas, 1999b). As fachadas se apresentam pintadas com cores bem fortes para que se destaquem umas das outras. Essa necessidade aparece na medida em que já existe uma imagem do comércio a que os indivíduos estão acostumados, e a edificação projetada para o uso residencial não fornece elementos para a identificação imediata de que, ali, existe um estabelecimento comercial.

Além das cores fortes e letreiros, faixas e cartazes aparecem indicando promoções e liquidações. Essa situação provoca, além da poluição visual, uma grande confusão para o consumidor, que não consegue diferenciar uma loja da outra.

De qualquer forma, a necessidade de identificação dos imóveis vai depender também do tipo de compras envolvidas, pois, muitas vezes, como acontece na rua 25 de Março, em São Paulo, a identificação de uma loja específica torna-se irrelevante diante da possibilidade de escolha que o caminhar na rua possibilita. O todo é mais importante do que o estabelecimento em si (Vargas, 2007).

Além disso, o uso das calçadas para a exposição de produtos e até mesmo como extensão da própria loja, ou para o uso do comércio ambulante, espalha-se por toda a região central das grandes cidades, impedindo que se caminhe nas calçadas.

A arquitetura como vitrina

Outro elemento digno de nota é o papel que a arquitetura vem exercendo, transformando-se em uma verdadeira vitrina para o negócio (Vargas, 1995).

Em algumas áreas da cidade de São Paulo, as restrições legais, alguns usos e ocupação mais densa promovem o aparecimento de um uso comercial diferenciado e mais sofisticado. A grande dimensão do terreno ou o tamanho das residências também favorecem a utilização do próprio imóvel como elemento de propaganda do negócio com o qual o estabelecimento está envolvido.

Hoje, quase 15 anos após a primeira edição deste livro, as *flagships stores* têm composto, nesta direção, a cena da arquitetura contemporânea (Vargas e Bortolli Jr., 2016).

Aliás, esta tem sido uma prática de publicidade dos estabelecimentos comerciais pela arquitetura e paisagem urbana, pois, além da diferenciação possível, a mantém visível por mais tempo nos locais em que o trânsito de veículos tende a ser mais congestionado.

A mídia exterior

Apenas como forma de introduzir o tema sobre a mídia exterior (*outdoor advertising*), é interessante questionar por que essa questão apareceu no cenário urbano de forma tão intensa, novamente, aqui no Brasil no final do século XX.

Algumas questões são fundamentais:

- A falta de tempo das pessoas para outras mídias e o aproveitamento do tempo gasto no trânsito.
- Tamanho do mercado da cidade.
- Mídia altamente democrática, pois todos podem ter acesso.
- Custo dos outros meios de comunicação, como a televisão e mesmo os jornais.

- Interesse cada vez maior das pessoas em usufruir de lazer gratuito nos parques públicos.
- A proliferação de eventos nos espaços abertos, com vários patrocinadores que podem conseguir um espaço oportuno e gratuito, quando os eventos são veiculados na TV, como notícias.
- Baixo valor das taxas de licença e pouco controle realizado pelo poder público.

Maskulka (1999) apresenta vários aspectos de por que a mídia exterior, por meio dos *outdoors*, tende a ser o meio de comunicação do século XXI.[5] Uma das grandes justificativas para tal desenvolvimento é a questão da escassez de tempo, em razão da qual a eficiência na transmissão da mensagem dar-se-á pela fixação das marcas. Considera ainda que a mídia exterior fala a linguagem do consumidor.

Logicamente, a qualidade da produção gráfica é fundamental, mas, como meio, ela tem se apresentado como uma força que viria para ficar, não fossem as restrições de controle à paisagem urbana que têm sido adotadas nas grandes cidades brasileiras a partir da Lei Cidade Limpa, implantada na cidade de São Paulo em 2006[6] (Mendes, 2006).

A inserção das marcas na cidade

A introdução das marcas dos diversos estabelecimentos e companhias pode ajudar a sua identificação e a sua fidelização. Um exemplo claro disso são as lojas McDonald's espalhadas por todo o mundo. Existe uma clara identificação com esse tipo de loja de *fast food* (rápido e econômico). Para quem chega a uma cidade pela primeira vez, é fácil identificá-la, e você sabe perfeitamente que tipo de serviço vai encontrar.

---

5. No entanto, a proliferação da publicidade por meio de mídias sociais pode relativizar a importância da mídia exterior.
6. Lei 14.223/2006, que dispõe sobre a ordenação dos elementos que compõem a paisagem urbana do município de São Paulo.

Além disso, em cidades onde o desenho urbano, ou o espaço natural, não colaboram no sentido de criar referenciais para orientação na cidade, esses estabelecimentos surgem como auxílio nessa tarefa. Assim, costuma-se dizer: eu moro duas quadras depois do McDonald's, ou do shopping Ibirapuera. O primeiro, pela grande quantidade de lojas, dá uma referência apenas local. O segundo, por ser único, indica imediatamente o bairro, no contexto da cidade.

Na verdade, no caso dos *shopping centers*, eles se tornam um marco referencial, seja pelo seu tamanho, seja pelo interesse da sociedade. Não se pode esquecer que, no passado, em São Paulo, e ainda hoje em algumas cidades, era a caixa d'água que exercia esse papel.

Nos países e cidades em que as legislações relacionadas com a publicidade e a preservação do patrimônio histórico são mais eficientes e a população é mais cidadã, as inserções das marcas na cidade tendem a ser mais criteriosas.

Considerações finais

Na verdade, a grande intenção do comércio e do setor industrial tem sido a de chamar a atenção do consumidor para o seu produto a qualquer custo, sem a menor preocupação com a qualidade dessa imagem.

Essa situação reflete-se fortemente na imagem da cidade e na qualidade ambiental urbana dos centros terciários, que envolve poluição visual, dificuldade de orientação e dificuldade de deslocamento nas ruas e nas calçadas pelo uso indevido.

No entanto, não se pode esquecer que a imagem do dinamismo e vitalidade no comércio se expressa, em parte, pelo congestionamento: de pessoas, de veículos, mercadorias e imagens.

Existe também a questão cultural na imagem do varejo, que se mantém forte e reflete muito mais os valores socioculturais dos comerciantes independentes do que os desejos do consumidor (Lochead e Moore, 1998; Vargas, 2008).

É interessante observar, por exemplo, a força da cultura árabe na questão do comércio, que consegue manter seus princípios e suas práticas através do tempo e do espaço. Se olharmos nossas cidades no Brasil, podemos perceber fortemente a sua presença. O domínio árabe no Mediterrâneo por séculos, e principalmente em Portugal, deixa evidente essa influência que foi transmitida para suas colônias, observando desde o jeito de fazer comércio e o tipo de relacionamento social existente até a forma de organização do espaço comercial não planejado, como a rua 25 de Março em São Paulo, onde é fácil constatar esse legado. Esse é um exemplo inegável de herança cultural que atravessa milênios de tradição. Na verdade, a região da 25 de Março nada mais é do que um grande bazaar, em sua essência.

Fica claro que alguns lugares necessitam dessa forma de poluição visual que não está interessada em transmitir mensagens específicas de produtos ou estabelecimentos. É simplesmente a sensação de vitalidade que importa.

Nessas áreas de interesse para a cidade (como para o turismo), as intervenções deveriam adotar um caráter orientador, concentrando-se mais nos aspectos de segurança, condições sanitárias e circulação no espaço público.

Nas demais, critérios deveriam ser estabelecidos para que a publicidade estivesse mais orientada para as questões de identificação dos estabelecimentos.

Logicamente, não podem ser esquecidos todos os atores envolvidos nesse processo, que vão muito além do comerciante e das firmas de *outdoors* (Vargas e Mendes, 2002).

Uma legislação orientadora, uma fiscalização eficiente e, principalmente, uma conscientização dos varejistas de que esse tipo de propaganda e de espaço não contribui para a melhoria da rentabilidade do seu negócio podem ser um primeiro passo para a mudança da situação hoje existente nos espaços comerciais internos e externos. Nesse sentido, iniciativas como a Lei Cidade Limpa, em São Paulo, são uma contribuição.

Na atualidade, a concorrência crescente entre os diversos negócios vem reconhecendo e valorizando, cada vez mais, a importância do projeto arquitetônico como um todo para aumentar a rentabilidade de seus negócios.

A questão da imagem da cidade, principalmente em cidades como São Paulo, com grande vocação para o turismo de negócios, passa a ser fundamental, pois, conforme mencionado anteriormente, a imagem mental também é formada pela imagem física. E na questão do turismo, por exemplo, a boa lembrança que fica é a alma do negócio, pois induz ao desejo do retorno.

5 Considerações finais

> "[...] num projeto de interiores públicos o arquiteto tem a responsabilidade para com os usuários (consumidores ou funcionários), e não apenas para com o proprietário, acionista ou empreendedor [...] Diferentes arquiteturas e desenho de interiores têm a finalidade de seduzir o público, transformando o lugar num catalisador para a vitalidade das ruas e para todo o entorno urbano".
> **(De Boer, 1993, p. 26-27).**

A lógica do espaço terciário é a busca da centralidade

Ao olhar rapidamente essa frase, pode-se ter a impressão de que descobrimos o óbvio. No entanto, uma atenção mais cuidadosa perceberá que não estamos nos referindo à centralidade em si, que é o espaço onde as atividades realmente acontecem, mas, sim, à busca dessa centralidade.

É nessa direção que nossas conclusões se apresentam, pois destacam, nesse processo de busca, as diferentes formas de ação sobre o espaço físico adotadas pelos principais agentes envolvidos com as atividades terciárias.

Centralidade é aqui entendida como a ocorrência de encontro de fluxos de toda ordem – pessoas, mercadorias, veículos, informações –, reunindo uma variada quantidade de atividades terciárias (comércio e serviços, cultura, lazer, educação, saúde, administração pública, turismo, etc.).

Portanto, a busca dessa centralidade, por parte dos agentes envolvidos, traduz-se: se ela não existe, vamos procurá-la; se não a encontrarmos, vamos buscá-la; e se ela não existir, vamos criá-la.

Esse é o lema de todos que se envolvem com a atividade, diretamente.

É possível identificar três importantes e diferentes agentes com significativa atuação sobre o espaço urbano e regional: o pequeno comerciante independente; o grande varejista; e o empreendedor imobiliário.

O pequeno comerciante independente tem no seu negócio a sua sobrevivência, como qualquer outro tipo de negócio (inclui-se nessa categoria também o comércio ambulante).

Este aparece e desenvolve-se somente se a centralidade já existir. Ela é a alma da sua existência. Ele tira proveito da centralidade e passa a vender seus produtos. O fato de ser permanente (instalado em um edifício) ou ser ambulante não tem diferença. Vive

Praça Jamaa El Fna, Marrakesh, 2006. Foto: Tiago Comin Vargas.

da oportunidade do encontro já existente. Assim nasceu a maioria dos centros urbanos, em lugares estrategicamente bem localizados devido, principalmente, aos condicionantes geográficos favoráveis. Portanto, esse agente estará onde a centralidade estiver. Fluxo de pessoas existente é o seu foco de atenção.

No entanto, depois do espaço comercial consolidado, este pode vir a funcionar como um atrator de fluxo, fortalecendo ainda mais os atributos de centralidade em um processo autorreforçador. A região da 25 de Março em São Paulo é um bom exemplo.

O grande comerciante varejista possui um grande negócio e um grande estabelecimento. Logicamente, a existência da centralidade é o elemento principal, mas o porte do empreendimento traz consigo uma centralidade internamente ao edifício. Esse foi o caso dos *grands magasins*, das lojas de departamentos e das *superstores*. Dentro desses estabelecimentos, toda uma vida urbana acabava por ser criada, na qual o lazer, a vida cultural e a política, junto com o comércio, eram reproduzidos. O tamanho desses estabelecimentos, muitas vezes, funcionou com indutor da urbanização, como o caso da Mappin Stores, e ainda funciona, como no caso das lojas âncoras dos *shopping centers*, por atraírem fluxo. No entanto, este é um agente cuja base do seu negócio é vender produtos. Ele é um varejista por excelência e utiliza todas as técnicas de vendas possíveis para seduzir os consumidores. Para ele o consumidor é o rei. Vai em busca de todo o tipo de consumidor, variando o formato, o tipo de produto e as técnicas de venda, de acordo com o público-alvo, como acontecia com os *magasins* populares, lojas de preço único, super e hipermercados. Ele não apenas busca a centralidade urbana, mas a recria internamente ao seu estabelecimento e garante a atratividade do consumidor

O empreendedor imobiliário promove um grande negócio imobiliário lastreado no comércio. Para ele, se a centralidade não existir, ele vai criá-la. Como exemplos desse fenômeno podem ser citadas as galerias comerciais no século XIX e os *shopping centers* no século XX, para mencionar apenas alguns. Como foi visto exaustivamente, o capital imobiliário está, cada vez mais, envolvido com as atividades terciárias e, para manter o interesse de investidores nos seus empreendimentos e torná-lo exitoso, adota estratégias de negócios capazes de criar atributos de centralidade, com a qual não costuma ter compromissos futuros. Ao criar centralidades, garante a valorização dos empreendimentos que virão na sequência.

Pode-se, atualmente, adentrar a discussão sobre um quarto agente, que se apresenta cada vez mais forte, cuja ação e efeito está ainda por ser aprofundada.

O *e-commerce* é desenvolvido a partir da atuação de inúmeros agentes de forma virtual.

Apenas como especulação, podemos dizer que esse comércio a distância sempre existiu. A história nos mostra que, primeiramente, as mercadorias viajavam com os mercadores que iam em busca das áreas com centralidade. Depois, os mercados encontraram seus espaços e foram se alterando, mas sempre junto às áreas de centralidade. Para alguns produtos cujo mercado era limitado, as feiras respondiam bem, as casas de entrega a distância também. Essas respondiam a interessados longínquos que sabiam da existência dos produtos, mas não tinham como adquiri-los. Ou seja, o fraco mercado não viabilizava um estabelecimento vendendo tais mercadorias.

Se olharmos o *e-commerce* agora, 17 anos depois da primeira edição deste livro, com menos emoção do que as novidades costumam provocar e sem a expectativa criada pelos seus próprios agentes que pretendem, mais do que os lucros de curto prazo, criar um valor de mercado futuro para as suas companhias, vamos verificar que ele amplia, significativamente, a escala de possibilidades para os consumidores, e comerciantes, de acordo com uma lógica que o comércio sempre utilizou. No entanto, em uma escala planetária e em uma versão muito mais sofisticada. Ele, na verdade, ao invés de diminuir transações tradicionais ou substituí-las, vai aumentar o volume e provocar transformações no lugar do mercado.

A princípio focado nas compras reprimidas devido à distância ou à dificuldade de locomoção e nos produtos padronizados, abre um campo de possibilidades nunca antes imaginado, tendo como respaldo as diversas redes sociais criadas virtualmente e que abrem espaço para um lugar de mercado virtual. As adaptações necessárias vão sendo continuamente superadas, seja do ponto de vista dos equipamentos necessários, seja na facilitação do seu uso.

Na verdade, essa nova forma de comércio traz consigo um novo ponto de venda e de compra, ponto de troca, uma centralidade virtual. E o comércio como um todo só tenderá a crescer. Primeiro porque, se o consumidor não circula, é a mercadoria que tem de circular. Segundo que as mídias sociais, ao ampliarem a possibilidade do encontro virtual, ampliam o desejo do encontro presencial e dão vazão ao surgimento de diversas formas de interação via atividades culturais e lazer. E terceiro porque muitos dos serviços e produtos comercializados virtualmente não podem prescindir da experiência, seja na compra de ingressos, de cupons para restaurantes, seja de produtos customizados e equipamentos de alto valor. Todos exigem uma visita ao estabelecimento físico, comercial ou de serviços, ainda que na categoria de *showroom*. O impacto no território é notório, desde a necessidade de centrais de distribuição de produtos e da organização da circulação das mercadorias na cidade até o projeto de espaços de compras voltados à experimentação, dos quais as *flagship stores* são as mais novas representantes.

Finalmente, dois campos de atuação relacionados às atividades terciárias merecem mais atenção. Na área do planejamento urbano continua a ser fundamental um aprofundamento dos estudos do terciário pelos pesquisadores e profissionais da área, no sentido de melhor intervir nas cidades, lembrando que comércio e cidade têm uma relação de origem e que localização comercial não se define por decreto (Vargas, 2015).

No que se refere ao campo da arquitetura, também há a necessidade de os arquitetos brasileiros envolvidos com projetos de áreas comerciais e terciárias melhor se instruírem sobre a lógica do espaço terciário (como o fizeram os arquitetos responsáveis pelas galerias comerciais na Europa, em sua fase inicial) para atuar de modo competente e ético na construção das cidades. Não é o melhor projeto aquele que supera o programa inicialmente proposto?

Logicamente, os demais profissionais envolvidos com o comércio devem também se render à importância do projeto arquitetônico na otimização dos negócios. Arte e ciência em busca do ótimo. Essa é a verdadeira arquitetura de negócios.

O que projetar, como projetar, onde projetar? São perguntas que se referem diretamente à dinâmica urbana e às quais o arquiteto deveria procurar responder para tornar seus projetos viáveis para os seus clientes – proprietários, empreendedores, consumidores e a cidade (Vargas, 2014a), interferindo eficientemente em uma área da arquitetura em que bons exemplos são, realmente, uma raridade.

Referências

[ABRASCE] ASSOCIAÇÃO BRASILEIRA DE SHOPPING CENTERS. *Shopping centers: arquitetura e planejamento*. Belo Horizonte: G&A Editorial, 1998.

_____. Evolução do setor. Disponível em: http://abrasce.com.br/monitoramento/evolucao-do-setor. Acessado em: 28 fev. 2017

ALVES, A.C. *Mercado municipal de São Paulo*. São Paulo: Abooks, 2003.

ALVIM, Z.; PEIRÃO, S. *Mappin setenta anos*. São Paulo: Ex-Libris, 1985.

ASHWORTH, G.J.; VOOGD, H. *Selling the city: marketing approaches in public sector urban planning*. Londres: Belhaven Press, 1990.

BALDACCI, A. L'action des pouvoir publics en faveur du commerce et de l'artisanat dans le centre ancien des villes. *Urbanisme*. n. 179/180, p. 93-96, 1980.

BARBUY, H. *A cidade-exposição: comércio e cosmopolotismo em São Paulo, 1860-1914*. São Paulo: Edusp, 2006.

BARTON, I.M. et al. *Roman public buildings*. University of Exeter, 1989.

BEDDINGTON, N. *Shopping centers: retail development, design and management*. Oxford: Butterworth Architecture, 1991.

BERRY, J.L. *Geography of market centers and retail distribution*. Nova Jersey: Englewood Cliff Prentice Hall, 1967.

BORCHERT, J.G. Planning for retail change in the Netherlands. *Built Environment*. v. 14, n. 1, p. 22-37, 1988.

BROCKMAN, E.S. Modelo faliu e lojas viram escombros nos EUA. *O Estado de São Paulo*. São Paulo, 15 ago. 1999.

BRUNA, G.C. *A problemática do dimensionamento de áreas comerciais para uso no planejamento territorial*. São Paulo, 1972. Tese (Doutorado) – Faculdade de Arquitetura e Urbanismo, Universidade de São Paulo.

BURNS, E.M. *História da civilização ocidental: do homem das cavernas até a bomba atômica*. Rio de Janeiro: Globo, 1966.

BURNS, W. British *Shopping centers: new trends in layout and distribution*. Londres: Leonard Hill Books, 1959.

CALABI, D. *Il mercato e la città: piazze, strade, architectture d'Europa in età moderna*. Veneza: Marsílio, 1993.

CALDAS, P.; BRANT, L. *Tudo que há no mundo*. Documentário em DVD. São Paulo: CPFL, 2012.

CALVINO, I. *Cidades invisíveis*. Trad. Diogo Mainardi. São Paulo: Companhia da Letras, 1997.

CARCOPINO, J. *La vie quotidienne a Rome. À l'apogée de l'empire*. Roma: Hachette, 1939.

CAREY, R.J. American downtowns: past and present attempts at revitalization. *Buit Environment*. v. 14, n. 1, p. 47-59, 1988.

CARTER, J. Civic and other building. In: BARTON, I.M. et al. *Roman Public Buildings*. University of Exeter, 1989.

CASSADY JR., R. *Exchanges by private treaty*. University of Texas, 1974.

CASTELLO, L. *A percepção de lugar: pensando o conceito de lugar em arquitetura e urbanismo*. Porto Alegre: Propar/UFRGS, 2005.

CHIARA, M. Número de lojas vazias em shoppings é recorde. *O Estado de São Paulo*. Caderno Economia, p. B3, 1999.

CHILDE, G. *O que aconteceu na história*. Rio de Janeiro: Zahar, 1966.

COLLIS, R. With trains this fast, who needs fly? *International Herald Tribune*. Travel, p. 18, 8 jun. 1999.

COPELAND, P. Les concepts architecturaux des centres commerciaux. *Urbanisme*. n. 108/109, p. 54-57, 1968.

CRISTENSEN, Clayton M. The innovator's dilemma. When new technologies cause great firms to fail. Boston: Harvard Business Review Press. 1997.

CROSS, N. *Disenãndo el futuro*. Barcelona: Gustavo Gili, 1980.

CRUZ, R.C. *Política de turismo e (re)ordenamento de territórios no litoral do Nordeste do Brasil*. São Paulo, 1999. Tese (Doutorado) – Faculdade de Filosofia, Letras e Ciências Humanas, Universidade de São Paulo.

CULLEN, G. *Townscape*. Londres: The Architecture Press, 1961.

DAVIDSON, W.R.; BATES, A.D.; BASS, S.J. The retail life cycle. *Harvard Business Review*. v. 54, n. 6, p. 89-96. 1976.

DAVIDSON, W.R.; SWEENEY, D.J.; STAMPFL, W.R. *Retailing Management*. Nova York: John Willey & Sons, 1988.

DE BOER, M. Public interiors. In: KLOOS, M. (Org.). *Public interiors*. Trad. O' Loughlin Michael. Amsterdã: Architectura & Natura Press, 1993.

DEJEVSKY, M. EUA derrubaram as paredes dos shoppings. *Folha de São Paulo*. Mundo, p. 15, 24 mar. 1998.

DELFANTE, C.; CACAUT, C. Les échanges dans les études urbaines. *Urbanisme*. n. 108/109, p. 8-9, 1968.

DELORME, J.C.; DUBOIS, A.M. *Passages couverts parisièns*. Paris: Parigramme, 1996.

DESDILET, Deborah. *Morris Lapidus: Architecture of joy*. New York: Rizzoli International publications, Inc, 2010. 443.

DÉZERT, B. *Les activités tertiaires: leur rôle dans l'organization de l'espace; systemes urbaines et activités tertiaires*. Tome II – Transport e organization de l'espace. Paris: CDU/Sedes, 1976.

DONAVAN, R.J.; ROSSITER, J.R.; MARCOOLYN, G. et al. Store atmosphere and purchasing behavior. *Journal of Retailing*. v. 70, n. 3, p. 283-294, 1994.

DUARTE, A. A antropologia e o estudo do consumo: revisão crítica das suas relações e possibilidades. *Etnográfica*. v. 14, n. 2, p. 363-393, jun. 2010.

DURANT, S. Arcades: the history of a building type. *Architectural Design*. v. 53, n. 9-10, p. 94-97, 1983.

ENGLISH, M. *Designing identity: graphic design as a business strategy*. Massachussets: Rockport, 1998.

[ESP] O ESTADO DE SÃO PAULO. A decadência das sofisticadas galerias. *O Estado de São Paulo*. São Paulo, 13 jan. 1974.

_____. Centerombros nos EUA. *O Estado de São Paulo*. p. B4, 15 ago. 1999.

FELISONI, C. *Varejo: modernização e perspectivas*. São Paulo: Atlas, 1994.

FERRAZ, V.S. *Hospitalidade urbana em grandes cidades. São Paulo em foco*. São Paulo, 2013. Tese (Doutorado) – Faculdade de Arquitetura e Urbanismo, Universidade de São Paulo.

FOMBRUN, C.J. *Reputation realizing value from corporate image*. Boston: Harvard Business School, 1996.

FOURQUIM, G. *História econômica do ocidente medieval*. Lisboa: Edições 70, 1979.

FRANÇA, C.R.; REZENDE, V.F. *A permanência e o desaparecimento dos mercados municipais e feiras livres nos espaços urbanos centrais das cidades do Rio de Janeiro e de Salvador, Brasil*. In: Anais do III Seminário Internacional Urbicentros. Salvador, 2012.

FRANCO, G. O valor das coisas. *Veja*. jan. 2000, p. 113.

[FUPAM] FUNDAÇÃO PARA A PESQUISA AMBIENTAL. *Estudo das características dos negócios da área central do município de Santo André no processo de revitalização urbana*. São Paulo: Fupam/Prefeitura do Município de Santo André, 1999.

FYSKATORIS, A. *A casa alemã*. In: 4º Colóquio de Moda. 2008. Disponível em: <http://www.coloquiomoda.com.br/anais/4-coloquio-de-moda.php>. Acesso em: 30 abr. 2016.

GAGETE, E. *Dez anos de Shopping Interlagos*. São Paulo: Alsi, 1998.

GALBRAITH, J.K. *O novo estado industrial*. Rio de Janeiro: Civilização Brasileira, 1967.

_____. *O pensamento econômico em perspectiva: uma história crítica*. São Paulo: Pioneira, 1989.

GARREFA, F. *A evolução da indústria de shopping centers no Brasil: tendências recentes*. In: Anais do II CINCCI – Colóquio Internacional sobre Comércio e Cidade. 2008, São Paulo.

GARREFA, F. *Shopping center: de centro de abastecimento a produto de consumo*. São Paulo: Senac, 2010.

GARREFA, F. Shopping centers e conjuntos de uso misto: conceito, projeto e produto. In: VARGAS, H.C.; ARAUJO, C.P. *Arquitetura e mercado imobiliário*. Barueri: Manole, 2014.

GASTELAARS, R.V.E. Public life in amsterdam. In: KLOOS, M. *Public interiors*. Trad. O' Loughlin Michael. Amsterdã: Architectura & Nat, 1993.

GEIST, J.F. *Arcades: the history of a building type*. Londres: MIT Press, 1993.

GLOTZ, G. *História econômica da Grécia desde o período homérico até a conquista romana*. Lisboa: Cosmos, 1920.

GORBERG, S.; FRIDMAN, S.A. *Mercados no Rio de Janeiro 1834-1962*. Rio de Janeiro: Gorberg Samuel, 2003.

GOSLING, D.; BARRY, M. *Design and planning of retail system*. Londres: Architectural Press, 1976.

GRANT, M. *The world of Rome*. Londres: Weidenfeldand Nicolson, 1960.

GRUEN, V. Retailing and the automobile: a romance based upon a case on mistaken identity. In: HORNBECK, J.S. *Stores and shopping centers*. Nova York: McGraw-Hill, 1962; p. 97-114.

GUY, C. *The retail development process: location, property and planning*. Londres: Routledge, 1994.

HABITAT. Galeria Califórnia. *Habitat*. n. 2, p. 10-11, 1951.

_____. Conjunto Maximus. *Habitat*. n. 59, p. 3-9, 1960.

HANTSCHIK, W. Le centre et ses passages. *Architecture D'Aujourdhui*. n. 153, p. 60-63, dez. 1970/jan. 1971.

HARDWICK, M. Jeffrey. *Mall Maker, architect of an American Dream*. Philadelphia: University of Pennsylvania. 2004.

HARUEL, J.L. *História do urbanismo*. Campinas: Papirus, 1990.

HARVEY, D. *Condição pós-moderna*. São Paulo: Edições Loyola, 1994.

HEALEY, M.J.; ILBERY, B.W. *Location & change: perspectives on economic geography*. Nova York: Oxford University, 1990.

HILLIER, B.; HANSON, J. *The social logic of space*. Cambridge: Cambridge University Press, 1982.

HIROMOTO, T. Destination concept and development. In: TAO, I.M.; JERDE, J.A. *American shopping center*. Tóquio: Shoken Kenchiku-SHA, [s.d.].

HIRSCHMAN, A. O. *As paixões e os interesses: argumentos políticos para o capitalismo antes do seu triunfo*. Rio de Janeiro: Paz e Terra, 1979.

HOWARD, E.; DAVIES, R. Issues in retail planning within the United Kingdom. *Built Environment*. v. 14, n. 1, p. 7-21, Oxfors Alexandrine Press, 1988.

JARDÉ, A. *A Grécia antiga e a vida grega*. São Paulo: EPU/Edusp, 1977.

JODOGNE, C. et al. (Orgs.). *The Grand-Place of Brussels*. Bruxelas: Solibel, [s.d.(a)].

JODOGNE, C. (Org.). *Three 19th Century Arcades*. Bruxelas: Solibel, [s.d.(b)].

KATO, A. *Plazas of the Southern Europe*. Tóquio: Process Architecture Publishing Co. Ltda., 1993.

KOTLER, P. *Administração e marketing. análise, planejamento, implementação e controle*. São Paulo: Atlas, 1995.

KON, A. *A produção terciária: o caso paulista*. São Paulo: Nobel, 1992.

LANCASTER, B. *The department store: a social history*. Londres/Nova Iorque: Leicester University, 1995.

LAWRENCE, P.R. How to deal with resistance to change. *Harvard Business Review*. maio-jun. 1954.

LEE, S.L. *Government polices towards the samall retailers: de case of Singapure*. In: 6th International Conferernce on Recent Advances and Services Science. Porto Rico, 1999.

LENA, H. L'urbanisme Comercial. *Urbanisme*. n. 179/180, p. 66-69, 1980.

LIMA FILHO, A. *Distribuição espacial do comércio varejista na Grande São Paulo*. São Paulo: IG, 1975.

LOCHEAD, M.; MOORE, C. *Blot on the landscape. The terror that is retail design*. In: 5th International Conference in Recents Advances in Retailing and Services Science. Baveno, 1998.

LONGMAN. *Dictionary of contemporary english*. Harlow: Longman, 1987.

LUBECK, E. Stadt Stellt Sich Vor (livreto de informações turísticas veiculado pela prefeitura de Lubeck em 1996). s.d.

MACAULAY, D. *Construção de uma cidade romana*. São Paulo: Martins Fontes, 1989.

MACCARTER, Robert. *Frank Lloyd Wright*. Nova York: Phaidon Press. 2001.

MARCONDES, D. *Iniciação à história da filosofia: dos pré-socráticos a Wittgenstein*. Rio de Janeiro: Zahar, 1997.

MARTINS, V. *Praça do mercado: encruzilhada da cidade. Campinas, século XIX*. In: Anais da Anpuh, XXIII Simpósio Nacional De História. Londrina, 2005.

MARX, K. *O capital. O processo global de produção capitalista*. Trad. Reginaldo Sant'anna. 3.ed. Livro 3, v. 6. Rio de Janeiro: Civilização Brasileira, 1980.

MASANO, T.F. O planejamento da localização comercial. *Mercado Global*. p.54-60, jun/ago, 1985.

MASANO, T.F. *Shopping centers e suas relações físico-territoriais e sócio-negociais no município de São Paulo*. São Paulo, 1993. Tese (Doutorado) – Faculdade de Arquitetura e Urbanismo, Universidade de São Paulo.

MASKULKA, J.M. *Visual pollution*. Working paper. Lehigh University, Department of Marketing, Estados Unidos, 1999a.

_____. *Outdoor advertising – the brand communication medium of the 21st century*. Working paper. Lehigh University, Department of Marketing, Estados Unidos, 1999b.

MASKULKA, J.M.; THODE, S.F. *"Place-based" marketing strategies: a sustainable competitive advantage in developing a product's brand equity*. In: 3rd

International Conference in Recent Advances in Retailing and Services Science. 1996, Telfs-Buchen.

MASLOW, A. *Motivation e personalidad*. Barcelona: Sagitário, 1954.

MAUSS, M. *Sociologia e antropologia*. São Paulo: Edusp/EPU, 1974.

MELO, M.C.L. *As relações dos mercados públicos de São José e da Boa Vista com a cidade do Recife entre 1820 e 1875*. Recife, 2011. Dissertação (Mestrado) – Universidade Federal de Pernambuco.

MENDES, C.F. *Paisagem urbana: uma mídia redescoberta*. São Paulo, Senac, 2006.

MERLIN, P. *Les villes nouvelles; urbanisme régional et aménagement*. Paris: Presses Universitaires de France, 1969.

MEYER, R.M.P. *Metrópole e urbanismo. São Paulo anos 50*. São Paulo, 1991. Tese (Doutorado) – Faculdade de Arquitetura e Urbanismo, Universidade de São Paulo.

MILLER, D. *A theory of shopping*. Nova York: Cornell University Press, 1998.

MONETTI, E. O ponto de vista do empreendedor. In: VARGAS, H.C.; ARAUJO, C.P. *Arquitetura e mercado imobiliário*. Barueri: Manole, 2014.

MUMFORD, L. *A cidade na História*. Belo Horizonte: Itatiaia, 1965.

MURILHA, D.; SALGADO I. A arquitetura dos mercados públicos. Tipos, modelos e referências projetuais. *Arquitextos Vitruvius*. v. 138, n. 2, ano 12, nov. 2011. Disponível em: http://www.vitruvius.com.br/revistas/read/arquitextos/12.138/4113. Acessado em: 15 set. 2016.

NELSON, R. *The selection of retail location*. Nova York: F.W. Dalge, 1958.

PERROUX, F. *L'économie du XXème Siècle*. Paris: Presses Universitaires de France, 1964.

PEVSNER, N. *A history of buildings types*. Londres: Thames and Hudson, 1976.

PICARD, C. *La vie dans la Grèce classique*. Vendôme: Presses Universitaires de France, 1960.

PINI, S.M. *A arquitetura comercial e contexto: o estudo de caso do Conjunto Nacional*. São Paulo, 2000. Dissertação (Mestrado) – Faculdade de Arquitetura e Urbanismo, Universidade de São Paulo.

PIRENNE, H. *As cidades na Idade Média*. Edições Europa-América, 1964.

PONSARD, C. *Histoire de théorie économique sapciales*. Paris: Colin, 1958.

PORTER, M. *Competitive Strategy*. Nova York: Free Press, 1980.

PORTER, M.E. Local clusters in a global economy. In: HARTLEY, J. (Ed.). *Creative industries*. Blackwell Publishing, 2003.

REIS FILHO, N.G. *São Paulo e outras cidades – produção social e degradação dos espaços urbanos*. São Paulo: Hucitec, 1994.

RENOY, G. *Les grands magasins*. Bélgica: Rossel, 1986.

RIGBY, D.K.; VISHWANATH, V. Localization: a quiet revolution in consumer markets. *Harvard Business Review*. v. 84, issue 4, p. 82-91, abr. 2006.

ROCHEFORT, M. *Les activités terciaires: leur rôle dans l'organization de l'espace*. Tome I. Formes de relations entre activités tertiaires e l'organization de l'espace. Paris: CDU/Sedes, 1976.

RODRIGUES, E.R.R. *Shopping a céu aberto no brasil. Transformações estratégias e perspectivas da rua comercial na sociedade de consumo contemporânea*. São Paulo: FAU-USP, 2012.

ROLL, E. História do Pensamento econômico. In: *Panorama da Ciência Econômica*. Parte 1, v. 1 e 2. Lisboa: Cosmos, 1950.

ROMANO, L. Edifícios de mercado gaúchos: uma arquitetura dos sentidos. Porto Alegre, 2004. Dissertação (Mestrado) – Universidade Federal do Rio Grande do Sul.

SALGUEIRO, T.B.; CACHINHO, H. (Orgs.). *Retail planning for the resilient city. consumption and urban regenerativo*. Lisboa: Centro de Estudos Geográficos, 2011.

SANTOS, H.C. *Arquitetura, história e funcionalidade dos mercados públicos em Belém (1940-1943)*. Belém, 2015. Dissertação (Mestrado) – Universidade Federal do Pará.

SANTOS, M. *O espaço dividido: os dois circuitos da economia urbana dos países subdesenvolvidos*. Trad. Myrna T. Rego Viana. Rio de Janeiro: Francisco Alves, 1979.

SÃO PAULO (Cidade). Lei n. 5114 – Obriga a construção de galerias nas edificações que se fizerem nos lotes lindeiros às ruas Direita, São Bento, 24 de Maio e 7 de Abril, e dá outras providências. Secretaria dos Negócios Internos e Jurídicos, São Paulo, 28 de fevereiro de 1957.

_____. Prefeitura do Município. Lei n. 4615 – Regula as Condições Gerais das Edificações. Prefeitura do Município de São Paulo, 13 de janeiro de 1955, Item 4.14 – GALERIAS.

SASSEN, S. *As cidades na economia global*. São Paulo: Studio Nobel, 1998.

SEGAWA, H. *Prelúdio da metrópole – arquitetura e urbanismo em São Paulo na passagem do século XIX ao XX*. São Paulo: Ateliê Editorial, 2000.

SILVA, D.V. *Mercados públicos em São Paulo: arquitetura, inserção urbana e contemporaneidade*. São Paulo, 2017. Dissertação (Mestrado) – Faculdade de Arquitetura e Urbanismo, Universidade de São Paulo.

SILVERMAN, J.L. *Forums, fairs, & futures: a jorney in time through markets of the world*. Leadership Publishers, 1992.

SINGER, P. Trabalhos produtivos e excedentes. *Revista de Economia Política*. Brasiliense, v.1, n 1, São Paulo, jan-mar, 1981.

SNAITH, W.T. How retailing principles affect design. In: HORNBECK, J.S. *Stores and shopping centers*. Nova York: McGraw-Hill, 1962; p. 2-10.

SOUSA, A.A. *El ocio turístico en las sociedades industriales avanzadas*. Barcelona: Bosch, Casa Editorial S.A, 1994.

SUPERGRAOHICS. *Progressive architecture*. nov., 1967, p. 132-151.

UNDERHILL, P. *Why we buy. The science of shopping*. Nova York: Simon & Schuster Paperbacks, 2000.

VARGAS, H.C. *A importância das atividades terciárias no desenvolvimento regional*. São Paulo, 1985. Dissertação (Mestrado) – Faculdade de Arquitetura e Urbanismo, Universidade de São Paulo.

_____. *Eficiência da intervenção do Estado na localização comercial*. In: Anais do III Encontro Nacional da ANPUR. v.1. 1990, Águas de São Pedro, p. 343-351.

_____. *Comércio: localização estratégica ou estratégia na localização*. São Paulo, 1992. Tese (Doutorado) – Faculdade de Arquitetura e Urbanismo da Universidade de São Paulo.

_____. *As atividades de comércio e serviços varejistas nas políticas urbanas da cidade de São Paulo*. In: Anais do Seminário Internacional sobre Avaliação dos Instrumentos de Intervenção Urbana. 1993, São Paulo.

_____. *Searching for a Business Architecture*. In: Conferência Internacional Spatial Analysis in Environment-Behavior Studies. 1995, Eindhoven. Disponível em: www.labcom.fau.usp.br. Acessado em: 16 abr. 2017.

_____. *O ambiente natural enquanto produto de consumo turístico*. In: IV Encontro Nacional sobre Gestão Empresarial do Meio Ambiente. 1997, São Paulo, p.169-180.

_____. Turismo e a valorização do lugar. *Turismo em Análise*. v. 9, n. 1, maio 1998a.

_____. Galerias do centro. *Urbs*. ano 1, n. 8, p. 41-49, 1998b.

_____. Debe mantenerse la dinámica de um Centro Comercial. Tendência. Suplemento Mensual – Arquitetura e Diseño. *Panorama*. n. 42, jun., 1999a.

_____. *The retail design in a process of urban use substitution*. In: 6th Retailing and Consumer Services Science Conference. Porto Rico, 1999b. Disponível em: www.labcom.fau.usp.br. Acessado em: 16 abr. 2017.

_____. *Qualidade ambiental urbana: em busca de uma nova ética*. In: VII Encontro Nacional da Anpur. Porto Alegre, 2000.

_____. O comércio varejista e políticas urbanas: uma difícil conversa. *Sinopses*. São Paulo, n. 34, p. 20-30, abr. 2001.

_____. Gestão de áreas urbanas deterioradas. In: PHILIPPI JR, A.; BRUNA, G.C.; ROMERO, M.A. (Orgs.). *Curso de gestão ambiental*. Barueri: Manole, 2004.

_____. Limites ao controle da publicidade na paisagem urbana. *Ambiente Já*. Porto Alegre, set. 2007. Disponível em: http://www.ambienteja.com.br. Acessado em: 16 abr. 2017.

_____. Herança árabe e democracia. *O Povo*, Fortaleza, p. 5 - 5, 10 fev. 2008.

_____. O lugar do comércio e serviços na arquitetura e urbanismo. *Revista Virus*. sem.1, v. 9, 2013. Disponível em: http://www.nomadsusp.br/virus. Acessado em: 10 jan. 2017

_____. O arquiteto seus clientes. In: VARGAS, H.C.; ARAUJO, C.P. *Arquitetura e mercado imobiliário*. Barueri: Manole, 2014a.

_____. O fator localização revisitado. In: VARGAS, H.C.; ARAUJO, C.P. *Arquitetura e mercado imobiliário*. Barueri: Manole, 2014b.

_____. Da escola de Chicago aos edifícios certificados: um olhar sobre a produção de escritórios na cidade de São Paulo – 1870-2010. In: VARGAS, H.C.; ARAUJO, C.P. *Arquitetura e mercado imobiliário*. Barueri: Manole, 2014c.

_____. Publicidade imobiliária. O que se está vendendo? In: VARGAS, H.C.; ARAUJO, C.P. *Arquitetura e mercado imobiliário*. Barueri: Manole, 2014d.

_____. Localização comercial não se define por "decreto". 2015. Disponível em: http://www.labcom.fau.usp.br/?page_id=27. Acessado em:

_____. *As motivações do consumidor definindo o tempo e o espaço das atividades de comércio e serviços*. In: Anais do V CINCCI – Colóquio Internacional sobre Comércio e Cidade. 2016a, São Paulo. Disponível em: http://www.labcom.fau.usp.br. Acessado em: 16 abr. 2017.

_____. Turismo e compras: aproximações e simbioses. In: VARGAS, H.C.; PAIVA, R.A. *Turismo, arquitetura e cidade*. Barueri: Manole, 2016b.

_____. O lugar do turismo nas teorias de desenvolvimento: da Tríade Marshaliana às cidades criativas. In: VARGAS, H.C.; PAIVA, R.A. *Turismo, arquitetura e cidade*. São Paulo: Manole, 2016c.

_____. Mercado del siglo XIX: Génesis y permanência. Ciudades 114 abril-junho, 2017a, RNIU. Puebla, México.

_____. Espaços comerciais na metrópole paulista. In: CARDOSO, Ana Maria de A. *São Pulo de outros tempos*. São Paulo: CIEE, 2017b.

VARGAS., H. C; Bortolli Jr,, O.este. Flagship Store. Um atrativo turístico de luxo cap18 In: VARGAS, H.C.; PAIVA, R.A. *Turismo, arquitetura e cidade*. São Paulo: Manole, 2016.

VARGAS, H.C.; BRUNA, G.C. The Shopping Centers Shaping the Brazilian cities. Two case study in São Paulo. In: DEL RIO, V.; SIEMBIEDA, W. *Contepmporary urbanism in Brazil. Beyond Brasília*. Gainesville: University of Florida, 2008.

VARGAS, H.C.; CASTILHO, A.L.H. *Intervenções em centros urbanos. Objetivos, estratégias e resultados*. Barueri: Manole, 2006.

VARGAS, H.C.; MENDES, C.F. Poluição visual. Quem lucra com o caos? *Arquitexto*. n. 020.06, ano 2, jan. 2002. Disponível em: http://vitruvius.com.br/revistas/read/arquitextos/02.020/816. Acesso em: 16 abr. 2017.

VÁRZEA, A. *História do comércio*. São Paulo: Francisco Alves, 1937.

VILLAÇA, F.J. *A localização como mercadoria*. São Paulo: FAU-USP, 1978.

WALL, Alex. Victor Gruen. *From urban shop to New city*. Barcelona: Actar. 2005.

WARNABY, G.; DAVIES, J.B. *Cities as services factories. Using the servection system for marketing cities as shopping destinations*. In: 3rd Internacional Conference on Recent Advances in Retailing and Services Science. 1996, Insbrusk.

WEBER, A. *A theory of the location of industries*. Chicago: University of Chicago, 1969.

WEBER, M. *A ética protestante e o espírito do capitalismo*. 13.ed. São Paulo: Pioneira, 1999.

WEISS, W.M.; WESTERMANN, K.M. *The bazaar: markets and merchants of the islamic world*. Londres: Thames and Hudson, 1998.

WRIGLEY, N.; LOWE, M. Retailing, consumption and capital: towards the new retail geography. Londres: Longman, 1996.

ZENTES, J.; MORSCHETT D.; SCHRAMM-KLEIN, H. *Strategic retail management. Text and international cases*. 2.ed. Netherlands: Glaber, 2011.

Bibliografia sugerida

APPLEBAUM, W. Guidelines for a Store location strategy study. Journal of Marketing. Vol 30, n.4 (out, 1996) p. 42-45.

BATEMAN M. Office development: a geographical analysis. Londres: Croom Helm, 1985.

BLUDEN, J.R. Rural Land Use, in Open University D204 Fundamentals of human Geography, Section II, spatial analysis; area patterns, Unit 15 (Open University, Milton Keynes), 5-55, 1977.

BURTENSHAW D.; BATEMAN M.; ASHWORTH G.J. The city in West Europe. Chichester: Wiley, 1981.

DONAVAN, R.J.; ROSSITER, J.R. Store atmosphere: an environmental psychology approach.

FOUND, W.C. A Theoretical approach to rural land use patterns. Londres: Edward Arnold, 1971.

FREEMAN, C. The role of technical change in national economie development. Londres: Allen and Unwin, 1986. p. 100-14.

GASSON, R.M. Goals and values for farmers. *Journal of Agricultural Economics*, v. 24, p. 521-42, 1973.

GODDARD, J.; THWAITES, A.T. Technological change and the inner city. *Social Science Research Council*. Londres, 1980.

GREENHUT, M.L. Plant Location in theory and practice: the economics of an oligopolistic market economy. Chicago: Scott Foresman, 1956.

HAMILTON, F.E.I. Spatial perspective on industrial organization and decision-making. Chichester: Wiley, 1974, 3-46.

ILBERY, B.W. Agricultural, decision-making: a behaviour perspective. *Progress in human geography*. v 2, p. 448-66, 1978.

JARRY, P. *Les Magasins de Nouveautés*. Paris, 1948.

LACROIX, P. *XVIII ème siècle. Institutions, usages et costumes*. Paris: Firmin-Didot, 1885.

MARKUSEN, A. Profits Cycles, oligopoly and Regional development. Cambridge, Massachusetts: MIT PRESS, 1985.

MARKUSEN, A. *Profits cycles, oligopoly and regional development*. Cambridge: MIT Press, 1985.

MASSEY, D. A critical evalution of Industrial location theory. In: HAMILTON, F.E.I.; LINGE, G.J.R. (Eds). Spatial analysis, industry and industrial environment. Industrial Systems Chichester: Wiley, 1979. p. 57-72.

MEHRABIAN, A.; RUSSEL, J.A. *An approach to environmental psychology*. Cambridge: MIT Press, 1974.

SCHUMPETER, J.A.A. Business cycles: a theoritical, historical ans statistical analysis of the capitalism process. Londres: McGraw Hill, 1939.

STEPHENSON, K.R.; ROBERT F. The Semantic Differential: An Information Source for Designing Retail Patronage Appeals. *Journal of Marketing*, n. 31, 1967, p. 45.

WATTS, H.D. Industrial Geography. Harlow: Longman, 1987.

WIRTH, E. Zum Problem des Basars. In: Der Islam, Berlin, 1975.

ZOLA, E. *La delicia de las damas*. (ed. espanhola). Barcelona: Ediciones Nauta, 1966. [Título original: *Oeuvres Complètes*. v. XII. Paris, 1927-1929].

Índice remissivo

25 de Março 265

A
abastecimento 58
abóboda de berço 143
Adam Smith 15
Alfred Marshall 20
alma do negócio 266
ambulantes 243
âncoras 232
Anhangabaú 217
área
  bruta locável 235
  de influência 39
argumento de venda 179
Aristóteles 7
arquitetura
  comercial de transição 261
  preexistente 240
art déco 217
art nouveau 184
associação dos comerciantes 242
atmosfera 254
atração turística 227
atrator de fluxo 270
avenida Paulista 225

B
baby boom 187
Bacon 15

Baixa Augusta 227
base
  econômica 235
  imobiliária 243
basílica 94
bazares beneficentes 243
behaviorista 34
bem elástico 248
boa imagem 253
boca a boca 251
Bon Marché 167
Boucicaut 128
boutiques fechadas 243
bow-window 122
Brasília 208, 227
brick and mortar 247
Broadway 258

C
cadeias de lojas 175
  múltiplas 175
caixa d'água 264
caixeiros viajantes 244
caixotes 237
calçada 131
câmbio 116
camelôs 244
capital humano 18
caravançarais 84
Carta de Atenas 156
cartéis 102
casas exportadoras 214

category killer 237
centralidade 121, 269
Christaller 35
ciclo do lucro 55
cidades-jardins 186
cidades novas 186
código 7
  de comportamento 74, 207
colunatas 88
comerciante independente 269
comércio
  informal 243
  virtual 245
compras
  associadas 43
  coletivas 247
  comparadas 43
  de conveniência 43
  especializadas 246
  hedônicas 239
  obrigatórias 246
  planejadas 43, 237
  por impulso 43
  recreacionais 248
congestionamento 120, 258
Conjunto Nacional 226
conservação de alimentos 157, 179
consumo 14, 19, 168
crediário 219
criação de localizações 64

Crystal Palace 126
cultura árabe 265
cupons de descontos 247
curvas isócronas 49

D
David Hume 15
David Ricardo 15
decisão de localização 34
delivery 46
deseconomias de aglomeração 48
desejo do retorno 266
Deus Mercúrio 168
dinâmica urbana 50
domínio pacífico 4
downtown 189

E
Ebenezer Howard 186
e-commerce X, 246
economia urbana 240
economizar tempo 237
elástico 16
elevador 171
Elizário Bahiana 217
emoções 256
empório 93
émporos 91
Epicuro 8
equidade 251, 252
escada rolante 171
escolásticos 9
especificidade do lugar 239
estacionamentos 225
estações de trem 154
estímulo da sedução 246
estocagem 58
estratégia nos negócios 43, 241
evasão de impostos 245
eventos 239
experiência de consumo 256
experimentação 206
    gastronômica 248

F
fachada 229
faixa de renda 232
fama 253
farmácias 229
fast food 263
feiras
    de Champagne 111
    livres 213
    temáticas 244
festival centers 238
Filarete 116
fisiocratas 15
flagship stores 206, 248
flâneur 135
fondaco 115
food trucks 248
footing 217
foot loose 30
Fórum de Trajano 93
franquias 43

G
Galerie du Bois 129
gastar para economizar 247
gerador de fluxos 239
grande varejista 269
grupos de referência 203
guildas 97, 101

H
halle 112
Hamurabi 6
hansa 102
Haussmann 154
hipermercado 183
Hospital de Base 229
hospitalidade urbana 260
house delivery 246
humor 254

I
identidade 252
iluminação zenital 134
ímã 218
imagem
    da cidade 144
    física 251
    mental 251
impulso 4
inelástico 16
informal 31
inner town 189
inovação(ões)
    disruptivas 54
    incremental 54
    radical 54
inserções das marcas 264
interesse público 66
interiores públicos 72
intimidade 260
islamismo 80

J
Jardim da Luz 74
Jean-Baptiste Say 17
John Maynard Keynes 21
John Stuart Mill 18
joint-stock companies 144
Jonh Locke 15

K
kapeléia 91
Karl Marx 19
kýklos 91

L
La Défense 52
Le Corbusier 155
le doux commerce 11
legislação 52
    trabalhista 51
    urbanística 224
Lei Cadenas 173
Lei Cidade Limpa 265
Leo Waras 20
Les Halles Centrales 126
letreiros 258
libido *dominandi* 8
linguagem 257
localização estratégica 43
logos 257
lojas 117
    âncoras 195

de desconto 180
de rua 242
McDonald's 263
lugar
　central 32
　do mercado 119
　do mercado virtual 247
　luxo 157

M

macellum 97
magasin
　de nouveautés 122
　populares 180
magnet 191, 218
mail order houses 177
Main Street Program 66
Maison du Pain 110
maisons du peuple 173
mais-valia 13
manufatura 56
Mappin Stores 208
marcas 43
marketing 200
massa crítica 235
meio de transmissão 251
mercadores 244
mercados
　francos 213
　segmentados 204
merchandising 200
mídias sociais 272
moda-lucro-mudança 236
Monoprix 181
motivação 204
　hedônica 239
motoboys 48
movimento moderno 154
mudança de valores 234
multiples 122
música e cores 256

N

necessidades básicas 4
new towns 197

O

ócio 8
outdoor advertising 262
outlets 44
out of town 189

P

paisagem urbana 251
Palais-Royal 129
passagens 225
patrimônio histórico 264
pechinchar 82
pé-direito 225
percepção da imagem 251
pés poeirentos 11
piazza 111
place-based 63
place marketing 62
Platão 7
poder de compra 39
polos de desenvolvimento 18
poluição visual 260, 261
pontos micados 138
posicionamento 252
power centers 237
preço
　do solo 190
　fixo 181
　justo 9
　único 181
Priba 181
Prisunic 181
processo fabril 56
produção
　flexível 13, 56
　fordista 56
produtos padronizados 246
projeto de arquitetura 241
promoções 200
propagandas 229
propriedade privada 5
pseudolugares 62
psicologia 256
publicidade 253
público-alvo 207

Q

Quesnay 15
quiosques 245

R

Ramos de Azevedo 210
recreational shopping 248
redes sociais 247
reforma 10
renda(s)
　diferenciais 60
　de monopólio 240
　psicológica 36
reputação 252
resiliência urbana 67
resistência às mudanças 59
revolução tecnológica 54
rua Augusta 225, 227

S

sacolões 214
salubridade 245
Santo Agostinho 8
São Tomás de Aquino 9
saturação 236
saúde pública 245
sazonalidade 244
Schumpeter 21
sedução 179
segunda mão 246
self-service 180
selling center 188
sentido do lugar 226
serviços produtivos 32
shopping
　de destinação 237
　Light 232
showroom 272
sigilo 235
símbolos 257
sintaxe espacial 50
sobrevivência 236
star architects 248
stile liberty 184
stoa 88
strip centers 238

substituição de usos 227
suburbanização 179
sucks 84
supergraphics 259
supermercado 181
superquadras 228

T
tabernae novae 95
taxas de motorização 189
teleshopping 246
tempo
  de compras 237
  livre 13, 237
tenant mix 191
teoria dos jogos 37
terciarização 208
Tertuliano 8

the sense of place 226
Thomas Hobbes 15
Thomas Malthus 16
town center management 66
trens rápidos 47
triângulo comercial 217
turismo
  de compras 227
  de negócios 266

U
unidades de medidas 100
Uniprix 181

V
valor
  de troca 15

de uso 15
variety store 122
viabilidade econômica 240
vida noturna 133
vidro 117
vitalidade 120
  do belo 257
vitrinas 117
Von Thünen 35

W
Weber 35

Z
zoneamento 52, 156

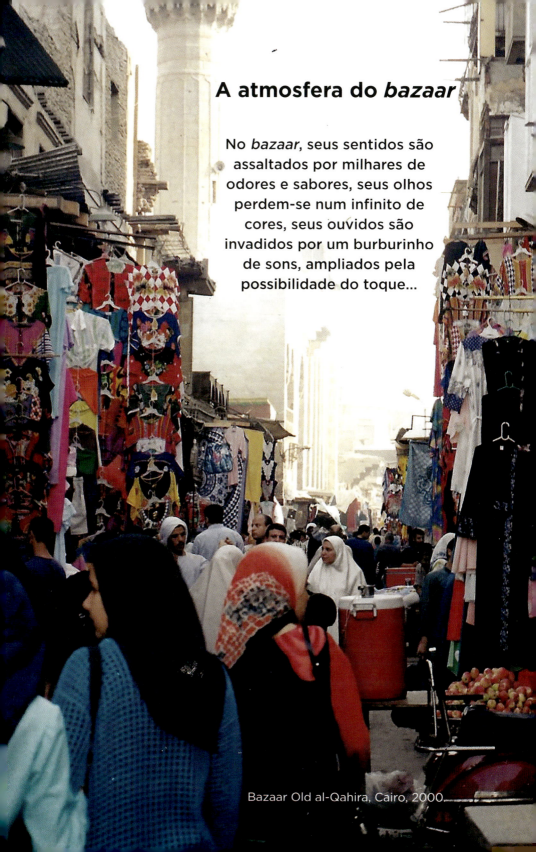

A atmosfera do *bazaar*

No *bazaar*, seus sentidos são assaltados por milhares de odores e sabores, seus olhos perdem-se num infinito de cores, seus ouvidos são invadidos por um burburinho de sons, ampliados pela possibilidade do toque...

Bazaar Old al-Qahira, Cairo, 2000.

Spicy Bazaar, Istambul, 2008.

Souk *des herbes*, Marrakech, 2007.

Bazaar em Fez, Marrocos. *Tanneries* (processo de tingimento do couro), 2007.

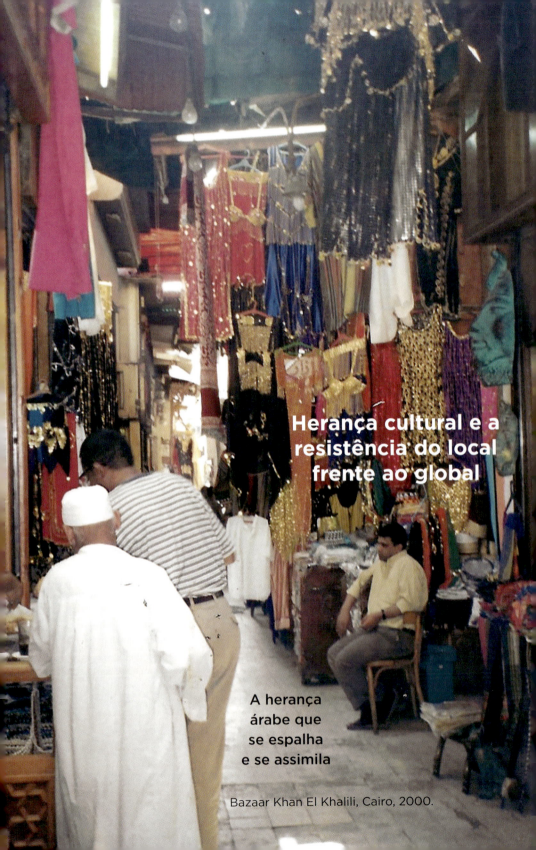

Herança cultural e a resistência do local frente ao global

A herança árabe que se espalha e se assimila

Bazaar Khan El Khalili, Cairo, 2000.

Bairro Cristão, Damasco, 2000.

Mercado de Las Mercês, Cidade do México, 2015.

Bairro Muçulmano, Xian, 2015.

Beco da poeira, Fortaleza, 2004.

Supermercado em Dubai, 2015. Foto premiada, 3º lugar. III Concurso fotográfico. "O lugar do mercado e a Imagem da troca". V CINCCI, 2016.

Do lugar do mercado ao mercado como lugar

Mercado Público, Sofia, 2011.

Mercado Central, São Paulo, 2006.

Mercado Público, Budapeste, 2011.

O lugar do abastecimento cede lugar à alimentação cotidiana e aos prazeres da gastronomia.

Victoria Market, Melbourne, 2014.

Passagens para o século XX

Três momentos,
três escalas,
três contextos

Passagem Panoramas, Paris, 1999.

Galeries Royales, Bruxelas, 1995.

Galeria Vittorio Emanuele, Milão, 2011.

A pobre arquitetura comercial

Loja de departamento, Berlim, 1996.

O apelo ao consumo exige que as atenções do consumidor voltem-se apenas para as mercadorias. Nenhuma distração que se origine no exterior deve ser permitida.

Shopping Center, Santo André, 1999.

Shopping Center e Loja de departamento SEARS, Bethlehem, EUA, 1998.

Shopping Center, São Luis, 2009.

**A padronização é a tônica.
Viu um, viu todos!**

Shopping Center King of Prussia,
Filadélfia, 1998.

Mall of Emirates, Dubai, 2015.

A arquitetura dos *shopping centers* é, quase sempre, uma variação em torno do mesmo tema. É apenas uma mudança de cenário, de decoração e de materiais de acabamento.

Shopping Center, Salvador, 2010.

Diálogo com o entorno

Tirar partido das especificidades do lugar nem sempre tem sido a premissa do projeto arquitetônico; perde-se com isso a oportunidade de acrescentar nesses centros um caráter de *uniqueness*.

Shopping Center do Lago, Maracaibo, 1999. Ignora a presença do lago.

Shopping Vila Lobos, São Paulo, 2010. Ignora a presença do parque homônimo.

Shopping Les Halles, Paris, 1999. Inserção adequada no entorno.

Shopping Pátio Higienópolis, São Paulo, 2013. Inserção adequada no entorno.

Apropriação do espaço público

Praia da Enseada, Ubatuba, 2000.

O comércio, que informalmente se apropria do espaço público e se distancia da padronização, atrai os consumidores em busca da conveniência, do inesperado e da compra por impulso.

Mercado Roque Santeiro, Luanda, 2005. Foto premiada, 1º lugar, I Concurso fotográfico "O lugar do mercado e a Imagem da troca".

Damasco, 2000.

Bairro Muçulmano, Xian, 2015.

Poluição visual: quem lucra com o caos?

Rua Augusta, São Paulo, 2000.

A partir de determinado ponto, a quantidade de estímulos visuais impede a absorção das mensagens.

Avenida Brigadeiro Faria Lima, São Paulo, 2000.

Mural em empena cega, Filadélfia, 1998.

Avenida do Cursino, São Paulo, 2007. Colorido surgindo depois da Lei Cidade Limpa.

Dinamismo ou poluição visual?

Existe uma simbiose entre vitalidade e congestionamento. Não apenas de pessoas, mas de veículos, mercadorias e imagens. A poluição visual cumpre o seu papel quando a imagem que se quer passar é a do significado do lugar, *sense of place*.

Amsterdã, 1995.

Nova York, 1997.

Barcelona, 2003.

adeira Porto Geral, São Paulo, 1999.

Inserção da marca

A busca da qualidade urbana passa, também, pela adequada inserção das marcas na paisagem urbana, mais facilmente conseguida quanto mais forte for o espírito de cidadania.

Brasília, 2000.

Avenida Paulista, São Paulo.

Galeria Vittorio Emanuele, Milão, 1998.

Verona, 1998.

Cairo, 2000.

Antuérpia, 1999.

Gent, Bégica, 1995.

Boston, 2002.

Arquitetura como vitrina do negócio abre caminho para as *flagship*

Avenida São Gabriel, São Paulo, 2001.

Flagship Store da Havaianas, Rua Oscar Freire, São Paulo.
Foto de Oreste Bortolli Jr, 2013.

Loja da Gucci, Hangzshou, China, 2015.

Avenida Brasil, São Paulo, 2001.

Avenida Brasil, São Paulo, 2001.

Loja da Armani, Hangzshou. China, 2015.

A publicidade criando referências

Conjunto Nacional, Brasília, foto de Clauson Bonifácio (cortesia do autor).